本书是云南农业大学社会科学青年基金项目

云南热区
农业发展研究

起建凌 / 著

西南财经大学出版社
四川·成都

图书在版编目(CIP)数据

云南热区农业发展研究/起建凌著.—成都:西南财经大学出版社,2020.9
ISBN 978-7-5504-4155-2

Ⅰ.①云… Ⅱ.①起… Ⅲ.①热区—农业发展—研究—云南
Ⅳ.①F327.74

中国版本图书馆 CIP 数据核字(2019)第 214644 号

云南热区农业发展研究
YUNNAN RE-QU NONGYE FAZHAN YANJIU
起建凌 著

责任编辑:孙婧
封面设计:墨创文化
责任印制:朱曼丽

出版发行	西南财经大学出版社(四川省成都市光华村街 55 号)
网　　址	http://www.bookcj.com
电子邮件	bookcj@foxmail.com
邮政编码	610074
电　　话	028-87353785
照　　排	四川胜翔数码印务设计有限公司
印　　刷	郫县犀浦印刷厂
成品尺寸	170mm×240mm
印　　张	14.5
字　　数	266 千字
版　　次	2020 年 9 月第 1 版
印　　次	2020 年 9 月第 1 次印刷
书　　号	ISBN 978-7-5504-4155-2
定　　价	78.00 元

作者简介

起建凌，男，彝族，云南农业大学教授，主要研究方向为农业产业化发展。

钱琳刚，男，硕士研究生，云南省绿色食品发展中心高级农艺师，主要从事农产品质量安全管理及农产品品牌发展研究。

前言

自2012年云南省提出高原特色农业发展理论以来，云南高原特色现代农业发展势头良好，成为继东北大农业、浙江集约农业、京津沪都市型现代农业之后我国现代农业发展的又一种模式。云南热区涉及全省16个地州市、85个县市区，总面积达8.11万平方千米。云南热区主要分布在澜沧江、金沙江、怒江、红河、南盘江以及伊洛瓦底江的支流大盈江、龙江流域。热区作为云南高原特色农业中最具特色的区域，农业发展基础条件优越。云南是国内三大热区中面积最大的省份，云南热区资源是推动云南高原特色农业经济发展最具潜力的资源。云南热区农业产业发展模式的研究，是对云南高原特色农业理论及实践研究的重要补充。目前对云南热区的研究相对较少，本书在现有研究的基础上针对云南热区农业发展现状和发展模式创新进行了系统地探讨。同时，本书对云南热区农业发展现状进行了总结，并结合现有发展模式提出促进云南热区农业发展的对策建议，为云南热区农业发展找准发展方向和实现路径，有利于云南热区农业健康有序的发展。

本书是云南农业大学社会科学青年基金项目“云南热区农业产业发展模式研究”的阶段性研究成果。课题组成员在对全省热区调研的基础上结合相关理论知识，总结和提炼了云南各地热区的发展模式，并在此基础上进行了完善。该书的完成得到了云南省农业农村厅、德宏、西双版纳、红河、保山、元谋等热区涉农工作人员的大力支持。冯赟、王锦、吴强、李佳家、刘彤彤同学在全书的写作过程中做出了极大的贡献，特此致谢。

编者

2020年

目录

第一章　概述

第一节　基本概念

一、热带

严格地说，热带最初是源于气候的名称，对它的划分首先应该以温度为基础，也就是说，温度是划分热带的主导因素。地域分异规律是指自然地理环境各组成部分及其构成的自然综合体在地表沿一定方向分异或分布的规律性现象。由于纬度高低差异，太阳入射角度不同，不同地区的地表获得热量的多少也不同，出现热力分带性，表现为从赤道到地球两极的各种气候带。气候带按照“热量”高低划分。

地球上的热量分布与太阳辐射的分布规律基本相一致，大致与纬线相平行，低纬度地区到高纬度地区热量由高到低呈现带状分布，形成全球的热量带。人们根据各地接受太阳照射的状况及昼夜长短的变化，将地表各地划分为五个热量带，即热带、北温带、南温带、北寒带、南寒带。在南北回归线之间，因太阳直射而得到的热量最多的地区为热带；在南北极圈以内，阳光斜射厉害，而且有漫长的极夜，得到光热最少的地区为寒带；介于热带与寒带之间，太阳斜射，得到热量一般的地区为温带。南北回归线是热带和温带的分界线。热带的主要气候类型有：热带雨林气候、热带草原气候、热带季风气候、热带沙漠气候。热带雨林气候主要分布在赤道附近地区，全年高温多雨。热带草原气候主要分布在非洲和南美洲赤道雨林气候的南北两侧，终年高温，一年中有明显的旱季和雨季。热带季风气候以亚洲南部、东南部的印度半岛和中南半岛最为显著。热带季风气候终年高温，一年中也可以分为旱、雨两季，风向随季节变化而变化：旱季，风从陆地吹向海洋，干旱少雨；雨季，风从海洋吹向陆地，降水集中。热带沙漠气候主要分布在南北回归线附近的陆地西岸和内陆地区，这种气候降水量稀少，终年炎热干燥，地面有大片的沙漠。

二、热区

当前学术界对“热区”的界定存在若干个观点。第一，从地理范围来划分，热带作物主要分布在两大区域：一是典型的热带区，大多位于南北回归线之间，具有典型的热带气候特征，涵盖东南亚、非洲、拉丁美洲、大洋洲四大区；二是非典型热带区，主要分布在各大洲沿海地带。第二，从国家范围来划分，全世界有 140 多个国家（或地区）生产热带作物，其中典型热区国家 98 个，局部热区国家 24 个（包括中国），非典型热区国家 20 个。第三，从气候范围来划分，根据气候学中关于气候带的两级制划分标准，以热量等指标划分气候带，以干燥度划分气候大区。第四，从中国范围来划分，我国热区主要分布在海南、广东、广西、云南、福建、四川、贵州、湖南、江西 9 个省。

所以，我们认为热区是热带地区的简称，其是根据温度来进行划分的，温度又是由气候带决定的。气候带是一种自然现象，由于纬度高低差异，太阳入射角度不同，从赤道到地球两极呈现出各种气候带。热区主要指位于南北回归线之间的地带，地处赤道两侧，位于南北纬 23°~26°的热带、亚热带地区。同时热区还包括南北纬 23°~26°之外的河谷、丘陵等区域，但其气候特点与热带、亚热带相似。热区面积占全球总面积的 39.8%，主要气候类型有：热带雨林气候、热带草原气候、热带季风气候、热带沙漠气候。

三、热带与热区的异同

热带是一个气象学概念，根据热量差异性，我们将南北回归线之间的区域划分为热带地区。而热带作物地区是从植物学角度分析，我们将热带作物适宜种植的区域统称为热区。从范围来看，热区覆盖区域更广，包含热带、部分亚热带以及气候特点相近的河谷、丘陵地区，热带地区则是热区农业生产的主要产区。

四、热区农业

农业受自然条件制约的情况比较明显，表现出不同区域的不同农业特性，形成不同的农业产品生产行业。所以，在以上农业概念的基础上，我们认为热带农业主要指在热带、南亚热带地区适宜发展的农业。根据农业的定义，广义的热带农业是指热带农、林、牧、副、渔业的结合，加上热带农业服务业和热带农产品加工业，再加上热带生态农业。热带农业是把整个热带农业生态经济系统的全部要素按照生态规律和经济规律的要求进行系统调控而形成的一个产业。通常，热区农业是指在热带地区的种植业，主要种植作物被称为热带作物。热带作物是热带地区的栽培植物，是适合在热带地区栽培的各类经济作物的总称。由于热带作物长期生长或栽培于热带，一般对热量、光照、湿度都有较为严格的要求。在中国，热带作物可特指在热带地区栽种的经济作物，包括橡胶、甘蔗、木薯、热带水果、热带香辛料、热带药用作物、热带纤维等。

热区农业生产周期有长期、中期、短期三个层次。长期作物所占的比例较大，如橡胶、椰子、油棕等作物，生产周期一般为 25~30 年；又如热带果树，平均生产周期为 15~20 年。生产周期长是一个重要的特性，这与粮、棉、油的短期生产有较大的差别。热带经济作物的自然生产特性决定了热带农业项目周期较长的特点。中期作物一般是指生产周期在 2~10 年的作物，如胡椒、甘蔗、热带花卉、热带水果等。短期作物一般指生产周期在 1 年以内的作物，如瓜菜、粮食作物、短期海水或淡水养殖产品等。

热带地区自然条件优越，一年四季均可生产作物，能提供非热带地区冬季生活需要的各种农产品；热带地区动植物品种丰富，产品种类繁多，具有稀有特性，商品率较高；热带农产品市场销售价格一般较高，具有“高效农业”的特征。

第二节　热区农业经济现状

一、热区农业在农业经济中的重要地位

热区农业在农业经济中的重要地位主要体现在以下四个方面：

一是加强“一带一路”农业合作。中国的热区面积在世界范围内所占比例不大，但世界范围内的热区面积较大，覆盖了非洲、亚洲、拉丁美洲、大洋洲等地区，约 5 300 万平方千米，包含 140 多个国家和地区，对我国实施“走出去”战略具有重要意义。近年来，我国和“一带一路”沿线国家的农产品贸易增多，表现出很强的互补性，具有较大的发展空间，可以加强在农业经济方面的合作，积极促进优质农产品跨区域流动，夯实经济协作发展的基础。

二是冬季人民生活必需品的重要生产基地。随着人们生活水平的提高，市场对热区农产品的需求呈现上升趋势。充分发挥热区的资源和区位优势，积极发展热区农业，丰富消费者的“菜篮子”，加大“南菜北运”基地建设和配套设施建设，成为促进农业增效、农民增收的关键。发展热区农业有利于带动热

区经济、社会的发展，对提供国家物资、保障粮食安全起到不可替代的作用。

三是促进国家乡村振兴战略的实施。热区农业的发展可以推动乡村产业发展，集中力量补齐乡村振兴的短板，增强乡村发展的活力。推动农业农村现代化发展和大力发展热区农业，不仅要重视外在动力的作用，还要重视内在动力的作用，要因地制宜、科学规划，通过热区农业的发展助力乡村振兴。

四是生物多样性的重要保护基地。中国热区光热资源和生物资源丰富，是重要的育种基地和热带种子资源基因库。丰富的热带生物资源具有不可估量的价值。热区农业也具有明显的特性。我国热带作物品种资源十分丰富，目前我国已成为世界热带作物产品生产大国，有一定规模、形成商业化栽培的热带作物主要有天然橡胶、木薯、剑麻、热带水果、咖啡、胡椒等。

二、我国热区农业总体发展现状

（一）热区农业的发展优势

1. 产业现状

我国土地、劳动力资源丰富，区位优势明显。热区拥有 51.6 万平方千米土地，幅员辽阔，这些土地从东到西、从南到北，形成了不同的小气候环境，可以满足不同热带作物对气候环境的严格要求。不同地区形成的区域性小气候培育出了各具特色的热带优质品种。已知的植物品种已达万种以上，目前已发现的 1 000 多种热带植物种质资源仅开发了 200 多种，具有巨大的开发和利用潜力。广大热区的农村劳动力资源也十分丰富。2014 年，全国热带、南亚热带作物种植总面积达到 1.42 亿亩（1 亩≈666.667 平方米，下同），总产量达到 2.08 亿吨。近年来我国在农产品贸易格局中占据越来越重要的地位。2016 年，我国农产品进口额为 1 106.1 亿美元，出口额为 726 亿美元。油菜籽、植物油、棉花等农产品进口快速增长，水产品、蔬菜、水果等成为农产品出口的重要组成部分。我国不断与新兴经济体和发展中国家加强沟通交流，建立了多个贸易促进平台，持续推进贸易发展，农产品出口呈现多元化趋势，这有利于我国热区农产品的出口贸易。我国热区农业人口约为 2.49 亿人，比其他热区国家的总人口还多，劳动力资源丰富，成本较低。

2. 技术现状

为了适应国家经济发展的需要，加速对热区资源的合理开发，1986 年中央领导专门指示成立了发展南亚热带作物指导小组（后改为农业部发展南亚热带作物办公室），开始大规模地开发我国的热区农业。自大规模开发 30 年来，热区农业发展迅速，热区农作物产业化、集约化、规模化的水平不断提高。各个主产区根据当地实际情况，提高良种覆盖率，热带作物产品供应能力获得大幅度的提升，效果明显的香蕉、芒果已经能实现全年供应，荔枝的供应期也大大加长，标准化生产稳步推进，产品质量和效益大幅度提升。

农垦企业、专业大户、家庭农场、龙头企业等新兴主体不断发展壮大，涌现出多种经营模式。在农业农村部的支持下，我国针对橡胶、热带水果等热带作物生产中的关键技术，先后开展了多项重大科技攻关活动。我国现已建立起了较完整的科技创新体系，知识创新系统包含各种专业和综合研究机构以及一些研究型大学，技术创新系统包含一些大型企业，知识传播系统包含各类学校和推广机构，知识应用系统包含各类企业，热带作物行业已培养出有较高素质的产业队伍。中国部分热带农产品和技术目前在世界上都处于领先地位，如我国的橡胶割胶技术、高产栽培配套技术和乳胶加工技术都处于国际领先水平；香蕉、芒果、热带牧草等优良新品种选育、综合配套技术等达到了国际先进水平；剑麻、椰子汁的加工工艺也达到国际一流水平。

3. 市场需求现状

热区农产品市场价格呈现出显著的周期性变化的特点，这主要是由热区农产品的供求关系决定的。我国是一个人口大国，幅员辽阔，特别在冬季，消费者对水果、蔬菜等日常食用品的需求量巨大。随着生活水平的提高，消费者对生活质量的要求越来越高，需求量呈现出与日俱增的趋势；从 1993 年开始中国已经成为世界天然橡胶消费大国之一，2015 年中国天然橡胶消费超过 400 万吨，并且随着汽车产业的发展，对天然橡胶的需求还会不断增加。

经过几十年发展，我国橡胶、椰子、香蕉、芒果、荔枝、甘蔗、茶叶、花卉等热带和南亚热带作物，已具有相当大的规模，对国民经济贡献巨大。随着经济发展和各国人民生活水平的逐渐提高，热带作物产品的消费需求也越来越大，尤其对天然橡胶、木薯、油棕等热带作物产品的刚性需求增长幅度将更大，热带作物产品市场巨大。

（二）热区农业发展的不足

1. 热区耕地分布不均、质量较差

我国热区耕地主要分布在福建、广东、广西、海南和云南 5 个省份，耕地面积分别为 2 004.58 万亩、3 934.97 万亩、6 615.50 万亩、1 088.58 万亩、9 311.27 万亩；人均耕地面积分别为 0.53 亩、0.37 亩、1.39 亩、1.21 亩、1.98 亩。云南、广西、广东、福建的耕地总量分别是海南省耕地总量的 8.55 倍、6.08 倍、3.61 倍和 1.84 倍。但是 5 个省份的耕地质量总体较差，坡度在 2°以下的耕地的占比仅为 32.13%，坡度在 6°以上的耕地占比高达 49.04%，坡度在25°以上的耕地占比为9.12%。根据国家有关规定，坡度在25°以上的耕地要逐步退耕还林、还草。这5个省份的耕地灌溉条件差距悬殊，无灌溉设施的耕地占比高达55.21%。由于缺乏足够的资金投入，部分地区农田水利设施落后，洪涝干旱防灾减灾能力较弱，病险水库和热带作物用水安全问题突出，生产工具落后，农业机械化程度与全国平均值相比差距较大。

2. 农村人力资源质量不高、农业发展能力弱

热区主要省份人数总数为2.49亿人，约占全国人口总数的18.2%，但从农业技术人员所占比例来看，热区主要五个省份农业技术人员共165 103人，仅占全国农业技术人员的14.34%。由于农村人力资源素质偏低，单个人力资本创造的价值量较小，劳动力转移较困难，只有少数较高素质的人才能实现有效转移。由于农村人力资源结构失衡，在种植业领域，他们多以从事简单再生产、增值能力低、效益较差的劳动生产工作为主，人力资源的过剩与需求之间的矛盾突出，农业产出结构难以得到优化和升级，农业生产过程中的科技创新、管理创新、产品创新都很难实现。

3. 产业组织方面

我国大部分热带作物生产者属个体经营，规模小，市场信息不灵，“小”生产与“大”市场严重脱节，热带作物产业组织发展缓慢；热带作物产业中介组织发育不全，行业商会（协会）建设滞后，步履维艰，对农民的吸引力不强，企业与农民的利益联结机制还很薄弱，行业自律性较差，无序竞争状况严重；营销网络不健全，热区流通企业基本没有自己的海外销售渠道，产品销售比较被动，没有建立起预警反应系统，不能有效地防止国外商品的倾销行为；社会化服务、专业生产化水平不高，据估算，热带作物行业社会化服务覆盖面和专业化生产水平均不足20%。热带作物产业组织未能充分发挥带动热区农业增效、农民增收的示范作用。以发展较好的香蕉产业组织为例，近年来，随着香蕉产业的蓬勃发展，我国香蕉产业组织发展较快，如海南乐东黎族自治县，相继建立了上百家以多个农户为主的香蕉种植联合体和以大基地联盟为主的香蕉产业园区，而临高和澄迈则分别成立了较为规范的南宝香蕉合作社和福山香蕉合作社；广东、广西、云南和福建等省，也相继建立了不少香蕉合作组织。目前，我国香蕉产业组织模式主要包括专业合作经济组织带动型、公司企业带动型、香蕉专业户联合带动型和其他专业性的组织带动型等四种类型。虽然我国香蕉产业组织发展较快，但是，据农业农村部“948”香蕉项目组织化发展研究课题组调研，我国香蕉产业组织化发展程度仍处于比较低的水平。如从生产组织化评价指标来分析，合作灌溉、合作机耕和合作技术推广占

全国的比例分别是 10.2%、6.2%和 72.4%；在流通组织化指标中，合作采购占全国的比例是 3.4%，其他合作销售和合作贷款近乎为 0；在组织化进程指标中，加入组织的农户数量比上年增长 17.7%，合作采购农资比上年节约 4%，而合作销售增值率近乎为零。

4. 技术方面

热带地区经济基础薄弱，科技投入不足，从科研经费投入强度看，热区各省的科研经费投入均值低于国家平均水平，偏重于生产技术研究，缺乏在保鲜、贮运、加工等热带作物产业采后处理技术，致使每年荔枝、龙眼等名贵水果的损失率都在 20%以上；成果与实用技术推广滞后，管理和技术水平低下，以热带农产品为核心的龙头企业不足 5%，而且大部分企业没有处于最佳生产规模范围，能够带动整体热带作物产业发展的龙头企业不多，缺乏产业化经营和规范化生产，不能把生产、加工、贸易各环节有效地联结起来，产业体系不完整，科学技术含量低。

5. 热区农产品市场营销水平不高

近年来，“走出去”的中国热区农产品越来越多，同时也暴露出很多的问题，其中最主要的问题就是市场营销水平不高，热区农产品品牌建设滞后，缺乏知名的品牌，在国际市场占有的份额不大，市场开拓力度不足，缺乏竞争力，与其他优势国家相比，我国行业组织不健全，国际市场经验明显不足，营销队伍没有丰富的专业知识，缺乏专业的营销人才。

一些拥有品牌的农产品质量参差不齐。热区的地理标志农产品虽有五星级地理标志的产品，如安溪铁观音、文山三七、普洱茶、赣南脐橙等，但大多数农产品缺乏品牌影响力。热区品牌农产品的科技含量低且附加值不高。中国热区现有的农产品品牌大部分属于初级产品领域，如在热区 1 220 件地理标志产品中，涉及农产品的就达 1 167 件，占总数的 95%以上，而在农业农村部注册的农产品几乎全为初级农产品。由于在高端领域缺乏自己的品牌，品牌价值没有得到深层次的挖掘，热区农产品难以获得最大的经济效益。

第三节 中国热区农业经济的发展趋势

随着传统农业向现代农业的逐渐转型，热区农业在我国农业中占有重要的地位，如何发展热区农业经济是我们当今面临的重要课题。新时期中国热区农业经济的发展趋势主要表现在以下几个方面。

一、热区农业经济的发展呈现多元化

（一）热区农业经济的投入主体多元化

发展新时期的热区农业经济需要我们从各方面争取资金投入，使投入主体多元化。一是要加大政府财政对农业的投入力度，制定促进热区农业经济发展的财政政策。二是要采取灵活多样的生产经营措施，把社会上的闲散资金吸引到热区农业种植和加工上来，使一些农业大户、农产品加工企业以及相关的农业机构成为社会的投资主体。三是要积极吸引外资，努力争取国际资金的投入。例如，争取联合国的扶贫项目资金、争取世界银行和亚洲开发银行的低息或免息专项贷款等。热区农业经济的投入主体多元化能够促进热区农业经济的蓬勃发展，为热区农业带来良好的社会效益和经济效益。

（二）热区农业经济的组织形式多元化

热区农业以政府为引导，农民通过自发组织或者由政府牵头、企业牵头的不同形式组织起来，不断增强自身的竞争实力，形成了多种多样的组织形式。具体的模式有以下几种：

（1）农民经纪人+农户。这种模式的主体是农民经纪人。农民经纪人在农民和市场之间架起了一座货畅其流的桥梁，通过分析市场信息合理有效地为农民规避市场风险，实现农户和市场的有效对接。在这种模式中，农民只需做好种植即可。

（2）龙头企业+基地+农户。在这种模式下，龙头企业通过基地示范带动农户生产，组织收购及运送农产品至销售地批发市场。龙头企业是这种模式的核心。龙头企业一方面以自有基地为示范，通过“公司+基地+农户”的形式，为农户提供一定生产资料和技术指导，形成规模化生产；另一方面与销地批发市场构建稳定的合作关系并组织营销。

（3）企业+农民专业合作组织+农户。农民专业合作组织将农民组织起来统一进行规模化生产以及加工、储存、运输、销售。这种模式的核心是农民专业合作组织。热区农民专业合作组织包括专业合作社和专业协会。发展农民专业合作组织有利于农产品统一营销，按照专业人做专业事的原则，在合作社中采用国际通用的惠顾返利模式，农民按照对合作社的贡献多少获取相应分红，鼓励多劳多得。政府资金则不单独扶持哪个企业或合作社，而是以入股合作社的方式，将资金集中用于农户基本无力完成的品种研发、标准制定、深加工、仓储、营销等环节。

（4）大户+国外（租赁）土地+国外农户。这种模式的核心是国外（租赁）土地，一些热区农业大户到缅甸、越南、老挝等国家通过租赁土地与国外农户共同种植的方式充分利用这些国家的自然资源、人力资源以及先进的科学技术。

（三）热区农业经济的产品种类多元化

热带地区由于其独特的地理优势以及气候条件，有大量新鲜奇特的农产品被开发。这些农产品主要包括：以橡胶、可可、咖啡、甘蔗为主的热带经济作物；以香蕉、澳洲坚果、芒果、椰子等为主的热带水果；以天麻、三七、石斛为主的热带药物；一些香料作物、反季节蔬菜以及热带花卉；等等。热带地区应加大投资力度，建设生产示范基地，在扩大种植面积的同时，提升单产和品质，扶持加工示范企业，打造知名品牌。

二、热区农业经济的发展呈现特色化

（一）热区农业经济的地域特色化

在供给侧改革的背景下，农业作为国民经济中的基础产业，农业供给侧结构性改革是我国供给侧结构性改革中的重要组成部分。我国热区主要包括海南、广东、广西、云南、湖南、福建、江西南部及四川、贵州南端干热河谷地区，土地面积约为50万平方千米，仅占全国面积5.2%的热区是天然的温室，其不仅是不可替代的稀缺资源，而且是我国重要的战略物资生产基地，也是人民生活必需品的重要生产基地，同时更是生物多样性的重要保存基地以及特有物种生产基地。由于热区的独特性，热区农业的供给侧结构性改革主要从调整供给方式、供给途径、供给结构入手，具有鲜明的地域特色。《主要热带作物优势区域布局规划（2007—2015年）》针对天然橡胶、木薯、香蕉、荔枝、龙眼、芒果、菠萝7种热带作物进行规划布局，重点建设优势区。《主要热带作物优势区域布局规划（2016—2020年）》将热带作物增加至17种，增加了火龙果、澳洲坚果、咖啡、八角、番木瓜、胡椒、剑麻、南药、菠萝蜜、辣木。热区应该严格按照规划相关内容，因地制宜，建设优势区域，让热带作物呈现出地域特色。

（二）热区农业经济的产品品牌特色化

发展现代热区农业经济应重视品牌效应，利用热区农产品资源丰富以及生态环境优越的优势，大力发展一批新型特色产业，打造热区特有的农业品牌。同时热区农业经济应加大品牌标准化的建设力度，打好品牌战略，扩大市场影响力，不断满足消费者关注品牌、注重品牌的要求，从而提升热区农业的整体效益。例如：根植于海南岛的典型的“以工带农”的民族饮料企业——椰树集团。该企业以生产椰树牌系列天然饮料为主，它在本土市场上凭借其优越的资源优势、环境优势和品牌优势成为民族饮料的象征和代表，“椰树”商标也被国家认定为中国驰名商标。云南省由于地处低纬度、高海拔的高原地区，生态环境优良，为云南高原特色农业发展提供了优越的生态环境。云南高原特色现代农业围绕高原粮仓、特色经济作物、山地牧业、淡水渔业、高效林业、开放农业，着力打造云烟、云糖、云茶、云胶、云菜、云花、云薯、云果、云药、云畜、云鱼和云林等高原特色农业品牌。

（三）热区农业经济的服务特色化

（1）农业生产服务特色化。由于热带地区气候差异大、病虫害相对突出的特点，针对咖啡、茶叶等特殊的种植产业，热区可提供高原农业直通式气象服务；组建专家组深入生产基地，实地开展对农产品长势、病虫害、土壤的调查，了解农产品采摘期气象服务需求，向农户定期预报天气，指导农产品采摘的相关工作，讲解病虫害的防范措施。

（2）提供给消费者的服务特色化。我国热带地区太阳年辐射时间长，光热丰富，生产条件较好，有利于农作物的生长和发育。首先，农业生产活动可以在全年进行，农作物的种植和收获没有明显的季节限制，农产品可以全年供应。热区农民利用热区的先天优势巧打时间差，种植反季节蔬菜，从而做到一年四季为消费者供应蔬菜。其次，热带地区的气候优势明显，也是消费者冬季避寒养生、养老的首选地。

三、热区农业经济的发展呈现高端化

（一）热区农产品的品质高端化

热带地区优越的生态环境，为发展绿色无公害经济作物提供了得天独厚的条件，给消费者提供了健康新鲜的农产品。其优越的生态、人文景观也促进了热区农业旅游养生的发展。例如海南是一个“四时常花，长夏无冬”的地方，四季温和、空气清新，拥有灿烂的阳光、洁净的空气、苍翠的青山、迷人的海湾，空气质量好、污染少，具有“天然氧吧”的美誉，是人们老年养生、开阔视野、放松心情、陶冶情操的圣地。

（二）热区农业经济的服务对象高端化

热区农产品的销售对象主要是高端人群，他们的受教育程度高，在消费时大多注重对品牌的选择。热区农产品在销售时走高端路线，不以产量多为主，走小而精的路线。高端人群大多注重生活品质、看重农产品的绿色保健功能。同时，高端人群注重享受生活，热区丰富的自然资源形成了独特的自然风光，优越的生态人文景观条件吸引了大批游客前来观光旅游。

四、热区农业经济的发展呈现高技术化

（一）热区农产品种养殖高技术化

就种植而言，以天然橡胶、高产木薯、优质香蕉等热带作物为主要标志的热带种植业，农作物生长迅速，成熟周期短且具有独特的区域优势。与此同时农作物的种植技术更新较快并且具有巨大的发展潜力。我们要将优良品种选育与技术集成结合起来，特别需要利用生物技术选育橡胶、木薯等目标品种。就养殖而言，利用先进的科学技术对养殖品种进行预防和检疫，可以降低疫病的发生率。

（二）热区农产品的加工高技术化

加大对热区农业在加工方面的科技创新投入，增强科技创新能力，加快建设多条农业科技创新产业链，强化科技创新和科技成果的转化，提升农产品加工业的原始创新能力和市场竞争力。与此同时还要做强精深加工，发挥特色和比较优势，优化区域布局，调整优化产业、产品结构，做大做强一批优势农产品的产业带和产业区；建立规模化、标准化、专用化的优质原料基地；重点扶持和发展热带地区的特色农业，培育一批优势农产品精深加工大型龙头企业，鼓励农产品加工企业进行产地加工，构建与农产品优势区域布局相适应的农产品加工业产业集群；鼓励精深加工产品和高附加值产品的生产，鼓励传统产品的工业化和高新技术化；加强热带资源的多层次综合利用，提升原料增值幅度和企业经济效益；强化现代农业理念，努力探索“科研+企业+基地（农户）”的发展模式，推动热区农产品科研、生产、加工等环节的无缝对接，为热区农产品加工业的跨越发展打下坚实的基础。

（三）热区农产品的销售高技术化

信息技术和互联网技术的迅速发展，在一定程度上促进了我国传统行业营销模式的转变，其中就包括农产品市场。我们要将“互联网+”时代的特点与农产品营销模式的现状相结合，寻找一条“互联网+”时代农产品营销模式创新与构建的现实路径。

“互联网+”时代已经到来，部分传统行业已开始削减部分线下业务，大力开辟线上市场，农产品营销也不例外。农产品互联网营销应加大创新力度，抓住当前互联网发展的优势，认识到“互联网+”时代农产品营销创新的必要性；同时应结合当地实际的措施，通过加大农村网络信息技术化的前期投入，有计划、有目的地对农产品市场进行实地调研，并为农户提供各种所需的重要

保障，加大物流设备的投入，提高农产品物流的配送能力，建设好“互联网+”农产品营销新模式。

五、热区农业经济的发展呈现国际化趋势

（一）开展面向世界热区的国际合作

在经济全球化的大背景下，热区广袤的土地、丰富的农业资源及其对农业科技的急切需求，使热区农业的发展有融合当地农业资源和国际科技资源的合作发展趋势。热区国家之间的发展不平衡，农业经济发展在总体上相对落后，但世界热区农业资源丰富，发展空间大。全球化使从事热区农业生产和科技研究的各国更容易引进国外先进技术，促进国际热区农业科技创新发展，提升世界热区农业的整体发展水平。全球化也有利于加强热区农业生产国之间的合作，引进和开发热区农业资源，满足全球经济对热带农产品的需求。各国也应该加强与国际农业组织以及热区国家的沟通和联系，积极开展热区农业国际科技合作项目、援外项目等，加强与其他热区国家的国际合作。例如，成立国际热区农业研究中心，主动开展国际热区农业现状调查研究；围绕国际合作重点领域和方向，针对世界热区国家农业科技发展的需要，加强与有关国际组织、科研机构和科学家的交流与合作，争取开展双边和多边国际合作项目。

（二）充分利用热区农业科技优势，加快热区农业“走出去”步伐

充分发挥热区农业科技领域的优势，努力实施我国热区农业科技“走出去”战略，利用“两种资源”，开发“两个市场”。一是积极实施热区农业科技领域的援外策略。二是加强科研机构与企业的科技合作，使我国企业“走出去”开发热区农业。三是参与热区农业科技国际市场竞争，逐步进入或开拓热带国家的农业科技市场，扩大技术输出和高新技术产品出口。针对国际热区农业经济和科技发展出现的新趋势和我国热区农业发展的实际需求，根据世界热区不同国家的特点和优势，取长补短、优势互补、共同发展。

第二章　热区农业地理区划

第一节　世界热区农业概述

世界热区主要分布在非洲、拉丁美洲、亚洲、大洋洲，面积约为 5 300 万平方千米。有数据认为世界上地处热带地区的国家有 141 个，全部属于热带地区的国家有 118 个。另有资料不统计相关属地，认为全世界共有 87 个全在热带的国家。其中，亚洲有 12 个，非洲有 37 个，美洲有 26 个，太平洋岛国有 12 个。

第二节　中国热区农业区划布局

世界热区是根据温度进行划分的，区域温度是由气候带决定的。气候带是一种自然现象，纬度高低差异和太阳入射角度不同，制约了地表获得热量的多少，从赤道到地球两极呈现出各种气候带。热区主要指位于南北回归线之间的地带，以赤道为中轴，地处赤道两侧南北纬 23°~26°之间的热带、亚热带地区，同时还包括南北纬 23°~26°之外区域，但气候特点与热带、亚热带相似的河谷、丘陵等区域。中国热区主要包括台湾、海南的全部区域，广东、广西、福建、云南大部分区域以及贵州、四川等省的一部分区域，总面积约为 51.6 万平方千米，总人口约为 2.49 亿。

中国热区一般被理解为中国境内的热带地区和南亚热带地区，包括海南全省、我国台湾地区、福建南部、广东大部分地区、广西中南部、云南南部与西南部，四川、云南交界处的金沙江干热河谷地带，贵州南部的低热河谷地带，湖南南部郴州、永州市以及江西赣南地区。

中国热带农业科学院科技信息研究所刘海清等认为，中国热区陆地范围自西向东分布在云南、四川、贵州、广西、广东、江西、福建、海南、台湾这9个省份的347个县（区），陆地面积（不含南海诸岛）为629 133平方千米。其北界线自西向东经过云南省的腾冲、保山、凤庆、南涧、景东、楚雄、双柏、峨山、石屏、建水、开远、蒙自、屏边、马关、麻栗坡、富宁等县区，广西壮族自治区的田林、凌云、凤山、东兰、河池、环江、罗城、融水、融安、鹿寨、荔浦、平乐等县区，广东省的怀集、阳山、英德、曲江等县区，江西省的全南、龙南、定南、寻乌等县区，福建省的武平、上杭、龙岩、漳平、安溪、永春、仙游、永泰、罗源等县区以及台湾的台北。目前中国热区的划分存在部分争议，在云南、广西、贵州、广东、福建等省份热区范围划分上也存在一定的分歧，主部区域较为清晰，热区“飞地”存在一定争议。

一、农业区划与农业布局

（一）农业区划

农业具有很强的地域性和季节性，因而成为空间形态变化最明显的一个物质生产部门。农业的地区差异，大至全世界，小到一个地方，都是客观存在的。农业类型是自然资源与社会经济共同作用而产生的农业变化结果。农业区划是按农业地域分异规律，科学地划分农业区，是研究农业地理布局的一种重要的科学分类方法；是在农业资源调查的基础上，根据各地不同的自然条件与社会经济条件、农业资源和农业生产特点，按照区内相似性与区间差异性和保持一定行政区界完整性的原则，把全国或一定地域范围划分为若干不同类型和等级的农业区域；并分析各农业区的农业生产条件、特点、布局现状和存在的问题，指明各农业区的生产发展方向及其建设途径。农业区划既是对农业空间分布的一种科学分类方法，又是实现农业合理布局和制定农业发展规划的科学手段和依据，是科学地指导农业生产、实现农业现代化的基础工作。

农业区划，又称农业区域划分，即农业的分区划片。农业区划是对农业类型、农业区域的认识过程。农业区划研究不同类型的地区农业生产条件、生产结构和生产布局，研究其形成过程及区域特征，按区内相似性和区间差异来分区划片。我们首先对影响农业生产地域差异的各种自然、技术、经济进行单项考察和分析，提出有关单项农业区划，如某种作物区划、某种牲畜区划，并将其作为整个农业区划的基础，然后把各单项区划综合起来分析。自然因素包括气候、地形和土壤等，而社会经济因素包括市场、交通运输、政策、科技和劳动力等。

农业土地差异的划分在很早之前就已出现，但把农业区划真正作为一门专业学科术语进行研究，并指导农业生产，最早源于18世纪的西方国家。

18世纪末，一些西方发达国家的地理学家、农学家、农业经济学家等，较早采用农业区划理论和方法，相继进行有关农业区划的研究。德国经济学家屠能（J. H. von Thunen）提出屠能圈理论，即按照最大利润原则来配置农业的理论和环状生产分布的构想；19世纪末，德国学者恩格尔·布雷希特提出和运用农作物和畜禽及其农林牧渔部门在地域内的优势来划分农业区；不久之后，美国人贝克·O. E. 也采用这种方法划分农业区；20世纪初，德国农业经济学家布林克·T. 曼提出了按照农业经营制度划分农业地带的学说；20世纪30年代至40年代，英国斯坦普·L. D. 以土地结构为主要依据，参照农业中的优势部门，划分农业类型。

中国早在两千年前，就有农业区划的思想萌芽。《禹贡》一书中在把全国划分为九州的同时，对各州的地理位置、山川走向、土壤质地、税赋等级、农田产量、交通运输等情况都做了具体记述，提出了根据色泽、质地、地形分辨土壤的方法，并将九州田地按地力差异分为三等九级；西汉时期，司马迁把国土划分为山西、山东、江南、龙门碣石以北四个区域，又细分十一个小区并分区记述了山川、物产、交通、人口、农业、牧业、商业等，提出因势利导、因地制宜地推动社会物质财富生产的观点；元代的王祯，将黄河流域的旱地农业同江南水田农业做了对比，并按地域、土壤适合生长的农作物编绘“农业地域图”；20世纪30年代，农业区划一词开始出现，中国的一些农学家、农业经济学家运用西方的农业区划理论和方法，对中国农业区域进行了划分，真正形成一门科学并运用于实践。

农业区划的根本目的是要解决人类对农业的主观需求与农业发展所需的各种客观条件之间的矛盾。这就必须在分析由自然、社会、经济、生态等诸多要素复合而成的区域农业资源有机整体时空演变规律的基础上，探究如何构筑农业生产力的合理空间格局，以深化农业区域分工与协作，实现优势互补与可持续发展。因此农业区划的研究对象归根到底是农业生产力的区域合理配置和布局。

（二）农业布局

农业布局，亦称农业生产布局、农业生产力配置。农业布局是根据各地自然条件、社会生产力发展水平、社会制度、各地区在历史上形成的生产习惯等的差异，对农业各部门（农、林、牧、渔业）和各部门内部的生产门类、种类和数量进行地域空间上的分布和组合。

农业生产布局的一般原则：充分利用各地区的自然条件和社会经济条件，实行合理分工和专业化生产；在地区分工的基础上，实行地区内部经济的综合发展规划；大力发展落后地区、少数民族地区和在国防上具有重要意义的地区。但是，具体到一个国家的不同发展阶段、不同地区，还必须有适合一定阶段的经济发展、适合各个地区具体情况的农业布局原则。这些比较具体的适合一定时期和一定地区的农业布局原则，往往体现在国家对较长时期的农业发展方针和长期规划上。

研究农业布局，首先要进行农业生产条件评价，分析、评价农业生产条件对农业布局的影响；其次进行"条条布局"，即在纵向上布局某一农业部门，在分析农业现状的基础上，确定农业各部门的发展方向、规模、水平、分布与增产途径；最后进行"块块布局"，即在横向上布局各农业部门，与农业产业结构布局类似，以地区为基本单位，确定区内农业主导部门和次要部门，建立合理的农业部门结构体系，实现农业生产的区域化和专业化。

农业布局的目的在于充分发挥劳动力及其他农业资源和生产设施的潜力。合理的农业布局和结构必须满足以下条件：有利于充分发挥自然资源禀赋的潜力；有利于保持良好的生态环境；有利于满足消费者对农产品的多样化需求；有利于农民增收。即是说，达到经济效益、生态效益、社会效益的有机结合，并且做到因地制宜、各有侧重。

（三）农业区划与农业布局的原因

1. 农业区划与农业布局的客观必然性

农业由自然再生产与经济再生产相互交织而形成，地域差异非常显著。最显著的差异表现在以下四个方面。

第一是自然条件的差异。各地的自然条件，即光照、温度、水分、土壤、生态、气候等千差万别，存在着明显的地域差异。

第二是农业生产门类的差异。农业生产本身就是一项门类繁多、层次多样、极其复杂的庞大系统。人类在认识、开发和利用生物资源时，必须遵循它们各自的条件、特点和分布规律，逐渐形成种植业、林业、畜牧业、渔业等多个产业部门，各自形成比较完整的生产体系，彼此之间差异非常显著。

第三是农业技术措施的差异。各地自然条件的差异决定了生产技术措施的不同，才能克服自然条件的影响，达到高产、优质、高效的目的。

第四是社会经济条件的差异。社会经济条件是形成农业生产地域分异的重要因素之一。自然条件为农业生产提供了可能性，而把这种可能性转变为现实，还得通过人类的社会实践。人是第一生产力，人口劳动力数量与质量、民族分布和生产生活习惯、历史文化传统、交通运输状况、国民经济需要等都决定了农业生产内容的差异，形成农业区域的差异性。农业生产地域差异性特点决定了农业区划与农业布局的客观必然性，要搞好农业生产，就必须因地制宜，分区、分类指导和规划农业生产，就要求做好农业区划与农业布局。

2. 农业区划与农业布局是农业现代化的必由之路

现代化农业生产的主要特点是投入经济周转的速度和自然生态系统的变化大大加快。现代农业社会化大生产，要根据农业资源分布和农业区划进行合理布局，以便充分发挥地区优势，发展大农业生产。为了有效地发挥现代化技术设备和现代化管理在发展农业生产中的作用、结合农业资源条件对农业布局的适宜性做到因地制宜发展农业生产，我们要对农业资源及其利用问题及农业区域经济进行更周密的研究。具体来说，农业区划与农业布局对实现农业现代化重要的促进作用有以下四点。

（1）通过农业资源调查和农业区划，摸清“家底”，能为因地制宜地合理开发、利用、保护农业自然资源，发挥地区优势，提供科学依据和建议。

（2）在农业资源调查和农业区划的基础上，按农业区划研究贯彻执行农业生产方针，实行农业生产的合理布局，能在较大的地区范围内，做到因地制宜发展农业生产，把农、林、牧、副、渔和各种农业生产安排在适宜的地区，使各地区有一个合理的农业生态系统。

（3）在农业区划中按农业区建立各种农业商品基地，能促进农业生产逐步向区域化、专业化过渡，能大大发展商品生产，为实现农业现代化创造条件。

（4）按农业区划安排农业生产布局和农业现代化措施，有利于因地制宜地进行农业技术改革，加快农业发展，做到有步骤、有重点地实现农业现代化。

二、已有农业区划中的热区农业分区

（一）中国农业区划

从行政范围划分，农业区划可以分为国家级、省级、县乡级、镇级等多个级别。程沅孜（2016）认为，现有的农业区划主要基于全国性、地区性的视角，而从省域和县域的视角出发对中国农业生产布局的研究还较少；从农业部门类别来看，农业区划有种植业区划、畜牧业区划、林业区划、渔业区划等类别。种植业区划还可以细分成粮食作物区划、瓜菜区划，林业还可以细分成水果区划、经济作物区划等，以此类推。目前我国对种植业的生产布局研究较多，而对畜牧业、林业、渔业的生产布局研究还很少；按照农业层次划分，农业区划可以分为传统农业区划、观光（休闲、旅游）农业区划、生态农业区划、可持续发展农业区划等。

中华人民共和国成立以来，中国已有农业区划总体上可以大致分为两个时期：一是中华人民共和国成立至改革开放初期这段时期；二是改革开放初期至今。

中华人民共和国成立至改革开放前，可以称之为农业区划的考察期与谋划期。中华人民共和国建立后，为适应社会主义经济建设的需要，着力进行农业区划，大致可分为三个阶段：1953—1955 年，当时大部分的省（区）已初步完成省级农业区划，国家有关部门也提出了全国农业区划的初步意见；1956—1966 年，主要对农业区划进行考察评估。1963 年全国农业科学技术工作会议，把农业资源调查和农业区划列为全国农业科学技术发展规划的第一项任务，先在江苏，后在全国大多数地区开展农业资源调查和农业区划工作；1978—1981 年，全国农业区划完成期。1978 年的全国科学大会又把农业资源调查和农业区划列为全国科学技术发展规划 108 项任务中的第 1 项，中央和各省都成立了农业区划委员会。1981 年完成全国农业综合区划，也是至今唯一的全国综合农业区划，把全国分为 10 个一级区和 38 个二级区。

改革开放初期至今，农业区划在实践中不断得到运用与发展。1985 年年底，我国首次形成了国家、省、县纵向层次的农业区划体系。1986—1995 年，我国围绕农业区域开发，制定了不同层面的农业区域规划，成立了多种形式的试点项目，形成以《全国农业区域开发总体规划》为代表的一系列研究成果；2003 年 2 月 12 日，农业部发布了《优势农产品区域布局规划（2003—2007 年）》，确定了 11 种优先发展的优势农产品及其区域布局；2007 年 7 月 19 日，农业部颁布《特色农产品区域布局规划（2006—2015 年）》；2008 年 9 月 3 日，农业部颁布《优势农产品区域布局规划（2008—2015 年）》，将优势品种扩大到 16 个，并在全国划定 58 个优势区，涉及 2 100 多个县级行政单元；2011 年 6 月 8 日，国务院发布《全国主体功能区规划》，提出构筑“七区二十三带”的农业战略格局；2012 年 2 月 13 日，国务院印发《全国现代农业发展规划（2011—2015 年）》，将中国农业区域划分为东部沿海先导农业区、大城市郊区多功能农业区、农垦规模化农业区的率先实现区域，包括东北平原、华北平原、长江流域、汾渭平原、河套灌区、华南、甘肃、新疆等“七区二十三带”的重点推进区域；包括北方干旱、半干旱草原地区和青藏高原草原地区，包括内蒙古、四川、西藏、甘肃、青海、新疆等 13 个省（区）的稳步发展区域。2016年10月20日，国务院发布《关于印发全国农业现代化规划（2016—2020年）的通知》，大致将中国分为四个发展区，分别包括东北区、华北区、长江中下游区、华南区的水土资源匹配较好的优先发展区。这类地区要提升重要农产品生产力（包括西北区、北方农牧交错区、西南区的农业资源环境问题突出的适度发展区）；这类地区要加快调整农业产业结构，限制资源消耗大的产业的规模（包括青藏区、海洋渔业区的生态脆弱的保护发展区）；这类地区要重点划定生态保护红线，加大生态建设力度，提升可持续发展水平。

（二）热区农业分区

1981年出台的《中国综合农业区划》将全国划分为10个一级农业区和38个二级农业区。西南区和华南区是中国水稻以及亚热带、热带经济作物主产区。中国热区主要处于这一区域。热区光热资源和生物资源丰富，是中国重要的育种基地和热带种子资源基因库，热带丰富的生物资源将具备不可估量的开发价值。

华南区属于热区的区域有潮州市、揭阳市、汕尾市、惠州市、广州市、肇庆市、佛山市、中山市、珠海市、东莞市、深圳市、汕头市、云浮市、江门市、茂名市、阳江市、湛江市全境，以及河源市（市辖区）、紫金县、清新区、清远市（市辖区）、英德市（地级市）、佛冈县、丰顺县。该地区农、林、水产业均在全国占有重要地位。甘蔗种植面积占全国的70%，是全国最大的蔗糖生产基地，是热带和亚热带水果如香蕉、菠萝、荔枝、龙眼和柑橘等的主产区，更是橡胶等热带经济作物的主要产区。珠江三角洲是全国著名的商品粮、甘蔗、蚕丝、淡水水产的生产基地。华南区分为5个二级农业区，分别为闽南粤中农林水产区、粤西桂南农林区、滇南农林区、琼雷及南海诸岛农林区和台湾农林区。

西南区包括云南西双版纳地区以及贵州、四川低热河谷地区。云南西双版纳地区属于北热带，光热资源丰富，也是热带水果和热带经济作物的重要产区。贵州、四川低热河谷地区也满足热区生产的条件，有甘蔗、芒果等热带作物。

三、热区优势特色农产品布局

（一）热带作物的开发

中华人民共和国成立后，通过有计划开展热带作物资源考察和大规模开垦，建立了一些规模不等，以橡胶为中心，包括咖啡、椰子、油棕、腰果、剑麻、香茅、胡椒等在内的热带作物生产基地。由于大多数区域地处山区和少数民族地区，交通闭塞，贫穷落后，热带作物生产发展缓慢。为了适应国家经济发展的需要，加速热区资源的开发，1986 年中央领导同志专门指示成立“国务院发展南亚热带作物指导小组”，后改为“农业部发展南亚热带作物办公室”。大规模开发以来，热带作物事业发展迅速，热带作物产业化、集约化、规模化和市场化水平不断提高。

2007 年以来，我国热带作物生产进一步向优势区域集中，天然橡胶、木薯、香蕉、荔枝、芒果等优势产区和其他特色热带作物产业带初步形成。与 2006 年相比，2014 年我国热带作物产业综合生产能力全面提高，种植面积由 1.20 亿亩增加到 1.42 亿亩，总产量由 1.60 亿吨增加到 2.08 亿吨，分别增长 18.76%和 29.73%；热带作物总产值由 2006 年的 1 332.97 亿元提高到 2014 年的 3 140.73 亿元，年均增长率达 11.31%。各主产区根据当地实际，积极优化品种结构，提高良种覆盖率，热带作物产品供应能力大幅提升，例如香蕉、芒果等已实现全年供应，荔枝供应期大幅延长。

专业大户、家庭农场、专业合作社、龙头企业等新型产业经营主体不断发展壮大，涌现出“企业+科研单位+农户”“公司+基地+农户”“专业合作社+农户”等多种新型经营模式，截至 2014 年年末，已有国家级热带作物龙头企业 84 家，省级龙头企业 601 家，专业合作社 31 201 个，规模化、组织化、产业化水平显著提升，培育了“海胶”“绿水江”“攀枝花”等若干知名品牌。

随着我国经济社会的快速发展和热带作物产品的不断开发，热带作物产品市场需求总体将呈现不断增长态势。一方面，天然橡胶、木薯和棕榈油等资源类产品供需缺口将逐年加大；另一方面，消费者购买力不断增强，对热带水果、香辛饮料以及其他具有特殊功能的热带作物产品的需求将进一步扩大。尽管热带作物产业相对而言已属高效益产业，但随着科技、生产、经营水平的不断提高，其经济效益还有进一步提升的空间。同时，天然橡胶、棕榈油、咖啡等与全球经济环境密切相关的产品，其经济效益可能出现阶段性波动。

（二）优势农产品布局

2003 年出台的《优势农产品区域布局规划（2003—2007 年）》将高产、高糖甘蔗（“双高”甘蔗）作为热区发展的优势农产品，重点建设桂中南、滇西南、粤西 3 个“双高”甘蔗优势产区，主要布局在广西、云南、广东等 3 个省区的 18 个地市 48 个县市，对其余地区未有所涉及。

此外，该文件还将广西沿海、广东沿海、海南省、福建沿海等热区区域作为优势水产品发展区域，重点发展鳗鱼、对虾、罗非鱼、大黄鱼等水产品。

2008年颁布的《优势农产品区域布局规划（2008—2015年）》基本上是对《优势农产品区域布局规划（2003—2007年）》实际情况的检验与经验总结，将优势农产品扩大到16个，热区农业区划布局基本不变。2011年发布的《全国主体功能区规划》提出构筑“七区二十三带”的农业战略格局。其中要建设广西、云南、广东、海南的甘蔗产业带，海南、云南和广东的天然橡胶产业带，以及海南的热带农产品产业带。2012年印发的《全国现代农业发展规划（2011—2015年）》提到发挥农垦规模化农业区的优势，建设天然橡胶生产基地，提升垦区现代农业发展水平。2016年发布的《关于印发全国农业现代化规划（2016—2020年）》提到，在海南、广东、云南、广西等地建设国家南菜北运生产基地，巩固海南、广东天然橡胶生产能力，巩固云南天然橡胶和糖料蔗生产能力，稳定广西糖料蔗产能，加强海南南繁基地建设；在华南沿海地区建设海洋渔业优势产业带等。

（三）特色农产品布局

2007年出台的《特色农产品区域布局规划（2006—2015年）》的特色农产品种类更加丰富，各类农产品布局更加清晰，其中覆盖热区的特色农产品也更加丰富。在特色果品布局中，该规划将龙眼、香蕉作为特色果品，分布在海南、云南、广西、广东、福建等部分地区。

该规划将荔枝、腰果、椰子作为广西、广东大部分地区以及福建、海南、云南等小部分地区的特色果品。

此外，尽管菠萝、椰子的种植面积不如香蕉、荔枝等热带水果的种植面积大，但仍是一大特色。其主要分布在广西、云南、海南小部分地区。

该规划将番木瓜、芒果作为特色果品，主要分布在云南、广西、广东、海南等地。

在特色蔬菜方面，该规划把辣椒作为热区特色蔬菜，但其种植面积对全国辣椒布局而言还相对较小。桑蚕作为特色纤维产品布局，亦是如此。在特色饮料区域布局方面，绿茶和咖啡是海南、粤南、桂东布局重点，咖啡、普洱茶、红茶是滇西南布局重点。

农业部农垦局专门针对主要热带作物发布过两项规划，分别是《主要热带作物优势区域布局规划（2007—2015年）》《主要热带作物优势区域布局规划（2016—2020年）》。

《主要热带作物优势区域布局规划（2007—2015年）》针对天然橡胶、木薯、香蕉、荔枝、龙眼、芒果、菠萝7种热带作物进行布局规划。天然橡胶重点建设海南、云南、广东等3个优势区；木薯重点建设琼西—粤西、桂南—桂东—粤中、桂西—滇南、粤东—闽西南等4个优势区；香蕉重点建设海南雷州半岛、粤西—桂南、珠三角—粤东—闽南和桂西南—滇南4个优势区；荔枝重点建设粤桂、闽南、琼中等3个优势区；龙眼重点建设海南—粤西南—桂南—滇南、桂中—粤中—闽南、闽中—闽东—泸州3个优势区；芒果重点建设海南—雷州半岛早熟芒果优势区、右江河谷芒果优势区、滇西南—滇南—滇中元江流域芒果优势区、金沙江干热河谷晚熟芒果等4个优势区；菠萝重点建设海南—雷州半岛、桂南、滇西南、粤东—闽南4个优势区。

《主要热带作物优势区域布局（2016—2020年）》相较于上一时期规划，增加至17种热带作物，包括天然橡胶、香蕉、木薯、芒果、菠萝、荔枝、龙眼、火龙果、澳洲坚果、咖啡、八角、番木瓜、胡椒、剑麻、南药、菠萝蜜、辣木等。其中天然橡胶、香蕉、木薯、芒果、菠萝、荔枝、龙眼在上一时期规划已经提出。

在热带水果方面，香蕉重点建设桂滇南—滇西南、桂南—桂西南—粤西、海南—雷州半岛、珠三角—粤东—闽南等4个优势区。荔枝重点建设海南早熟、粤西—桂南部早熟、粤中—桂东南部中熟、粤东中晚熟、闽南晚熟、川南特晚熟、滇东南立体栽培等7个优势区。龙眼重点建设特早熟与反季节、早熟、中早熟、中熟、中晚熟、晚熟与季节性设施等6个优势区。芒果重点建设广西右江河谷、海南南部—西南部、四川—云南金沙江干热河谷流域、云南怒江—澜沧江流域、云南红河流域、广东雷州半岛、贵州西南部、福建闽南等8个优势区。菠萝重点建设海南—雷州半岛、桂南、滇西南、粤中—粤东—闽南等4个优势区。火龙果重点建设桂中南、海南—雷州半岛、粤东—闽东南、滇南、云贵川干热河谷等5个优势区。番木瓜重点建设珠三角—粤东、桂南—粤西、琼西半岛（含琼南）、滇南和闽南等5个优势区域。菠萝蜜重点建设海南—雷州半岛、桂中南、滇西南等3个优势区。

咖啡重点建设云南、海南、四川等3个优势区。胡椒重点建设海南、云南2个优势区。八角重点建设桂东—桂东南、桂中、桂西南、滇东南等4个优势区域。澳洲坚果重点建设云南、广西、广东和贵州等4个优势区。剑麻重点建设琼粤、桂南等2个优势区。辣木重点建设南亚热带季风气候、热带亚热带海洋性气候、亚热带干热河谷、亚热带内陆等4个优势区域。

在南药方面，槟榔、益智仁重点建设海南1个优势区；砂仁重点建设广东、云南2个优势区域；巴戟天、仙草重点建设广东、福建2个优势区域；白木香、牛大力重点建设海南、广东、广西3个优势区域；三七、石斛重点建设云南、广西2个优势区域；草果重点建设云南优势区域。

总体而言，已有的农业区划关于热区的农业区划存在以下几个特点：从研究视角来看，基本以各省的视角来制定农业区划，没有形成统一的热区的概念；从研究对象来看，专门针对某几类农业部门的农业区划多，综合性的农业区划较少，部分农业区划存在冲突；从研究方法来看，静态分析较多，动态分析较少，与实际情况结合不紧密。

第三节　中国主要热区农业经济特点

一、海南

海南省位于我国的最南端，是我国最具热带海洋性气候特色的地区。海南省以热带季风气候为主，长夏无冬、光温充足、降水充沛、全年无霜、全年温热，平均温度为22℃～26℃，雨量充沛，年降水量达1 758.8毫米，“稻可三熟、菜满四季”，有“天然大温室”之称，非常适合发展热带高效农业。海南作为我国最大的热区之一，其“热带”的特点将是海南发展设施农业的独特之处。温室大棚设施在海南的发展与其他地区有很大的不同。海南地区的热带（高温高湿）、台风、暴雨等气候特点是岛内发展设施农业的最大制约因素。因此，探索在热带（高温高湿）、台风、暴雨条件下的设施农业发展模式在海南应该得到足够重视。

2000年以来，在有关项目资金的支持下，海南省温室大棚栽培面积逐年增加。大棚种植的作物由单一的哈密瓜，发展到蔬菜、花卉、食用菌以及部分热带果树。大棚设施栽培的地域也从南部的几个市县向全省扩展。特别是近两年来，在现代农业生产发展资金的支持下，海南省温室大棚栽培面积不断扩大。

二、广西

广西地处亚热带湿润季风气候区域，无霜期一般在270～300天，桂南地区无霜期在300～330天，南部沿海一带和右江河谷一些小气候区终年无霜，农作物一年四季均可种植。广西年平均气温16℃～23℃，日均气温10℃，积温5 000℃～8 300℃，持续日数240～358天；年日照时数为1 400～2 000小时；年太阳辐射总量达90～110千卡/平方厘米；各地年降雨量在1 100～2 800毫米，而且雨热同期，与农作物生长期一致，极有利于农业生产。广西的热区耕地面积为3 625.6万亩，大多数土壤以砖红壤为主，呈酸性。广西的热带、亚热带作物资源丰富，目前已形成一定的规模。广西的河流众多，水资源丰富，降水量分布不均匀，由东南向西北逐渐减少。

广西已发现植物280多科，1 670多属，近8 000多种，种植业品种系列达700多个，其中不少品种享誉国内外。菠萝、荔枝、龙眼居全国前列。广西被称为“土特产仓库”，野生植物及其他土特产达1 600多种。其中，中草药材1 000余种。此外，广西还有各种野生油料、纤维、淀粉、化工原料等植物和各种奇花异草。广西蔗园，以新台糖良种代替了低产低效的老品种，平均亩产、含糖量有了大幅度的提升。其中，广西建立了甘蔗良种繁育基地，组培种苗扩繁、种植面积扩大。金光农场成为约翰迪尔首家合作伙伴。目前，甘蔗收割全程机械化，金光农场也因此成为广西农机化建设的“领头羊”。

三、广东

广东属于东亚季风区，全省年平均气温为19℃~24℃，降水充沛，年均降水量在1 300~2 500毫米，具有典型的热带和亚热带季风气候区域的特点。广东形成了具有地方特色的优势产业，如粤西一些地方采用稻-稻-菜或稻-菜-菜的耕作制度，一年四季都可以生产，每0.01平方千米产值每年可达到6万元。广东的地貌包括山地、丘陵、台地、平原四种，主要以山地和丘陵为主。广东省内水资源丰富，河流众多，有珠江、东江、西江、北江、韩江、鉴江等众多河流。全省各地利用山坡地发展水果和茶叶，其中以水果种植为主。茂名市和高州市分别入选为全国最大的市级水果生产基地和县级水果生产基地。

四、福建

福建省地处祖国东南沿海，在北纬23°33′~28°19′，东经115°50~120°43′之间，跨中、南亚热带，北与浙江为邻，西北与江西交界，南与广东接壤，与我国台湾地区仅一水之隔。受海洋性气候影响，福建省具有独特的南亚热带气候条件，年平均气温为19.3℃~21.3℃，月平均气温大于10℃的年积温6 316℃~7 670℃，年降水量为995.4~1 678.2毫米，无霜期达307~365天，冬季阳光和太阳辐射比较充足，且由于同纬度地区，有利于热带作物越冬，适宜生长各种热带、亚热带作物。

南亚热带地区农田一年可三熟，中亚热带山区可一年两熟，少部分高海拔山区也可以一年两熟。闽东南片区温热条件尤为优越，年均温比闽西片区高2℃~4℃，农作物可以一年多熟，并适合许多喜温的经济作物生长，特别是南部的龙溪地区和厦门市终年基本无霜，四季常青，是全省热量最丰富的地区，亦是粮食高产区和发展热带、亚热带经济作物如甘蔗、龙眼、荔枝以及橡胶、剑麻、胡椒等最适宜的地区。在粮食作物中，水稻占70%，甘薯占19%，水稻的种植在内陆地区比较集中，沿海地区则比较分散且面积也比较小。大田经济作物主要是甘蔗、蔬菜、烟叶、油菜、花生等。甘蔗是全国闻名的高产区，产量全国第一。蔬菜近年发展很快，年“南菜北调”和加工出口量增多。福建省的主要经济作物以果树、茶叶、蔬菜和烟草为主。果树主要以柑橘类居多；其次是荔枝、香蕉、龙眼、枇杷；部分地区也还有葡萄、桃枣和梨等；并建成一大批名果基地。茶叶在福建的种植面积比较大，部分地区主要销售与茶叶相关的产品。食用菌是福建一项新兴的大宗种植业。松香、香菇、竹笋等林副产品也十分丰富。

五、台湾

台湾主要以北回归线为轴划分为两个气候区，夏季长且潮湿，冬季较短且温暖。其中，夏季最高气候可达到35℃以上，7月平均气温可接近30℃，冬季气温相对华南地区稍显温暖，台湾降水充沛、气候湿润，平均年降水量超过2 500毫米，是世界平均降水量的3倍。

台湾的种植业分为粮食作物（农艺作物）、经济作物（特用作物）与园艺作物三大类别。台湾是我国著名的产稻区，素有“海上粮仓”的美称。台湾的经济作物有甘蔗、茶叶、烟草、花生、薄荷等，其中以甘蔗和茶叶所占比重最高，素有“东方甜岛”之美誉，盛产的阿里山高山茶享誉海内外。园艺作物主要包括水果、蔬菜、花卉等，在台湾种植业中所占的比重不断增加。

第三章　云南热区自然条件及农业经济发展现状

第一节　云南热区自然条件

一、地理条件

从行政范围上，云南省热区主要包括西双版纳、德宏、临沧、普洱、红河5个地州40个县，文山州的马关、富宁、麻栗坡、广南、西畴、丘北、文山7县，保山地区的昌宁、龙陵、施甸、保山、腾冲5县，玉溪地区元江、新平、峨山、华宁4县，楚雄州双柏、楚雄、南华3县，大理州云龙、永平、巍山、漾濞、弥渡、南涧6县，曲靖地区的师宗、罗平2县，怒江州泸水县，共68个县。金沙江流域热区（热区飞地）独居云南高原之北，行政区域包括昭通地区的巧家、昭通、鲁甸、永善4县，曲靖地区的会泽县、东川区，昆明市禄劝县，楚雄州元谋、大姚、永仁、武定、牟定5县，大理州宾川、鹤庆2县，丽江地区的永胜、华坪2县，共16个市县。另外贡山县的独龙江热区，属于伊洛瓦底江流域上游，由于受国界限制而与云南热区主体部分分离。本书根据产业发展的特点选取西双版纳、德宏、临沧、普洱、红河、保山、文山等州市以及元谋、元江、宾川3县进行研究。

二、气候条件

云南气候类型多样，有高原气候、北热带、南亚热带、中亚热带、北亚热带、南温带和中温带7个气候类型，以高原季风气候为主，大部分地区夏无酷暑，冬无严寒。云南囊括了从海南岛到黑龙江的各种气候，这在全国是绝无仅有的。全省大多数地区年平均气温为13℃~21℃，日温差大，最大日温差可达

12℃~20℃。云南年平均日照时间长度为1 000~2 800小时，光照率达56%，年平均降水量为1 031毫米，每年的5~10月是多雨季，总降水量达到全年的85%左右。区内光、温、水、热充足，立体气候明显。

三、土地条件

云南省土地面积为394 100平方千米，地貌以山地、高原、丘陵为主，占全省土地面积的94%，其中以山地为地貌核心。云南的耕地、园地、草地资源极其丰富，有耕地面积9 365.84万亩，其中旱地有7 108.57万亩，占耕地面积的75.9%；水田面积为2 257.27万亩，人均耕地面积为2.05亩。云南省有园地面积2 480.5万亩，其中胶园面积为860万亩；咖啡园面积为175万亩，均居全国第一；茶园面积为610万亩，居全国第二。云南省有草地面积2.29亿亩，居全国第七、南方第二，其中万亩以上连片草场有1 177块，其中5万~10万亩连片的有21块，10万~20万亩连片的有9块，20万亩以上连片的有5块。全省土壤种类多样，全省共有16种土壤类型，占全国总数的四分之一，其中黄土壤占20%，红壤占50%，故云南有“红土高原”之称。其中云南热区以砖红壤为主，主要种植椰子、可可、油棕、橡胶、胡椒以及咖啡、剑麻、香茅、金鸡纳、香蕉、菠萝、荔枝、肉桂、八角、砂仁等。

四、水源条件

云南省水资源丰富，省内有六大水系（长江水系、珠江水系、元江水系、澜沧江水系、怒江水系和大盈江水系），其中流域面积最大的河流是金沙江，其属长江水系，位于长江上游，在云南省内长1 560千米，流域面积为10.56万平方千米，占全省面积的28.6%。全省河流湖泊众多，水量充足，每年流量为2 000亿立方米，相当于黄河的3倍，过境水量为1 600亿立方米，合计人均能用于1万多立方米，是全国人均拥有量的4倍。特殊的地理条件决定了云南农业生产不能只靠一种作物或是一个品种，必须因地制宜，大力发展多样性农业，走特色农业的发展路子。

五、物种条件

云南的土壤肥沃，植物资源丰富，共有高等植物1.8万种，占全国的60%，其中有4 018种植物为云南特有；脊椎动物有1 737种，占全国的58.9%。蔬菜有31科71属142种，水果有45科80属200余种，畜禽资源品种172个，原生鱼种类594个，地方茶树品种266个，农业种质资源数量位居全国第一。丰富的种质资源，为云南发展特色农业、生产独有农产品奠定了良好的基础。

第二节　云南热区社会经济概况

2017 年，云南国内生产总值达 16 376. 34 亿元，其中热区西双版纳国民生产总值为 393. 84 亿元；普洱市为 624. 59 亿元；临沧市为 604. 06 亿元；德宏州为 356. 97 亿元；红河州为 1 478. 57 亿元，经济发展状况良好。热区大部分与越南、老挝、缅甸相邻，是举世闻名的南方古丝绸之路的通道。云南有 25 个民族，约 1 500 万人；拥有对外通道 90 多条；对外开放县 96 个。南昆铁路、广大铁路、昆曼公路、滇中地区高等公路网的建成，国际航道的不断开辟，省地县通信程控化的实现，重点工程漫湾电站、引洱入宾、五里冲水库等建设项目的竣工，为云南热区开发提供了水利、电力、交通、通信的保障。云南省委、省政府在继续发展烟、糖、茶、胶四大支柱产业的基础上，重点开发 18 项生物资源（咖啡、热带名特香料、热带水果、澳洲坚果等名特品种等），逐步建立一批新的支柱产业，为热区经济作物的进一步开发和利用创造了良好的机遇。

一、云南热区农业经济发展特点

云南热区农业经过多年发展呈现出以下特点。

1. 山坝结合，粮经并进

过去云南热区农业开发主要集中在坝区，而且以粮食作物为主。为充分利用热区主体气候和山区土地资源，帮助山区群众脱贫致富，自“七五”规划以来，热区的一些主要经济作物如甘蔗、咖啡、水果都向山区发展，形成山坝结合、粮经作物齐头并进的开发模式。

2. 开发经营方式向规模化、集团化、产业化发展

自“八五”规划以来，热区开发经营方式已基本改变，茶、甘蔗、水果、咖啡、香料等都已建成较大规模的商品生产基地，并组建了天然橡胶、咖啡等集团公司，改变了以往种植、加工、销售脱节的局面，基本形成农、工、贸一体化的格局。

3. 产品向初、深加工发展

云南的热带作物产品在计划经济时期多以销售原料为主，未能通过加工增

值获得更好的效益。"十二五"规划以来，这种状况有了很大改变。一些主要热带作物产品的初、深加工企业已经建立起来，开发加工新的系列产品也已起步。

4. 向外向型发展

云南热区农业的开发正在向加强对外合作，积极引进国外、省外的资金、技术、人才以加快热区开发步伐方向转变。近年来云南省加大对绿色食品品牌的打造，一些名、特、优农产品逐年被国内外消费者接受，销售量、销售额逐年上升。云南省目前成为国内农产品出口遥遥领先的省份。

5. 名、特、优、稀产品创汇能力强

云南热区农业开发潜力很大，如小粒咖啡、香料、热带花卉等正在逐步建成创汇农业基地。据调查，全省热区可利用面积为 13 333 平方千米，占热区土地面积的 16%，其中适宜发展橡胶、咖啡、紫胶及热带水果的面积达 10 000 平方千米；气候以及生物资源尚未得到充分合理的利用，尤其是资源的综合利用、农产品的深加工方面的潜力很大。

二、热区农业经济发展基础

"十二五"规划期间，云南高原特色农业取得了长足发展。一是经济总量快速增长。2015 年，全省农业总产值达 3 383. 1 亿元，农业增加值达 2 098. 2 亿元，农产品加工产值达 2 198 亿元，增长速度高于同期全国农业农村经济的平均增速、高于同期全省经济的平均增速。二是重点产业健康发展。2015 年，在稳定全省粮食播种面积 6 731 万亩、粮食总产量逐年提高的前提下，十大高原特色农业重点产业健康发展。其中，生猪产业综合产值达 1 105 亿元，牛羊产业达 578 亿元，蔬菜产业达 608 亿元，中药材产业达 790 亿元，茶叶产业达 623 亿元，花卉产业达 400 亿元，核桃产业达 281 亿元，水果产业达 230 亿元，咖啡产业达 155 亿元，食用菌产业达 120 亿元。三是基础条件得到改善。全省累计建成高标准农田 1 287 万亩，农田有效灌溉面积占比、农业科技进步贡献率、主要农作物耕种收综合机械化率分别达 45%、55%和 44. 5%，畜禽规模养殖比重达 40%，现代农业发展基础得到加强。四是新型主体发展壮大。截至 2015 年，全省农业产业化龙头企业达 3 279 户、实现销售收入 1 967 亿元，年销售收入超过 10 亿元的"农业小巨人"目标 18 户，农民专业合作社 37 382 个，合作社成员 75 万户，家庭农场 9 094 个，规模化集约生产初见成效。五是产品质量不断提高。农产品质量安全综合抽检合格率达 97%，累计有效认证"三品"850 户，地理标志登记保护农产品 70 个，"云南名牌农产品"达 80

个，市场竞争力不断提高。六是对外开放程度扩大。2015 年，云南省农产品出口到 116 个国家和地区，出口额达 40.55 亿美元，连年稳居西部第一。七是农民收入持续增长。2015 年，云南省农村常住居民人均可支配收入为 8 242 元。

第三节　云南热区农业发展存在的问题

云南热区农业发展主要存在以下五个问题。

（一）资源蕴藏量大，开发力度较小

云南热区植物资源十分丰富。据有关部门调查，区内高等植物约 10 000 种，其中西双版纳有 5 000 余种。在这些资源中油脂类约有 160 余种，其中含油率 30%以上的 56 种；香料类约有 120 种，目前已开发的有 10 余种；纤维类有 100 余种；药用类约有 50 种；淀粉类约有 50 种；用材类有 100 余种。

云南的热区农产品加工技术基础落后。热带作物产品经过深加工和综合利用都能制造出经济价值高 10~20 倍的化工原料、医药食品、高级香料，但是云南却没有这个技术水平，由于技术落后、设备陈旧，生产的初级产品缺乏综合利用、成本高、质量低。多年来云南盛产的各种热带作物农产品只能作为原料和初级产品出售，产品价值低，热带作物农产品开发力度较小，这是云南长期以来处于资源丰富、但经济落后状态的重要原因。

（二）知名品牌数量不足，品牌共享意识差

近年来，云南省农业品牌数量有所增多，并且一些农产品获得了省、市名牌称号，但在国内市场上真正享有较高知名度和形成规模的品牌并不多，缺乏有影响力的品牌。例如：云南普洱茶随着饮茶之风的盛行，逐渐受到人们追捧，但其品牌效应和产业规模与国内外其他产品相比差距较大。同时，云南省农产品生产主要以小规模生产经营为主，农产品品牌多，但是规模小，知名产品更少，品牌共享机制难以形成。企业、农户等共创品牌工作难以协调，品牌共享意识差，整合难度大。对农产品品牌宣传力度不够是影响品牌知名度的一个重要原因。不少农业企业只注重推销农产品，不重视品牌的推广与宣传，尚未有意识地利用媒体广告、公共宣传等来全方位塑造品牌形象，不重视产品的外观设计及包装，不能有效拓展产品的价值，限制了品牌知名度的提升。

同时，云南对农产品品牌的监管力度也不够。首先，政府有关部门对地域名牌，尤其对一些历史悠久的地方特色产品品牌的保护力度还不够；其次，政府对假冒名牌行为的打击力度不够；最后，作为品牌主体的农业企业对品牌的自我保护意识不强，有些企业甚至因为资金短缺等原因，无力维护品牌。

（三）资源优势明显，产品竞争力弱

云南素有“植物王国”的美誉，由于光、热、水条件优越，云南热区农产品资源供给充足，大部分农作物产品相对于内地市场农作物产品具有稀缺性、独特性，比如橡胶、椰子、咖啡、茶等。云南热区农业经济的发展仍以卖初级农产品为主，没有充分发挥热区农业自身的优势，经济、科技实力较强的龙头企业数量较少，以农产品为原料的轻工业仍很落后。农产品加工技术水平不高，主要反映在粗加工多、精加工少；初级产品多，附加值高的深、精加工品少；中低档产品多，高档产品少；加工中运用一般技术的多，高新技术运用少，从而造成“三低”现象，即加工转化率低、加工层次低、加工附加值低。加工技术水平低导致经济效益流失，难以适应云南热区农业的发展和地方经济快速发展的要求。加工技术装备差，科技创新能力弱。绝大多数企业缺乏产品自主研发的能力，新工艺、新技术的应用程度低。产品档次低，市场竞争力弱。

（四）热区知名度高，热带作物经济效益较低

云南的热区资源主要集中在滇南、滇西南的西双版纳、德宏、临沧、普洱、红河、文山六个地、州。云南省热区土地面积为 8.111 万平方千米，占到了全省土地面积的 20%左右。云南热区旅游业较为发达，普洱、德宏地区是比较著名的旅游地区，但是在提高热带作物经济效益方面并没有明显的作用，没有有效实现“三产”促“一产”。只有旅游业与农业的良性循环发展，才能实现区域发展的综合效益，才能从根本上实现双赢，转变热区知名度高、热带作物经济效益较低的尴尬境地。

（五）龙头企业数量不多，企业带动能力较弱

农业的竞争，不仅是单个产品的竞争，更是集生产、加工、销售、科技为一体的整个产业体系的竞争。因此，培育壮大龙头企业，是提高农业整体素质和效益的需要，也是我们参与农业竞争的需要。龙头企业带农户是农业企业化管理的一种重要形式。培育龙头企业是推进农业企业化管理的关键。农业产业化经营的龙头企业负有开拓市场、科技创新、带动农户和促进区域经济发展的责任。龙头企业可以是生产加工企业，也可以是中介组织和流通企业。龙头企业的发展状况不仅是企业自身的事情，而且关系到农业增效、农民增收和农村稳定。目前云南农业产业化经营还处于起步阶段，龙头企业的整体实力还不强，对龙头企业进行一定的扶持是必要的。龙头企业过多盯紧眼前的利益和云南省周围的小圈子，缺乏冲出亚洲、走向世界的战略眼光，企业难以做大做

强。一是大多数龙头企业规模较小，缺少具有强大市场竞争力的大型名牌企业或企业集团。由于资金匮乏、技术落后，规模较小的龙头企业就难以对一体化内部的广大农户形成持久而强有力的资金和技术支持。二是管理水平较低，自我积累能力差。大多数龙头企业是通过乡镇企业改制和个体私营企业改制而发展起来的，缺乏先进的经营管理理念，而且自身的融资渠道少，对政府依赖性较大。三是市场开拓不够。目前龙头企业的市场开拓主要集中在国内市场，能够稳定占领国外市场的外向型企业很少。

第四节 云南热区农业发展的方向

（一）突出热区区域特色，大力发展时差农业

云南省位于我国西南地区，处于北半球副热带高压带，由于受到印度洋季风和太平洋季风的交替影响，气候温暖、雨量充沛。云南地处高原，大部分地区高山深谷相间，具有典型的立体气候特征。海拔在 1 400 米以下的大部分地区，气候终年温暖湿润，雨量充足，热量充沛，属热带、南亚热带气候范围；海拔在 800 米以下的地区，全年无霜雪，具有典型的热带雨林气候和季风雨林气候特征。山地气候昼夜温差较大，有利于植物体内自身物质的形成与积累，对经济作物具有特殊的意义。冬季日照充足，在一定程度上调弥补了气温偏低的缺点。云南无霜期长，南部及西南部大部分地区全年无霜或基本无霜，与同纬度其他地区相比，云南的自然条件可谓得天独厚。总之，上述自然条件的特点，均十分有利于热带农作物的生长。云南的气候特征有利于发挥比较优势，利用气候资源与其他地区的差异大力发展时差农业。

（二）发展绿色农业，发挥生态优势

大力发展优质安全的农产品应以绿色消费为导向，形成从农田到餐桌全过程的农产品质量安全保障体系，以绿色安全来提升农产品的市场竞争力。发展绿色农业，是指以水、土为中心，以太阳光为直接能源，利用绿色植物，通过光合作用生产人类食物、动物饲料的一种新型农业。它要求发展农业，不能只是一味地向大自然索取甚至掠夺，要在保护自然的基础上，合理利用不可再生资源，减少化学品使用，防止水、土、气环境污染，走“绿色农业”道路。

首先，我们应建立和完善热区绿色农业标准化体系，包括产地环境标准、生产技术标准、产后加工与包装标准等，从而提高科技成果对绿色农业的贡献率，提高绿色农业的产量水平，并确保绿色农业的产品质量安全。其次，我们

应做好绿色农业示范区建设，总结绿色农业实践经验，借助已有的投入，增加和完善绿色农业试验与示范内容，实现整合资源、聚合力量、集中技术、提升成果、实现多赢的目标。最后，我们应加强绿色农业关键技术攻关，重点突破制约绿色农业发展的技术难关。第一种方法是进行高产、质优、安全、高抗逆性动植物新品种的选育，这些新品种在减少或不使用化学肥料、化学农药、饲料添加剂的情况下，能够保持单产水平的稳定增长；第二种方法是对新型农药等生产资料进行研发，从源头上解决化学农药污染的问题，保证农业生产具有较高的产量和品质，同时又保证生产的产品具有安全性。

（三）打造热区品牌农业，提高农产品附加值

品牌农业就是以品牌建立和综合运用为基本标志，以农业生产经营模式的全面改造为保障，以强化差异和特色竞争力为重点，以寻求产业化市场优势和超额利润为目标的现代化农业形态。提高农产品的竞争力要以质量为基础，品牌为关键。随着市场经济的不断发展，农产品商品化程度不断提高，市场对农产品品牌化的要求十分迫切，品牌农业是提高农产品综合竞争力，提高农产品附加值，促进农民增收的有效措施。打造热区农业品牌首先应树立品牌意识，农产品生产者和经营者要尽快将自己的农产品注册品牌，改变只重产品而忽略品牌的现象。其次，政府应加强扶持和引导。品牌农业在发展初期，自主发展能力还不强，政府的扶持和引导必不可少，起着关键性作用。政府要对品牌农业持续关注，加大扶持力度，在规划编制、资金投入、科技支持、构建宣传平台等方面给予最大支持，并将品牌农业规划纳入当地经济发展的整体规划之中，制定品牌农业短、中、长期发展规划，梯度推进，有序发展。最后，热区政府应尽力打造和保护当地农产品品牌，搞好原产地商标注册，实现品牌共享。

（四）加大农业科技创新力度，提高农业劳动者综合素质

科技创新是推动农业产业化经营的强大动力和重要支撑。我们要努力加快农业科技创新步伐，围绕农业产业化经营和产业升级，调整农业科研的方向和重点，在产业化经营各个环节进一步普及先进适用技术，强化发展现代农业的科技创新支撑，使科技进步在发展农业产业化经营中的贡献率得到明显提高。龙头企业要通过走产学研相结合的路子或自办研发机构的方式，构建农业科技创新的主体。我们要进一步解放思想，积极引进和推广省内外、国内外优良品种和新技术，加速现代科技向农业的全面渗透；要按照产业化的要求，继续深化农业科研和技术推广体制改革；要加大“种子工程”“畜禽良种工程”的实施力度，加强科技攻关，搞好新品种和优良品种的培育，增强云南省的良种繁

育能力；要加强农业技术推广体系建设和农业综合配套技术推广，通过“丰收计划”“跨越计划”等重大技术推动项目的实施，把实用的农业技术组装配套，提高技术在农业产业化经营的使用率。

我们要加强热区农民队伍的教育培训。加快现代农业建设，关键在于提高农民的科学文化素质。云南热区农民的科学文化素质总体偏低，故应大力加强对热区农业管理人员和新型农民的培训。现阶段，我们一方面要对市县农业系统管理人员进行培训，要用现代农业化和工业化的理念更新发展观念，提升管理能力；另一方面要根据产业发展趋势，培养一批具有时代特色、懂理论、会管理、善经营的新型农民和致富带头人。

（五）进一步提高农业对外开放水平

我们要紧紧围绕建设社会主义新农村和加快发展现代农业的中心任务，积极引进外资和技术，加快实施农业“走出去”战略，提升云南省农业对外开放水平和农业国际竞争力。云南省的劳动密集型产品和绿色农产品，具有较大的国际竞争优势。我们要加快农产品出口生产基地建设，推进外向型农业的发展，扩大云南省特色农产品、畜产品等优质农产品出口；大力培育和发展外向型农业中介服务组织；积极拓展多元化市场，努力扩大农产品出口；进一步加强与国际农业、金融组织、多边和双边政府组织以及国家有关部门的联系，积极参加和组织各种招商引资活动；落实鼓励外商投资农业的优惠政策，努力扩大农业利用外资的规模，不断优化农业利用外资结构；大力组织并开展国际农业技术输出，积极引导和鼓励农业企业到境外投资办厂，开展加工贸易、劳务和技术输出、工程承包等跨国经营，带动更多的农产品出口；积极引进国外的先进生物技术、信息技术成果，做好消化吸收和转化利用，大力推进农业科技自主创新。

（六）增加相互了解，营造和谐的周边环境

随着中国—东盟自由贸易区建设的推进，云南将逐步成为改革开放的最前沿地区之一，在中国和东盟之间起着重要的作用。不管是在推动中国—东盟自由贸易区建立的过程中，还是已建成的中国—东盟自由贸易区，农业合作一直都居于十分重要的地位，是此次合作中的重头戏。中国和东盟国家中的大多数国家都是发展中国家，经济发展落后，农业基础设施薄弱，在实现农业现代化、增加农民收入，推进农村发展等方面有许多可以相互学习和相互借鉴的地方。同时，双方地理位置的不同，气候差异大，农业具体领域差异化明显，为双方的农业合作提供了天然的基础，农业合作的互补性强。建成后的自由贸易区，农业合作必大有可为。

东盟自由贸易区建设的大背景，有利于增强云南与东盟地区之间的友好合作关系，增进相互了解与友好往来，有利于推动云南经济发展，扩大双方贸易和投资规模，促进区域内物流、资金和信息的流通，创造更多的经济效益和社会效益，提高区域整体竞争力，谋求更多的福利。

（七）利用气候优势，打造养生农业

养生农业借鉴并采用相关的养生方法和技术，结合传统农业、现代农业、有机农业、生态农业中科学合理的内容，形成一种新型的、可循环的、可持续发展的健康生态农业。养生农业的目标是要将传统的“体力型”农业向“智慧型、快乐型、审美型、参与体验型”的创意农业转变。养生农业构筑了多层次的全景产业链，创新了农业发展模式，提升了农产品的附加值，发挥了农业更多的功能。

云南热区农业资源在我国不仅是独特的也是立体的。纵观云南目前的农业旅游项目，其内容与形式基本雷同，各个项目在开发上存在着明显的同质化，表现出重复开发与模仿建设的怪圈，这是因为在项目开发论证之前未能客观认识各区域的资源特性，更未能将其优势发挥到最大化。要避免重复建设、“遍地开花”“一哄而上”的窘境就应充分利用资源的独特性，进行科学规划、合理布局、避免投资浪费和恶性竞争。同时，在项目建设规划之初，我们就应注重整体的多样性和个体的独特性，并使之互相搭配，互相补充，避免相互竞争。

第四章　西双版纳州热区农业发展模式

第一节　热区农业自然资源

一、土地资源概况（地形地貌）

西双版纳州的土地面积约为2万平方千米，其中，农用地面积为18 000平方千米，西双版纳州实际耕地保有量为209.43万亩，完成永久基本农田划定，全州划定城镇周边基本农田6.02万亩，划定全域基本农田239.09万亩。

1. 地质构造

西双版纳横跨唐古拉－昌都－兰坪－思茅和贡山－腾冲两个褶皱系，以澜沧江断层带为分界线。前者为半坡复背斜和德化复向斜，后者占有临沧－勐海褶皱系东南端。

2. 地形地貌

西双版纳地处横断山脉的南延部分，怒江、澜沧江、金沙江褶皱系的末端，山地丘陵约占95%，山间盆地（坝子）和河流谷底约占5%。全州周围高、中间低，西北高、东南低。西双版纳以澜沧江为界，分中、西、东3个地貌区域。东部的无量山脉，纵贯景洪市东北部和勐腊县，海拔在1 000~1 500米。西部的怒江山脉余脉，分布在勐海县全境。除有少数珠状相串的盆地和低山外，西双版纳地貌多为切割山峦，山地海拔在1 500~2 000米。中部被澜沧江下游及其支流侵蚀切割成众多的开阔低峡和群山环抱的宽谷盆地，集中在景洪市西部、南部和勐腊县南部，地势相对平缓，海拔在500~1 000米。

西双版纳多为被切割的山形地貌。州内最高点在勐海东北部的滑竹梁子，海拔为2 429.5米，最低点在勐腊县良各脚西南的澜沧江河谷，海拔为470米。

二、气候

西双版纳地处热带北部边缘，北有哀牢山、无量山为屏障，阻挡了南下的寒流；南面的东西两侧分别靠近印度洋和孟加拉湾，夏季受印度洋的西南季风和太平洋东南气流的影响，造成了高温多雨、干湿季分明而四季不明显的气候特点，因而西双版纳气候终年温暖湿润，无四季之分，只有干湿季之别，干季从当年 11 月到次年 4 月，湿季从 5 月至 10 月，降水充沛，阳光充足，年降雨量为 1 136~1 513 毫米。湿季期间，云雨多，风速小，日照少，气温高，湿度大。干季期间，云雨少，光照强，雾露浓重。西双版纳年平均气温为 18. 9℃ ~22. 6℃。

三、生物资源

西双版纳是中国热带生态系统保存最完整的地区，素有“植物王国”“动物王国”“生物基因库”“植物王国桂冠上的一颗绿宝石”等美称。全州有林地面积 11 370 平方千米，森林覆盖率 67. 69%，建有国家级自然保护区 2 680 平方千米。

1. 植物资源

西双版纳有森林面积 15 166 平方千米，有勐养、勐腊、勐仑、尚勇、曼稿、纳板河流域 6 块国家级自然保护区共 402 万亩，其中 70 万亩为保护完好的原始森林。在莽莽苍苍的热带雨林中，高等植物有 5 000 多种，其中特有植物 153 种，如望天树、版纳青梅、云南肉豆冠等；濒危植物 134 种，如西南紫薇、铁力木、云南石梓、云南美登木等。众多的植物种属相互交错生长，形成热带雨林、热带季雨林、亚热带常绿阔叶林、苔藓常绿阔叶林、南亚热带针叶阔叶混交林、竹木混交林、灌木林等复杂多样的植被景观。人们走进“植物王国”，进入原始森林就能见到“见血封喉”的箭毒木、“植物界的舞蹈家”跳舞草、“植物的绞杀者”榕树、高达六七十米的望天树等各种热带雨林珍贵植物。在各种植物中，药用植物资源十分丰富，全州中草药有 1 724 种，经过鉴定的有 500 多种。其中，有芳香健胃药砂仁、健胃驱虫药槟榔、有制造国产血竭的主要原料龙血树、制造云南白药的主要原料七叶一枝花、制造降压灵的萝芙木等。在西双版纳这个“植物王国”里，水果资源、花卉植物、油脂植物、香料植物、染料植物、纤维植物、淀粉植物也十分丰富。

2. 动物资源

西双版纳有着丰富的植物资源和温和的气候，是动物生存和繁衍的理想家园，那里有脊椎动物 762 种（陆栖脊椎动物 539 种），占全国脊椎动物类的 25%；无脊椎动物 3 000 多种，鸟类 427 种，占全国鸟类种数的 36%；哺乳动物 108 种，爬行野生动物 74 种，鱼类 100 种，所以西双版纳被誉为“动物王国”“天然动物园”。在这些野生动物中，被列为国家重点保护的珍稀动物就多达 109 种，不仅保存着中国最大的野生亚洲象种群（约 300 头），还较为集中地分布着野牛、绿孔雀、巨蜥、蟒及仅产于此地的鼷鹿等珍稀动物。

3. 矿产资源

西双版纳矿产也较为丰富，拥有铁、铜、稀土、锡、钨、硫铁矿、石盐、钾盐、煤、银、金、化工灰岩、绿柱石等 19 种矿产资源。其中铁矿储量 1.18 亿吨，盐矿储量 250 亿吨，煤矿储量 1 450 万吨，铜矿储量 10 530 吨。

四、乡村旅游资源

西双版纳是国家级重点风景名胜区、国家级生态示范区、联合国生物圈保护区网络成员和联合国世界旅游组织旅游可持续发展观测点。民族文化、民族风情、热带雨林、观赏植物、野生动物等自然景观和人文景观融为一体，构成西双版纳种类齐全、全天候和常年性的旅游度假资源，展现出绚烂多彩的天然画卷，散发出无尽的魅力。西双版纳自 20 世纪 80 年代初开始发展旅游业，是中国最早开发旅游业的民族地区之一，西双版纳成为首批中国优秀旅游城市。多年来，西双版纳州委、州政府认真贯彻落实云南省委、省政府关于建设旅游强省的一系列决策部署，着力抓提升、促转型，努力建设“中国一流、世界知名”的国际生态旅游州，使老牌旅游目的地在创新发展中焕发出新的生机，实现由传统到现代、单一到融合、数量到质量的蜕变。图 4-1、图 4-2 分别展示了西双版纳 2014—2018 年旅游人数及旅游总收入情况。

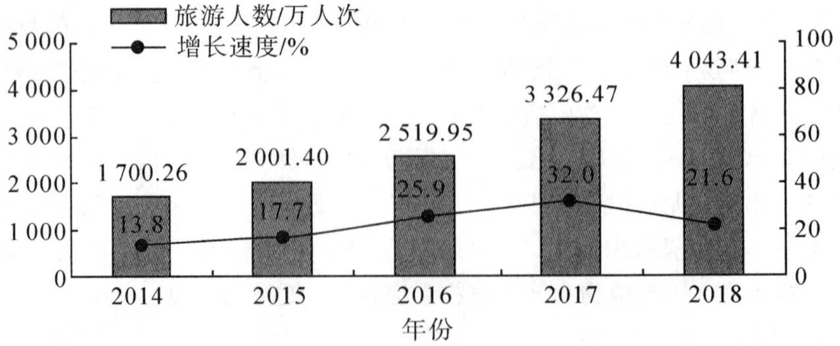

图 4-1　2014—2018 年旅游人数及其增长速度

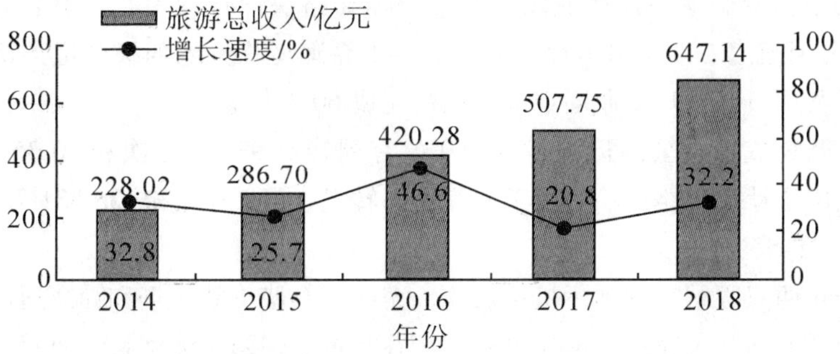

图 4-2　2014—2018 年旅游总收入及其增长速度

近年来，万达、雅居乐、中国平安、中林集团、首创集团、港中旅集团等一批国内知名企业入驻西双版纳，兴起一股旅游投资热潮。作为国内重要的旅游目的地，西双版纳还先后荣获“中国最具国际影响力旅游目的地”“全球12 个最热的旅游目的地之一”“最佳国内旅游景区”“90 后最爱旅游目的地”。热带植物园、野象谷景区荣获游客最喜爱的“云南十佳景区”称号，森林公园被评为“全国最具影响力森林公园”“亚洲金旅奖·中国十大文化特色旅游名区”。

第二节　热区社会经济发展情况

一、基础设施

西双版纳与老挝、缅甸接壤，毗邻泰国，全州国境线长 966.3 千米，拥有西双版纳机场、景洪港、磨憨、打洛 4 个国家级口岸，已建立了连接国内和周边国家的水、陆、空立体交通网络。一江连六国（中国、缅甸、老挝、泰国、柬埔寨、越南）的澜沧江（出境后称湄公河）从西双版纳出境，是一条被誉为“东方多瑙河”的黄金水道，可常年通航 300 吨的客货轮；昆（明）曼（谷）国际大通道也从西双版纳出境。

1. 公路

西双版纳已完成公路网建设，小磨高速公路已建成通车，建成勐腊至勐满口岸高速公路、景洪至勐海高速公路、景洪至勐宽二级公路、勐远至关累高速公路、勐仑至红桥高速公路、国道 214 线景洪南过境公路、勐海县城至澜沧县惠民高速公路、橄榄坝至景哈乡澜沧江大桥、黎明大桥、西双版纳快速客运站

（东站）、西双版纳快递产业园、磨憨国际陆路快件管理中心、中老缅泰澜沧江-湄公河航道二期整治工程、澜沧江 244 界碑至临沧港四级航道整治工程等交通重大项目。全州交通固定资产投资完成 60. 6 亿元。

全州完成社会公路运输客运量和旅客周转量 932 万人次和 90 355 万人千米，完成全社会公路运输货运量和货物周转量 1 160 万吨和 135 831 万吨千米。

2. 航空

今年西双版纳嘎洒国际机场扩建，完成了勐腊支线机场和勐海通用机场建设。新开通的几条航线，可让机场旅客吞吐量实现两位数增长。西双版纳嘎洒国际机场现已开通 29 条国内航线和 3 条国际、地区航线。

据 2019 年 4 月机场官网信息显示，西双版纳嘎洒国际机场拥有一座航站楼，共 3. 3 万平方米；跑道长度为 2 400 米；停机机位有 18 个；其可保障年旅客吞吐量 350 万人次、货邮吞吐量 1. 69 万吨、飞机起降 3. 27 万架次。截至 2019 年 4 月，西双版纳共开通航线 51 条，通航城市 40 个。

3. 船舶

西双版纳在水上交通安全监管和航务、港口（码头）生产建设等方面都有一定的基础建设。景洪港是澜沧江—湄公河国际航线上的一个重要港口，是国务院批准建设的国家一类对外开放口岸。它按照口岸功能的设置要求，由景洪港中心码头、橄榄坝码头、关累码头三个点组成。

全州完成水路旅客运输量和旅客周转量分别为 244. 50 万人和 2 091. 05 万人千米；全州累计完成水路货物运输量和货物周转量分别为 159. 25 万吨和 3 698. 14 万吨千米。

4. 水利

2017 年，西双版纳全年完成水利固定资产投资 10. 55 亿元，完成水利建设投资 8. 19 亿元，实施高效节水灌溉面积 1. 09 万亩，完成水土流失治理面积 191. 82 平方千米，巩固提升农村饮水安全人口 5. 3 万人，建设山区“五小水利”0. 63 万件，完成库塘蓄水 2. 8 亿立方米。

该州内 449 条河流、189 座水库、47 条渠道、94 座坝塘已纳入全州五级河长管理体系。勐海大型灌区续建配套与节水改造工程，2017 年度项目计划新建或改造勐遮、勐混灌区渠道 24. 8 千米，批复概算总投资 2 853 万元，设计灌溉面积 3. 788 万亩。

5. 水保障网

水保障网计划建设完成投资 7. 3 亿元，推进曼点水库、曼桂水库、勐满水库等骨干水源工程和勐海大型灌区续建配套等项目建设，建设纳甲河水库、大寨水库和曼灯河水库。能源网建设完成投资16亿元，现已开工建设橄榄坝航电枢纽、500千伏变电站、回龙山电站、天然气管网等项目。

6. 信息化网

信息网建设计划完成投资10亿元，推进光宽带和移动5G网络向农村延伸运用，根据网络提速降费政策，大力发展电子商务平台，从而推动物联网、大数据、云计算以及“智慧城市”“智慧旅游”等建设，在信息化建设上逐步走在全省前列。

二、人口

截至2017年，西双版纳傣族自治州有常住总人口118.80万人，其中城镇常住人口57.05万人，占常住总人口的比重为48.02%。2017年人口出生率为12.59‰，死亡率为5.68‰，自然增长率为6.91‰。户籍总人口为100.87万人，城镇人口为40.07万人，占户籍总人口的比重为39.73%；少数民族人口为78.54万人，占户籍总人口的比重为77.86%。表4-1所示为2017年西双版纳州人口情况。

表4-1　2017年西双版纳州人口情况

总人口/万人	城镇常住人口/万人	出生率/‰	死亡率/‰	自然增长率/‰	户籍总人口/万人	城镇人口/万人	少数民族人口/万人
118.80	57.05	12.59	5.68	6.91	100.87	40.07	78.54

根据西双版纳州第六次人口普查数据显示，全州的人口中，0~14岁的人口为207 690人，占总人口的18.32%；15~59岁的人口为821 191人，占总人口的72.45%；60岁及以上的人口为104 634人，占总人口的9.23%。表4-2所示为西双版纳州第六次人口普查的人口年龄段人数。

表4-2　西双版纳州第六次人口普查的人口年龄段人数

年龄段/岁	人口数/万人	占比/%
0~14	20.77	18.32
15~59	82.12	72.45
60以上	10.46	9.23

根据西双版纳州第六次人口普查数据显示，全州的人口中，具有大学（大专以上）文化程度的人口为5.48万人；具有高中（中专）文化程度的人

口为 8.38 万人；具有初中文化程度的人口为 28.27 万人；具有小学文化程度的人口为 48.65 万人（以上各种受教育程度的人包括各类学校的毕业生、肄业生和在校生）。

三、经济

2018 年，西双版纳州城镇常住居民人均可支配收入为 29 323 元；人均消费支出为 19 502 元。农村经济总收入为 115 亿元，农村常住居民人均可支配收入为 13 079 元；人均消费支出为 12 180 元。城镇居民家庭食品消费支出占消费总支出的比重为 32.8%，农村居民家庭食品消费支出占消费总支出的比重为 35.4%。

1. 财政

2018 年，西双版纳州财政总收入为 559 395 万元，比上年增长 17.3%。一般公共预算收入为 312 865 万元，比上年增长 9.9%。图 4-3 所示为西双版纳 2014—2018 年一般公共预算收入与支出。

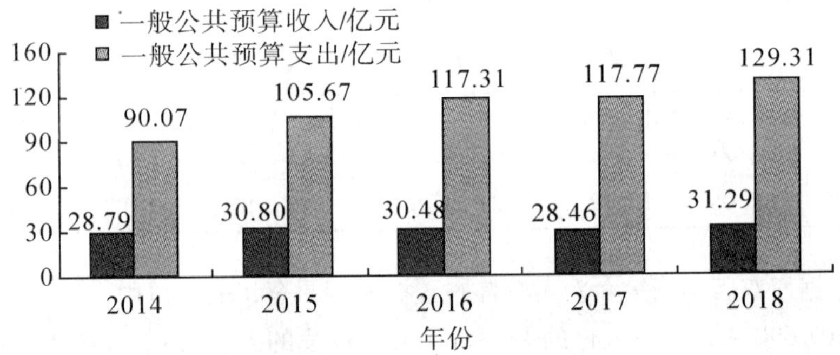

图 4-3　西双版纳 2014—2018 年一般公共预算收入与支出

2. 地方名牌、特色企业

西双版纳是我国主要的橡胶种植区，经过半个多世纪的发展，当地的橡胶种植已实现规模化的发展，景洪基诺山古茶园、勐海县班章古茶园、勐腊县易武茶园、勐海县贺开古茶园被评为云南省“魅力古茶园”；勐海县庆沣祥生态茶园、勐海县曼搞茶园被评为云南省“秀美茶园”。西双版纳新增中国驰名商标 1 个（陈升茶厂），地理标识产品 1 个（西双版纳小耳猪），培育云南名牌农产品 1 个（雨林古茶坊）。全州累计培育中国名牌农产品 1 个、云南省名牌农产品 19 个。表 4-3 为西双版纳州 2018 年主要农产品产量及其增长速度。图 4-4 为西双版纳州 2014—2018 年干胶、茶叶产量。

表 4-3　西双版纳州 2018 年主要农产品产量及其增长速度

产品名称	产量/万吨	比上年增长的比例/%
粮食	46. 56	1. 2
干胶	30. 21	1. 3
甘蔗	104. 51	15. 7
干毛茶	4. 96	8. 9
水果	60. 70	-7. 1
蔬菜	29. 57	19. 0

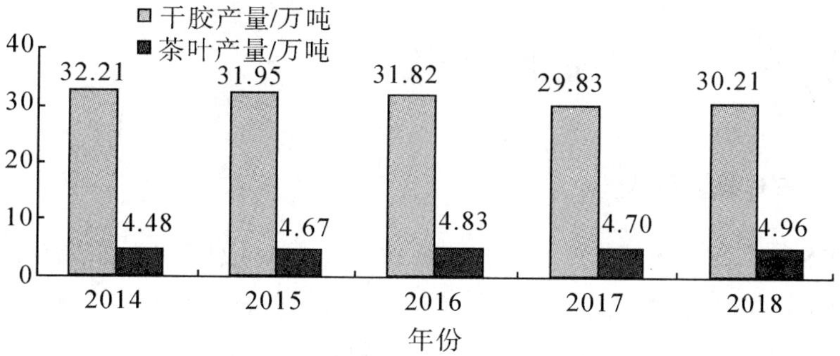

图 4-4　西双版纳州 2014—2018 年干胶、茶叶产量

西双版纳的重要支柱产业是旅游业，西双版纳地区地处边境，可以就近发展边境旅游和出境旅游；原始热带雨林景观，动植物资源丰富，可以发展热带雨林风景旅游；少数民族众多，民族文化各具特色，可以发展多种民族风情旅游。

四、民族

傣语属汉藏语系壮侗语族壮傣语支，西双版纳傣文为傣泐文（西双版纳傣文），其以印度梵文为基础。西双版纳有民族壁画和傣族独特歌舞、贝叶经与傣族文学。

2017 年年末，全州常住总人口为 118. 0 万人。户籍总人口为 100. 87 万人，其中少数民族人口 78. 54 万人，占户籍总人口的 77. 86%。傣族有 33. 30 万人，占户籍总人口的 33. 01%。哈尼族有 20. 72 万人，占户籍总人口的 20. 54%。基诺族是我国最后一个被国务院批准的民族，有 2. 51 万人。

五、传统文化

傣族是一个历史悠久的民族，在漫长的历史长河中，创造了丰富多彩的历史文化，代代传承。傣族节庆文化是傣族历史传统文化的缩影，它既展示了傣族的生态文化、民俗文化、饮食文化、服饰文化、工艺文化、水文化和诗歌、绘画、文学、艺术、体育等，它又是中华民族绚丽多姿的节庆文化花丛中的一朵奇葩。傣族重大传统节庆有“桑勘比迈”（泼水节）、豪瓦萨（守夏或入雨安居，俗称关门节）、奥瓦萨（出守夏或出雨安居，俗称开门节）等。哈尼族主要有“嘎汤帕”“耶苦扎”等传统节日。

第三节　热区农业生产结构

一、农林牧渔结构

2018 年，西双版纳傣族自治州农、林、牧、渔业总产值为 173. 9 亿元，比上年增长 6. 4%。其中，农业产值为 856 857 万元，比上年增长 7. 3%；林业产值为 530 398 万元，比上年增长 3. 6%；畜牧业产值为 172 235 万元，比上年增长 9. 5%；渔业产值为 84 517 万元，比上年增长 10. 6%；农林牧渔服务业产值为 94 992 万元，比上年增长 5. 6%。

二、种植业生产结构

2018 年，西双版纳傣族自治州粮食种植面积为 131. 86 万亩，比上年减少 0. 97 万亩；甘蔗种植面积为 22. 57 万亩，比上年增加 4. 14 万亩；蔬菜种植面积为 34. 62 万亩，比上年增加 1. 59 万亩。茶叶种植面积为 131. 06 万亩，比上年增加 19. 11 万亩；水果种植面积为 46. 38 万亩，比上年减少 0. 21 万亩；橡胶种植面积为 452. 96 万亩，比上年减少 4. 46 万亩。表 4-4 展示了 2018 年西双版纳州种植业生产结构。

表 4-4　2018 年西双版纳州种植业生产结构

种类	面积/万亩	增长量/万亩
粮食	131. 86	-0. 97
甘蔗	22. 57	4. 14

表4-4(续)

种类	面积/万亩	增长量/万亩
蔬菜	34.62	1.59
茶叶	131.06	19.11
水果	46.38	-0.21
橡胶	452.96	-4.46

三、林业生产结构

2018年，西双版纳州实现林业产值530 398万元，比上年增长3.6%。2017年开始建设的西双版纳热带雨林国家公园，取得国家、省开展亚洲象国家公园及亚洲象野外研究基地建设的支持，因此热区共筹集100万元资金、实现了0.5万亩木本油料的提质增效。全州现有林下种植21.35万亩，其中林药11.38万亩，林菜、林菌、林果等9.97万亩。

四、畜牧业生产结构

2018年，西双版纳州全年实现畜牧业产值172 235亿元，同比增长9.5%；全年肉类总产量为4.60万吨，同比增长5.9%。其中，猪肉产量为3.60万吨，同比增长1.5%；牛肉产量为0.33万吨，同比增长22.3%；禽肉产量为0.64万吨，同比增长28.2%。2017年西双版纳畜牧业存、出栏头数及增长量如表4-5所示。

表4-5 2017年西双版纳畜牧业存、出栏头数及增长量

种类	存栏数/头	增长量/%	出栏数/头	增长量/%
生猪	48.72	0.5	48.76	7.94
大牲畜	7.57	6.61	4.53	2.72
家禽	481.68	1.93	582.65	10.04
山羊	3.78	1.56	1.57	12.46

禽蛋产量为0.56万吨，同比增加1.6%。西双版纳州累计建成畜禽、渔业标准化示范场14个，其中国家级标准化示范场2个，省级标准化示范场12个(生猪3个、肉鸡2个、蛋鸡2个、肉牛2个、肉羊1个、渔业2个)；建成存栏50头以上的规模养猪场451户，同比增加23户，增长5.3%。

五、渔业生产结构

2018 年，西双版纳州渔业养殖面积为 11.56 万亩，比上年年末增加 1.01 万亩。全年水产品产量为 6.49 万吨，比上年增长 11.5%。完成淡水鱼苗产量 25.2 亿尾，比上年增加 0.2 亿尾，同比增长 0.76%，实现渔业产值 7.5 亿元，同比增长 11.9%。

六、特色农产品

1. 茶叶

西双版纳州是享誉世界的普洱茶的故乡。种植茶树已有 1 700 多年的悠久历史。2018 年，全州茶园面积为 131.86 万亩，总产量为 46.56 万吨。干毛茶产量为 4.96 万吨，实现茶叶产业综合产值 173 亿元，年生产精制茶 13 586 吨。制茶企业达 1 152 家，各类茶叶专业合作组织达 961 家。全州实现农业产值 34 亿元，其中，景洪市 4 亿元、勐海县产值 25 亿元、勐腊县 5 亿元。茶农人均收入达到 5 500 元以上。全州新建优质生态茶园 10 万亩、有机茶园 2 万亩，其中景洪市建设优质生态茶园 3 万亩、有机茶园 1 万亩，勐海县建设优质生态茶园 5 万亩、有机茶园 5 000 亩，勐腊县建设优质生态茶园 2 万亩、有机茶园 5 000 亩。境内有古六大茶山：曼庄、曼撒、易武、倚邦、革登、攸乐。明、清时茶叶商贸盛极一时，“商旅充斥，马帮塞途”。现在，全西双版纳都分布有茶园，茶叶品种发展到 100 余种。西双版纳有大、中型茶厂 10 家，著名的厂家有勐海茶厂、大渡岗茶厂、普文茶厂、黎明茶厂、尚勇茶厂等，它们都生产极受欢迎的精品名茶。在勐海县的西定、巴达分别发现了直径一米多、一千多年树龄的野生茶树。

景洪基诺山古茶园、勐海县班章古茶园、勐腊县易武茶园、勐海县贺开古茶园被评为云南省“魅力古茶园”；勐海县庆沣祥生态茶园、勐海县曼搞茶园被评为云南省“秀美茶园”；西双版纳新增中国驰名商标 1 个（陈升茶厂），培育云南名牌农产品 1 个（雨林古茶坊）。茶叶在全州国民经济中占有难以替代的重要地位。勐海茶叶有限责任公司、勐海陈升茶业有限公司、云南农垦集团勐海八角亭茶业有限公司、勐海县雨林古茶坊茶叶有限责任公司、云南中吉号茶业有限公司、勐海县云河茶厂、景洪宏臻农业科技有限公司被推荐申报为 2019 年云南省绿色食品“10 大名品”。

2. 小耳朵猪

西双版纳小耳朵猪是地理标志商标。勐腊小耳猪是云南省西双版纳傣族自治州勐腊县的特产。小耳朵猪躯体短小，耳朵竖立或向外横伸，背腰宽广，全身丰满，皮薄、毛稀，被毛以纯黑为主；还有“六白”和黑白花品种的猪，其有少量棕色的品种，是我国的优良地方品种之一，它具有抗逆性强、边长边肥、皮薄骨细、肉质鲜嫩、细腻等特点。2018 年全州生猪存栏 48.98 万头、出栏 47.69 万头，同比存栏增长 0.55%，出栏减少 2.2%。这些猪肉的非饱和脂肪酸含量高达 53.2%，是普通猪肉的 3 倍。由于非饱和脂肪酸具有调节血脂、清理血栓、调节免疫力、提高视力等功效，所以被誉为“吃肥肉可以减肥”的猪肉。2017 年景洪市成立了第一个西双版纳小耳朵猪生态养殖示范村，并且成立了以经营小耳朵猪及其肉制品为主要业务的西双版纳小冬瓜牧业有限公司，从此开始了每年投入 100 万元专项资金于小耳朵猪的开发的项目建设工作。截至 2017 年年底，景洪市小耳朵猪存栏量达到 30 头以上的养殖户就有 22 户，与专项项目实施以前相比，规模扩大了 10 倍。西双版纳小耳朵猪的存栏数达到 35 万余头，同比增长了 8 000 多头，增幅高达 30%，其中包括种公猪 400 头，可繁殖母猪 9 000 多头，未来发展形势极好。另外，已出栏小耳朵猪达 22 万余头，同比增长 7 500 多头，增幅达到 53%，年终销售总额高达 2 700 万元，为西双版纳的经济发展做出了极大的贡献。龙头企业云南邦格农业集团投资 3 000 万元，新建存栏基础母猪 1 200 头的现代化、大型滇南小耳猪原种繁育及养殖示范场，于 2013 年 11 月 6 日正式竣工投产。常年存栏可以达 10 000 头，年出栏可达 20 000 头。

3. 茶花鸡

茶花鸡产于西双版纳州，是热带、亚热带地区分布广、数量多的小型鸡种。1986—1996 年西双版纳州在畜牧兽医站建立了茶花鸡保种群，并进行了茶花鸡保种选育和杂交改良研究，为保种开发打下了良好的基础。西双版纳州建立了西双版纳茶花鸡商品基地，建成了占地面积为 31 000 平方米的版纳茶花鸡保种场。该保种场完成了茶花鸡舍、杂交改良舍、育雏舍、孵化厅等基础设施建设。西双版纳州饲养茶花鸡保种群 1 000 余只，同时在景洪市、勐海县建立了 4 个自然保种村，扶持农户 85 户，目前已具备保种与开发的能力。龙头企业西双版纳云岭茶花鸡产业发展有限公司在茶花鸡宝职场原有 200 个家系的基础上，新引种 20 个家系，并将在普文镇投资 1 500 万元新建拥有祖代鸡 5 万套和育种中心的茶花鸡扩繁场，场地面积 200 亩。

4. 糯玉米

西双版纳州是世界糯玉米起源中心之一，也是糯玉米多样性最丰富的地区之一。西双版纳糯玉米是云南省地方特色玉米品种，具有个头小巧、籽粒饱满、香甜软糯、口味纯正、皮薄无渣、营养价值高等特点。其因受到消费者的青睐而闻名国内外，已经成为西双版纳傣族自治州独具特色的优势农产品。2016 年，专家组严格按照《云南省农作物高产创建测产验收办法（试行）》的玉米实收测产方法组织测验，经随机选点、准确丈量收获样点实际面积（1.12 亩）、称取实收果穗重（1 374.53 千克），计算得出亩产量，单产达 818.8 千克/亩，按目前玉米市场价格 2.10 元/千克计算，亩产值 1 719.54 元。2019 年景洪市农业技术推广中心在勐龙镇开展籽粒玉米、鲜食甜糯玉米新品种试验示范 26 个，其中，籽粒玉米试验品种 11 个、示范品种 4 个，鲜食糯玉米试验 6 个、甜玉米试验 5 个。目前各个试验示范玉米新品种长势良好。

5. 橡胶

西双版纳是云南省天然橡胶最主要的产区之一，天然橡胶产业是西双版纳要集中力量培育的六大支柱产业之一，是做强做大的四大板块之一。2018 年全州橡胶面积达 452.96 万亩，开割 277 万亩，干胶总产量 30.21 万吨，橡胶种植面积和干胶产量继续保持全国地级市第一。天然橡胶产业的发展带动了西双版纳的经济发展，促进了农民增收，同时也带动了生产、加工、运输、服务等相关产业的发展，形成了一整条产业价值链。2018 年 1—10 月，西双版纳橡胶行业实现税收收入 4 671 万元，同比增长 174%。

七、农产品贸易

1. 电子商务

景洪市有着丰富的农业资源，是名副其实的热带水果之乡。经景洪市商务局研究决定，由承办企业——西双版纳中畅网络科技有限公司实施以“公共仓”运营模式打造农产品电商供应链，以公共仓为基础，实现鲜果标准化、完善供应链、实现从原产地的一件代发。

自 2019 年 4 月 9 日正式运营以来，公共仓吸引了景洪市 14 家生鲜电商企业入驻，产品主要有本地无眼菠萝（牛奶凤梨）、百香果、芒果、柚子、山竹、榴莲、糯玉米、蔬菜 8 大品类。2019 年 6 月，鲜果产品电商销售实现 7 万余件/月，累计 104 704 件，销售金额 304.4 万元，其中牛奶凤梨和百香果成为爆款。

2. 进出口贸易

2018 年，西双版纳州进出口贸易总额为 269 851 万美元，比上年增长 6.6%。其中，进口额为 137 877 万美元，比上年增长 21.2%；出口额为 131 974 万美元，比上年下降 5.4%。全年招商引资项目有 196 个，比上年减少

26 个；实际到位资金有 2 421 551 万元，比上年增长 5.3%。全年实际使用外商直接投资 4 025 万美元，比上年增长 215.7%。2014—2018 年进出口贸易总额及其增长速度如图 4-5 所示。

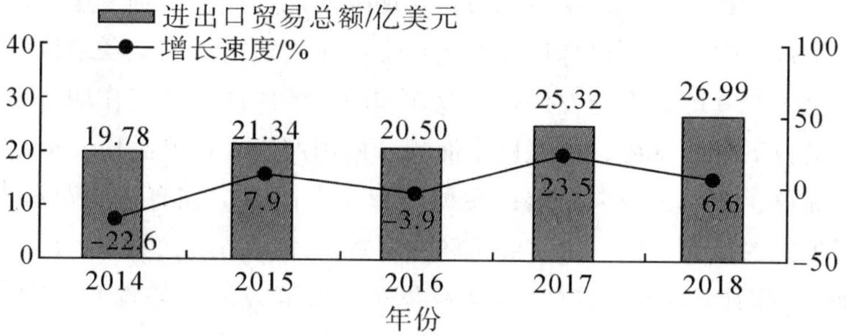

图 4-5　2014—2018 年进出口贸易总额及其增长速度

第四节　农业产业发展模式及特点

西双版纳坚持“宜林则林、宜农则农、宜牧则牧”的原则，结合资源优势、产业基础、市场需求、技术支撑等因素，考虑资源环境承载力，在产业选择、项目设计、政策制定和资金安排等工作中，大力发展“一乡一业、一村一品”，引导农业产业化利益主体之间形成“公司+基地+农户”的模式，构建风险共担、利益共享的经营共同体，使小农户与大市场实现稳定的对接，促进农民持续稳定增收。

西双版纳坚持以市场为导向，找问题、补短板，精准施策，采取以短养长、长短结合、种养兼顾、做足特色产业的方式进行扶持。西双版纳应以贫困区域为重点区域，根据当地资源优势，立足现有产业基础，因地制宜，择优发展橡胶、茶叶、热带水果、坚果、中药材等区域性特色优势产业。

西双版纳州的特色农业主要依靠旅游业和较高的知名度，围绕西双版纳州的优势农产品进行产业的扶持与发展，逐步形成了特色产品鲜明的产业发展模式。

一、“企业+合作社+基地+农户”的茶叶产业发展模式

景洪市以大渡岗乡、普文镇、勐旺乡、基诺山乡等乡镇，勐海县以布朗山乡、西定乡、勐宋乡、格朗和乡、勐混镇等乡镇，勐腊县以易武乡、象明乡、

瑶区乡、勐伴镇、关累镇、尚勇镇等乡镇为产业重点，依托茶叶精深加工农业龙头企业，突出贫困乡、村分类建设标准化、规模化、集约化的茶叶加工基地，不断调整优化茶产业加工基地布局。西双版纳探索创新土地流转模式，大力培育农村新型经营组织，支持龙头企业加强基地建设；鼓励专业合作社、家庭农场采用订单生产、股权合作等方式与企业建立紧密的利益联结机制，合力建设标准化生产基地，充分发挥茶产业在贫困地区的产业扶贫作用，为贫困地区精准扶贫打下坚实基础；按照稳定面积、控制产量、提升品质、提高效益的思路，向绿色、有机茶方向发展；在种植管理中注重增施有机肥及地力培肥，注重茶园生态的抚育，病、虫害绿色防控；提高茶叶品质，实现提质增效；推进“企业+合作社+基地+农户”的产业化经营模式发展，拓宽产业销售渠道，切实提高产业效益，提高产业增加值，促进区域内贫困户持续增收。

二、“示范园+农户+加工企业+林下经济”的橡胶产业发展模式

景洪市以基诺山乡、嘎洒镇、勐养镇、勐龙镇等乡镇，勐海县以打洛镇、勐满镇、勐往乡、西定乡等乡镇，勐腊县以勐捧镇、关累镇、勐满镇、勐腊镇、勐仑镇等乡镇为产业重点，加快环境友好型生态胶园建设、老胶园和低产残次胶园的更新，建设一批高效生态示范胶园，提高橡胶生产水平。勐腊县橡胶技术推广站共设立橡胶病虫害防治监测点 27 个，建设高产实验示范丰产胶园 107 亩，丰产胶园示范户 7 户。该模式主要推动民营橡胶产业发展，重点针对贫困户在橡胶种植管理中存在的问题，以培育“新农人”开启新农业为载体，全面推进传统产业振兴发展；在提升培育橡胶产业中，从育苗、芽接、定植、幼林管理、病虫害防治、割胶技术等方面，采取下基层为胶农培训、集中开展培训、主动上门技术指导、通过手机互动开展技术服务、“请进来”授课等多种措施，对胶农开展技能培训；建立健全橡胶病虫害预测预报联防体系，强化技术指导，提高胶农科技素质，抓好胶园提质增效工作；加快天然橡胶资源整合力度，优化配置现有资源，打造加工、销售企业集团龙头，推动产业转型升级；加快橡胶籽油综合利用新成果的推广应用步伐，推进橡胶籽产业链的产业化综合利用，实现产业化发展。

三、“公司+基地/合作社+农户”的热带水果发展模式

景洪市以勐罕镇、景哈乡、勐养镇、景讷乡等乡镇，勐海县以打洛镇、勐往乡、勐宋乡、布朗山乡、勐混镇等乡镇，勐腊县以勐腊镇、勐捧镇、勐满镇、勐仑镇、勐伴镇等乡镇为产业重点，多点布局、适度规模发展，推进标准

化、规模化生产，提高产品市场竞争力，加快产业化发展步伐。该模式重点引导和支持贫困乡、村建立适度规模的香蕉、菠萝、柚子、芒果等特色水果种植基地；支持和培育水果龙头企业加强分级、包装、冷藏、冷运环节建设，建设完善水果预冷设施，延长新鲜水果货架期，降低损耗；鼓励流通企业大力发展连锁配送、电子商务等现代流通方式，加快西双版纳水果市场与国内、周边国家，乃至东南亚国家市场衔接的现代物流体系建设；支持水果深加工企业进行多种形式的水果产品开发，延长产业链，增加产品的附加值；通过“公司+基地+农户”“公司+合作社+农户”等模式，加强市场营销、品牌建设，把水果产业做强做大，从而带动本地区水果种植业发展，提高果农、带动扶贫户种植积极性，进一步拓宽当地水果销售渠道，带动建档立卡户 2 179 户 8 339 人，人均增收 800 元，新增就业人员 2 000 人。同时，这对于优化农业产业结构，推动农业产业化发展，促进农业增效、农民增收、农村发展具有重要意义，让水果产业成为贫困农户可持续稳定增收产业。

四、“龙头企业+重点乡镇+农户”的坚果产业发展模式

景洪市以景哈乡、大渡岗乡、勐旺乡、勐养镇等乡镇，勐海县以布朗山乡、打洛镇等乡镇，勐腊县以易武乡、象明乡、勐仑镇、勐伴镇、瑶区乡等乡镇为产业重点，着力建设生态高效坚果产业基地。景洪市大力推广澳洲坚果种植，把以澳洲坚果种植为主的木本油料基地建设作为发展农村经济、促进农民增收的重要途径，结合“富民兴边”战略和替代种植项目进行规划部署，给予重点扶持，将项目向贫困村寨倾斜，帮助贫困户增收脱贫；按照因地制宜、突出重点、集中连片的原则，大力推进坚果标准化生产基地建设，促进坚果产业规模化、产业化发展，推动有潜力的贫困区域发展种植；重点推进坚果加工能力建设，培育精深加工龙头企业，加快终端产品研发，丰富产品种类，延长产业链，增加产品附加值；加强农业科技培训，使贫困农户掌握坚果管护技术，确保产业扶贫取得成效。

五、“生产+加工+科技+农户”的中药材产业发展模式

景洪市以基诺山乡、嘎洒镇等乡镇，勐腊县以象明乡、瑶区乡、勐伴镇、勐腊镇、尚勇镇等乡镇为产业重点，大力发展以阳春砂仁为主的中药材生物经济；重点更新和适度扩大砂仁种植规模，依靠科技、加强管理、提高品质和单产，推进产业标准化生产、产业化经营，增强产业市场竞争力；引导和支持贫困农户以订单生产等多种方式，参与砂仁等中药材种养生产，促进阳春砂仁中

药材基地建设和精准扶贫有机结合，促进区域内贫困农户持续增收；以规模化的种养基地为基础，依托农业产业化龙头企业带动，聚集现代生产要素，建设“生产+加工+科技”为一体的现代农业产业园区；培养贫困户的市场意识、现代化的种养技术，带动贫困群众提升素质，激发内生动力，逐步实现扶贫方式由“救济式”向“参与式”、由“输血式”向“造血式”转变；对有条件的贫困户要引导发展庭院经济，拓宽增收渠道。

六、“校企联合+科技+农户”的茶花鸡产业发展模式

西双版纳云岭茶花鸡产业发展有限公司拥有国家级茶花鸡遗传资源保种场，鸡场位于西双版纳州景洪市西南方向的嘎洒镇曼醒村，海拔550米，热带植被茂密，空气质量良好，降水充沛，场区四面依山傍水，自然资源丰富，环境优越。

公司主要对国家畜禽遗传资源茶花鸡开展保护、扩繁、开发利用及产业化推广工作。公司与云南农业大学、云南省畜牧兽医科学院、广西大学等建立了稳定的技术合作关系，形成产、学、研有机结合的模式，建立了专家工作站，进行茶花鸡资源的种质资源保护及开发利用，逐步完善茶花鸡蛋用型和肉用型标准化养殖技术，向市场供应放心优质的茶花鸡系列产品。

通过电子商务的渠道，景洪市大力发展“互联网+高原特色现代农业”，推进行政村邮政快递末端网点建设，构建州、县、乡三级农村电商综合服务体系，加快西双版纳“双创”园区建设，起到景洪市国家电子商务进农村综合的示范作用。

第五章　德宏州热区农业发展模式

第一节　热区农业自然资源

一、土地资源

德宏傣族景颇族自治州（下文简称德宏州）除了梁河县以外均有国境线，国境线长达503.8千米，有24个乡镇、600多个村寨与缅甸村寨毗邻。全州东西最大横距122千米，南北最大纵距170千米，总面积为11 172.23平方千米（全州及县市土地面积数按新口径统计公布数）。德宏州首府驻地为芒市，其与省会城市昆明的陆地距离为649千米。

德宏州土地面积为11 172.23平方千米，其中农村耕地面积为1 457.41平方千米，比上年增加0.1%；农作物播种面积为2 692.48平方千米，比上年减少1.6%。

德宏州有林业用地1 276.9万亩，占土地总面积的76.2%，其中有森林面积1 152.71万亩，森林覆盖率达到69.26%；林木绿化率为70.26%。森林蓄积量为8 033.56万立方米。

二、气候

德宏州气候资源得天独厚，东北面的高黎贡山挡住西伯利亚南下的干冷气流，入夏有印度洋的暖湿气流沿西南倾斜的山地迎风坡上升，形成丰沛的自然降水，年降雨量1 400～1 700毫米，5～10月降雨量占全年降雨量的88%～90%，其中7月是全年降雨高峰月，11月至次年4月降雨量较少，仅占年降雨量的10%～12%。全州紧靠北回归线附近，所处纬度低，受印度洋西南季风影响，属于南亚热带季风气候，年平均气温18.4℃～20.7℃，全州年最冷月（1月）平均气温为11.1℃～13.6℃，全州最热月（6月）平均气温为23.1℃～24.8℃，因而“冬无严寒，夏无酷暑”。低纬度高原地带太阳入射角度大，空气透明度高，是全国的光照高质区之一，年日照 2 281~2 453 小时，全年太阳辐射在 137~143 卡/厘米年，积温 6 400℃~7 300℃，年陆地蒸发量在 1 400~1 900 毫米，干旱指数 0.4~1.2。

德宏州的气候特点是四季不明显、春温高、夏季长、秋雨多、冬季短、雨热同期、年温差小、日温差大。优越的气候资源，为德宏州农、林、牧业发展提供了良好的条件和极大的发展潜力。

三、生物资源

1. 植物资源

德宏州属南亚热带季风气候，光照充足，雨量丰富，植被面积大，主要森林类型有热带或北热带季雨林、亚热带常绿阔叶林、温带山地苔藓林、温带高山针叶林等，是中国半常绿季雨林最有代表性的地区。全州生物多样性丰富，是天然物种基因库，有高等植物 339 科 1 908 属 6 033 种。德宏州范围内国家级保护植物 97 种，有国家一级保护植物秃杉；属国家二级保护植物的有四数木、董棕滇桐、云南黄连、香果村、云南石梓等；属国家三级保护植物的顶果木、菠萝蜜、盈江龙脑香、瑞丽山龙眼、天料木等。德宏州国家级保护植物占中国正式公布的国家级保护植物 389 种的 24.9%，占云南省内分布的国家级保护植物 159 种的 61%，省级保护植物 60 种，占云南公布的省级保护植物 218 种的 27.5%。德宏州分布有陆生野生动物 725 种，其中国家级和省级保护野生动物 94 种，现有国家规定的一类保护动物：绿孔雀、孔雀雉、白颊山鹧鸪、红腿小隼、黑颈长尾雉等；国家二级保护动物：草鸮（猴面鹰）、竹啄木鸟、穿山甲、麝、蟒、眼镜王蛇等，其中兽类 50 余种，爬行动物 30 余种，鸟类近 100 种；国家三类保护动物：白琵鹭、胡兀鹫、游隼、灰鹤、蛤蚧、娃娃鱼等。全州有野生型古茶树资源 87 673 亩、栽培型古茶树资源 22 227 亩，实行挂牌保护株数 2 800 株。

2. 动物资源

德宏州分布境内有陆生野生动物 725 种，其中国家级和省级保护野生动物 94 种。

3. 能源资源

德宏州已探明矿产资源有 20 多种。有色金属矿有锡、锌、铜、钨、镍，黑色金属矿有铁等，德宏州矿产资源的特点是种类多、储量少、开采少。

四、乡村旅游资源

德宏州旅游基础设施进一步完善，中国犀鸟谷、德宏国际目瑙纵歌文化园（一期）建成，畹町特色风情旅游小镇、大盈江旅游综合开发等一批项目加快建设，一批公路沿线景观及配套设施建成使用。截至 2016 年年末，全州有瑞丽江—大盈江国家级风景名胜区，瑞丽市、芒市 2 个中国优秀旅游城市，国家 A 级旅游景区 12 个。

第二节　热区社会经济发展情况

一、基础设施

德宏州地处我国西南边陲，是我国面向印度洋的主要陆路出口，在中国的交通规划中，德宏的出海大通道建设是重要的组成部分之一。

1. 公路

国道 320 线从芒市双坡进入德宏州境内，经芒市、风平、三台山、遮放、畹町直达瑞丽姐告。杭瑞高速公路（德宏段）已开工建设，德宏州内各县市之间已经实现完全二级公路互连。

2. 铁路

大瑞铁路经大理、保山直达瑞丽，未来将直接连通缅甸印度洋出海口（已开工建设）。大瑞铁路按国铁 I 级单线、电气化铁路标准修建，设计运输能力为客车 12 对/日，货运 1 200 万吨/年。

3. 航空

德宏州境内的芒市建有飞机场，距市区 6.5 千米，现已开通到北京、广州、成都和芒市的直达航班。未来芒市机场将建设成为国际机场，并已开通芒市至缅甸曼德勒的包机。

4. 口岸（海关）

云南省有 11 个国家级口岸、10 个省级口岸，其中德宏州拥有 2 个国家级口岸（畹町口岸和瑞丽口岸）、2 个省级口岸（陇川章凤口岸和盈江小平原口岸）。德宏的口岸不仅是中国对缅贸易的主要口岸，也是通往东南亚和南亚的重要口岸。

5. 农业机械

2018 年年底，全州拥有农业机械总动力 134.9 万千瓦，比上年下降

11.2%；联合收获机总动力 5.46 万千瓦，比上年增长 10.1%；农产品初加工动力机械 13 939 台，比上年下降 5.1%；畜牧养殖机械总动力 6.10 万千瓦，比上年下降 0.02%；农用拖拉机 60 534 台，比上年下降 11.5%；全年农机化作业机耕面积 231.58 万亩，比上年增长 1.1%；机收面积 98.82 万亩，比上年增长 7.7%。

6. 水利

2018 年年底，全州有效灌溉面积达 181.08 万亩，当年新增 2.19 万亩；累计节水灌溉面积 60.42 万亩，当年新增 1.5 万亩；当年治理水土流失面积 118 平方千米；已建成水库 72 座；水利工程年供水总量 7.13 亿立方米，其中为农业供水 5.87 亿立方米。

二、人口

2018 年，德宏州常住人口为 130.90 万人，比上年增长 1.2%，人口出生率 14.90‰，人口死亡率 7.20‰；全州城镇人口 60.97 万人，乡村人口 69.93 万人，全州城镇化率达 46.58%；农村常住居民人均可支配收入首次突破万元大关，达到 10 325 元、增长 9.1%，全面完成年初计划的主要目标任务。在总人口中：当地少数民族人口为 61.8 万人，占总人口的 47.21%。

全州 5 个县、市的人口中，各个年龄段人数及占比如表 5-1 所示。

表 5-1　2017 年德宏州各年龄段人数及占比

年龄段/岁	人数/人	占比/%	增减/%
0~14	252 174	20.82	-6.77
15~64	883 264	72.91	5.43
65 以上	76 002	6.27	1.34

全州 5 个县、市的人口中，具有大学（大专以上）文化程度的人口为 65 010 人；具有高中（含中专）文化程度的人口为 93 336 人；具有初中文化程度的人口为 322 391 人；具有小学文化程度的人口为 525 621 人（以上各种受教育程度的人包括各类学校的毕业生、肄业生和在校生）。

全州 5 个县、市的人口中，文盲人口（15 岁及以上不识字的人）为 90 434 人，同 2000 年第五次全国人口普查相比，文盲人口减少 28 182 人，文盲率由 11.07%下降为 7.47%，下降 3.60 个百分点。

三、经济

经初步核算，2018 年全州实现生产总值 381.06 亿元，比上年增长 8.0%。其中，第一产业实现增加值 85.07 亿元，增长 6.2%，拉动生产总值增长 1.4 个百分点；第二产业实现增加值 92.67 亿元，增长 7.0%，拉动生产总值增长 1.8 个百分点；第三产业实现增加值 203.32 亿元，增长 9.2%，拉动生产总值增长 4.8 个百分点。一、二、三产业对总体经济贡献率分别为 18.1%、22.2%、59.7%，三次产业结构由上年的 22.9∶25.0∶52.1 变为 22.3∶24.3∶53.4。人均 GDP 达 29 033 元，比上年增加 1 694 元，增长 7.1%。非公有制经济创造增加值 173.65 亿元，占全州生产总值的比重为 45.6%。

全州公共财政实力进一步增强。2018 年财政总收入完成 64.57 亿元，比上年增长 15.2%。全州地方一般公共预算收入 37.04 亿元，比上年增长 9.7%；其中，税收收入 24.94 亿元，比上年增长 17.1%；非税收收入 12.09 亿元，比上年下降 3.0%。全州地方一般公共预算支出 150.04 亿元，比上年下降 0.6%；其中，农林水事务支出 21.33 亿元，社会保障和就业支出 20.90 亿元，教育支出 27.92 亿元，医疗卫生和计划生育支出 16.58 亿元，科学技术支出 0.46 亿元，住房保障支出 4.57 亿元，一般公共服务支出 21.67 亿元。图 5-1 展示了 2013—2018 年德宏州地方一般公共预算收入及增长速度。

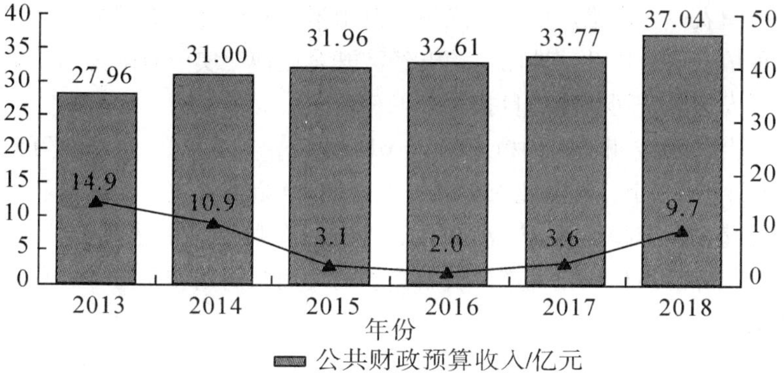

图 5-1　2013—2018 年德宏州地方一般公共预算收入及增长速度

全年城镇常住居民人均可支配收入 29 093 元，比上年增长 7.7%；农村常住居民人均可支配收入 10 325 元，增长 9.1%。城镇常住居民人均消费支出 18 478 元；农村常住居民人均消费支出 8 611 元。

2016 年，德宏州生物特色产业种植面积 138.5 万亩，投产面积 33.5 万亩，农业产量47 803.4吨，农业产值33 213.6万元，涉及12万户52万人。具体特色产业种植面积数据如表5-2所示。

表5-2 2017年德宏州生物特色产业种植面积

种类	种植面积/万亩	投产面积/万亩	产量/吨	农业产值/万元
咖啡	23.4	12	31 847.1	168 777
坚果	33	7	5 929.2	8 930
核桃	48.1	9.3	5 106.1	4 523.4
油茶	28.9	4.5	609	458.8
柠檬	5.1	0.7	4 312	2 424.4

2016年，德宏州中药材种植面积20.44万亩，产量8 549吨，农业产值71 588万元，销售额66 400万元。中药材种植及加工企业19户，规模以上加工企业1户，协会5个，农业专业合作社114个，参加合作社农户4 000余户。合作社种植面积3万余亩，主要品种为草果、石斛、薏仁、砂仁、生姜、胡椒、八角、白及等。

为发展上述特色产业，德宏州争取到省级生物产业项目资金，主要用于扶持中药材产业、天然健康食品产业及统计监测。生物产业办、州经济作物技术推广站、州农业技术推广中心、陇川县万山生态林业开发有限公司、陇川县陇丰重楼种植专业合作社、瑞丽市畹町经济开发区博鸿实业有限公司、瑞丽市岭瑞农业开发有限公司获得项目扶持。

2016年，德宏州花卉种植面积33 615万亩，花卉产值64 000万元。德宏州有花卉企业78个，涉及花农1 000余户5 000余人，主要品种为石斛、蝴蝶兰、大花菊、常春藤、百合、满天星、菊花、鱼尾葵、散尾葵、兰花、茶花、杜鹃等。花卉以园林绿化生产、石斛代表的食用与药用花卉为主，草坪和草花生产为辅。

四、民族

德宏州少数民族人口61.8万人，占总人口的47.76%。在当地少数民族人口中，傣族36.81万人，占总人口的28.45%；景颇族14.12万人，占总人口的10.91%；阿昌族3.21万人，占总人口的2.48%；傈僳族3.34万人，占总人口的2.58%；德昂族1.52万人，占总人口的1.17%。表5-3所示为德宏州各少数民族人口数及占总人口的比例。

表 5-3　德宏州各少数民族人口数及占总人口的比例

民族	人口数/万人	占比/%
傣族	36. 81	28. 45
景颇族	14. 12	10. 91
阿昌族	3. 21	2. 48
傈僳族	3. 34	2. 58
德昂族	1. 52	1. 17

五、传统文化

傣族分布在全州各县市平原地区和山间河谷地带。景颇族主要分布在各县市的亚热带山区，阿昌族主要分布在梁河县、陇川县和芒市，傈僳族主要聚居在盈江县西北的苏典一带，也散居于各县市山区；德昂族分布在全州各县市山区，以芒市三台山居多。

傣族、德昂族及阿昌族过泼水节，节期是傣历 12 月 31 日 ~1 月 2 日，约在清明后 7~10 天后举行，一般欢庆 3~7 天；景颇族传统节日为目瑙纵歌节，节期为正月十五、十六日；阿露窝罗节为阿昌族的传统节日，每年 3 月 20 日举行，节期 2 日；傈僳族的阔时节在每年正月初九举行，节期 2 天。

第三节　热区农业生产结构

一、农林牧渔结构

2018 年，全州农林牧渔业总产值 133. 32 亿元（2017 年省级修正数为 126. 8 亿元），同比增长 6. 2%。其中，农业总产值 90. 64 亿元，比上年增长 6. 4%；林业总产值 11. 66 亿元，比上年增长 6. 1%；牧业总产值 22. 22 亿元，比上年增长 10. 0%；渔业总产值 5. 05 亿元，比上年下降 11. 0%；农林牧渔服务业产值 3. 75 亿元，比上年增长 4. 9%。

二、种植业生产结构

2018 年全州农作物总播种面积 384. 70 万亩，比上年下降 0. 6%。粮食播种面积 203. 95 万亩，比上年下降 1. 3%；油料种植面积 5. 99 万亩，比上年下降 26. 2%；甘蔗种植面积 63. 48 万亩，比上年增长 0. 1%；蔬菜种植面积 43. 23 万亩，比上年增长 5.6%；烟叶种植面积 19.67 万亩，比上年下降 3.4%；年末实有茶园面积 33.71 万亩，比上年下降 1.3%。2018 年全州生物特色产业累计种植面积 156.9 万亩，投产面积 35.3 万亩，鲜果产量 11.7 万吨，产值 4.3 亿元。表 5-4、表 5-5 分别展示了 2018 年德宏州种植业生产结构和特色产业结构。

表 5-4　2018 年德宏州种植业生产结构

种类	播种面积/万亩
农作物	384.70
粮食	203.95
油料	5.99
甘蔗	63.48
蔬菜	43.23
烟叶	19.67
茶园	33.71

表 5-5　2018 年德宏州特色产业结构

种类	种植面积/万亩	投产面积/万亩	产量/万吨	农业产值/亿元
咖啡	27.4	10.9	6.30	1.70
坚果	36.2	8.00	1.10	1.20
柠檬	5.8	1.00	1.20	0.62
核桃	55.9	10.4	2.50	0.57
油茶	31.7	5.00	0.57	0.22
中药材	24.3	14.30	2.00	8.00
花卉	3.7	—	—	15.40

三、林业生产结构

2018 年，德宏州林业用地面积 1 276.97 万亩，占土地总面积的 76.2%，其中有森林面积 1 160.73 万亩，森林覆盖率为 69.26%，林木绿化率 70.26%。按林地所有权划分：国有林 371.09 万亩，集体林 905.88 万亩。按林地使用权划分：国有林 360.92 万亩，集体林 246.37 万亩，个人 668.88 万亩，其他 0.79 万亩。全年实现林业总产值 87.72 亿元，比上年增长 15%。

按两类林划分：商品林 914 万亩（非林业部门管理面积 41.52 万亩），公益林 362.97 万亩。活立木总蓄积量 8 069.46 万立方米，活立木年生长量 271.88 万立方米。森林蓄积量 8 033.56 万立方米。

四、畜牧业生产结构

2018 年，全州畜牧业产值 29.55 亿元，比上年增长 12.1%，完成年度计划 28.5 亿元的 103.7%。生猪存栏 79.98 万头，比上年下降 1.3%；牛存栏 27.89 万头，比上年增长 16.4%；羊存栏 11.1 万只，比上年增长 11.5%；家禽存栏 459.14 万只，比上年增长 1.4%。生猪出栏 100.42 万头，比上年增长 3.1%；牛出栏 15.87 万头，比上年增长 22.7%；羊出栏 9 万只，比上年增长 9.0%；家禽出栏 891.76 万只，比上年增长 1.1%。具体情况如表 5-6 所示。

表 5-6　2018 年德宏州畜牧业存/出栏情况

种类	存栏/万头	出栏/万头
生猪	79.98	100.42
牛	27.89	15.87
羊	11.1	9
家禽	459.14	891.76

五、渔业生产结构

2018 年，渔业总产值 5.05 亿元，比上年下降 11.0%；农林牧渔服务业产值 3.75 亿元，比上年增长 4.9%。表 5-7、表 5-8 分别展示了 2017 年德宏州水产养殖面积和鱼类产量。

表 5-7　2017 年德宏州水产养殖面积

养殖地区	2017 年养殖面积/亩	2016 年养殖面积/亩	增(减)幅/%
池塘养殖	31 126	30 553	1.87
水库养殖	77 597	33 297	133.05
稻田养殖	135 500	137 500	1.45
网箱养殖	29 999	30 002	0

表 5-8　2017 年德宏州鱼类产量

品种	2017 年产量/吨	2016 年产量/吨	占淡水养殖比例/%	增(减)幅/%
鲤鱼	16 244	15 697	36. 64	3. 48
罗非鱼	16 060	14 541	36. 23	10. 45

六、特色农产品

芒市重点发展咖啡产业，梁河县重点发展茶叶，盈江县重点发展坚果产业，陇川县重点发展蚕桑产业，瑞丽市重点发展热带水果，德宏州提出打造蚕桑、咖啡、坚果、肉牛、烟草、粮食、蔗糖、茶叶、果蔬、中药材 10 个重点产业。

德宏盈瑞畜牧养殖有限公司在芒市设有“德宏盈瑞壮原冷鲜牛肉展示中心”及四个冷鲜牛肉直营店。其产品有冷鲜牛肉、速冻牛肉、发酵牛肉、高档雪花牛肉、休闲食品等。其产品远销昆明、重庆、广州、上海等大中城市，深受广大消费者的喜爱。

2018 年，全州新植甘蔗 33 万亩，完成计划面积 29 万亩的 113. 8%，五年来首次恢复到甘蔗种植面积 90 万亩以上（含州外，下同）；全州甘蔗收获面积 85. 9 万亩，比上年增加 0. 33 万亩；产量 438. 2 万吨，比上年减少 1. 5 万吨；入榨甘蔗量 405. 2 万吨，比上年减少 5. 5 万吨；生产食糖 54. 5 万吨，比上年增加 0. 6 万吨；生产酒精 0. 36 万吨，比上年减少 0. 2 万吨；甘蔗平均糖分 15. 13%，比上年增加 0. 28 个百分点；平均产糖率 13. 45%，比上年增加 0. 33 个百分点；平均产糖率高于全省 0. 65 个百分点、全国 1. 65 个百分点，瑞丽糖厂、景罕糖厂的产糖率在全省分别排名第一、第二位。

2018 年全州茶园总面积稳定在 59 万亩（栽培茶园 34. 5 万亩、古茶树分布 24. 5 万亩），采摘面积 30. 5 万亩。毛茶产量 2. 1 万吨，成品茶产量 2. 2 万吨（外购毛茶 0. 15 万吨），精制率达 82%、同比提高 4 个百分点，农业产值 5. 2 亿元，综合产值 27. 3 亿元，茶农来自茶产业的人均收入达 2 388 元，比上年增加 506 元，增长 26. 9%；茶叶出口 5 109 吨，约占全省出口量的 50%。全州有毛茶叶初制厂（所）498 个，省级龙头企业 7 个，州级龙头企业 18 个，专业合作社 61 个，获得食品质量安全认证的茶叶精加工企业 36 家；其茶叶品种有潞西官寨大白茶、梁河大厂茶、勐库大叶茶等。表 5-9 展示了 2018 年全州生物特色产业种植情况。

表 5-9　2018 年全州生物特色产业种植情况

品种	种植面积/万亩	投产面积/万亩	产量/万吨
咖啡	27.1	19	1.9
坚果	30	6	—
柠檬	5.4	1	—
核桃	55	5	—
油茶	28.5	3	—
竹	88.53	22	—

七、农产品贸易

1. 电商

到 2020 年，电子商务与其他产业深度融合，成为促进创业、稳定就业、改善民生的重要形式，各类市场经营主体和规模以上企业应用电子商务的比例分别达 60%和 80%以上。全州建成 2 个以上省级电子商务产业聚集区，培育年营业收入过亿元、过 10 亿元的电商示范企业分别为 30 户和 3 户。全州电商从业人员 6 万人以上、电商交易额 60 亿元以上，跨境电子商务已成为口岸对外贸易的重要方式。

德宏州鼓励外贸出口加工制造和传统外贸企业搭建全网营销跨境电子商务平台，发展企业间（B2B）跨境电子商务，开拓南亚、东南亚国家市场；全面落实跨境电子商务零售进出口政策，发展企业对消费者（B2C）跨境电子商务，支持跨境电商企业加强与境外企业合作，通过规范的海外仓、体验店和配送网店等模式，融入境外零售体系；加强与浙江杭州跨境电子商务综合试验区的合作，共同发展跨境贸易电子商务产业，推进瑞丽跨境电商产业园建设。

2. 对外贸易进出口

2018 年，全州完成社会消费品零售总额 152.30 亿元，比上年增长 10.0%。按销售单位所在地分，城镇完成零售额 125.48 亿元，比上年增长 10.4%；乡村完成零售额 26.82 亿元，比上年增长 8.0%。按消费形态分，餐饮收入 20.42 亿元，比上年增长 10.6%；商品零售 131.88 亿元，比上年增长 9.9%。

2018 年，全州完成对外贸易进出口总额 48.04 亿美元，比上年增长 2.7%。其中，进口总额 21.31 亿美元，比上年下降 11.6%；出口总额 26.74 亿美元，比上年增长 17.8%。全年共实施国内合作项目 663 项，新增 115 项，利用国内资金 329.61 亿元，比上年增长 27.1%。

第四节　农业产业发展模式及特点

一、“公司+基地+科技+农户”的芒市畜牧产业发展模式

德宏盈瑞畜牧养殖有限公司于2009年3月在芒市注册成立的民营股份制企业，注册资金500万元。公司职工人数54人，推广研究员1人，高级畜牧师3人，兽医师2人，技术员9人。产业范围涉及种植、畜牧养殖、畜产品屠宰加工和销售。产品经过排酸处理后，进行分割加工、真空包装，通过国家监管机构的严格检验。该公司注册商标“壮原”“畅野”，产品远销昆明、重庆、广州、上海等大中城市，深受广大消费者的喜爱。

德宏州发挥龙头带动作用，采取“公司+基地+科技+农户”的合作模式，以云南农业大学动物科学技术学院为技术依托，利用芒市丰富的玉米秸秆等饲料资源，公司提供技术及部分资金，与肉牛养殖户、养殖小区合作建设养殖基地，带动3 000余饲料种植户、养殖户发展标准化肉牛养殖，促进芒市畜牧产业化、规模化、科学化发展。

二、“创新管理+农户+协会”的后谷咖啡产业发展模式

咖啡是德宏州最具特色和发展前途的生物产业之一，其栽培历史已有2 000多年。1951年德宏州潞西棉作物试验站首次引进咖啡种作生产性栽培，1960年全州咖啡种植面积达1.5万亩，产量达3 000多吨；之后受国际市场价格下滑的影响，科研和生产都受到严重挫折，德宏小粒咖啡生产走入低谷。1994年国际咖啡价格市场大幅上涨，德宏州本地青年——熊相人，开始创办德宏州宏天实业（集团）有限公司，开启了德宏州咖啡产业规模化种植的春天。2008年在州委、州政府的大力支持下，德宏州成立了德宏后谷咖啡有限公司，注册资本3.29亿元，拉开了中国咖啡产业深加工及品牌国际化的序幕。

德宏后谷咖啡有限公司通过创新应用“一控、二免、三保、四统”的管理模式，与农户建立起紧密的、长期的、双赢的关系，带动全州6万户30余万农民从事咖啡种植，成为全国咖啡投产面积最大的企业。规范化、规模化地发展咖啡种植业，有效控制了咖啡的种植程序和标准，确保了原料的品质。目前，公司建成年产1.3万吨速溶咖啡生产线，成为全国咖啡精深加工规模最大的企业。公司先后牵头组建了云南省咖啡行业协会、中国咖啡工程研究中心、中国—东盟国际咖啡专业合作委员会。德宏州获“中国咖啡之乡”的称号，

芒市成为亚洲咖啡年会永久举办地。“后谷”品牌先后通过 ISO9001：2008 国际质量管理体系、GAP、4C、UTZ、HACCP、绿色食品、有机食品等认证，荣获“中国驰名商标”和“中国著名品牌”，咖啡豆、速溶咖啡粉、后谷系列“三合一”咖啡等产品销往德国、美国、俄罗斯、韩国等 42 个国家和地区。2015 年，公司实现资产总额 78 亿元，销售收入 28.24 亿元，进出口额 3 亿美元，缴纳税金 1 776 万元。

三、“公司+基地+农户+科技+合作社”的遮放稻米产业发展模式

德宏遮放贡米集团有限公司通过创新生产经营模式，建立优质稻生产基地，形成精米加工—副产物碎米—酿酒—酒糟、米皮（统糠）—喂猪—猪粪尿进沼气池—产沼气供烧酒、生活能源—沼渣沼液还田—发展有机、绿色食品（粮食）的循环经济产业链，初步形成了农、工、贸一体化，工业与农业互补互促的经营模式。

为了做大做强贡米产业，在各级党委政府部门的大力支持下，德宏州采取“公司+基地+农户+科技+合作社”的模式，加强了优质水稻种植基地建设扶持力度，采取“最低保护价和高于同类产品 2.0 元的浮动价”政策收购优质稻，订单面积达 23.3 万亩，带动农户 2.83 万户，共 11.5 万人。“遮放贡”米、“遮放贡”酒商标被认定为“云南省著名商标”；“遮放贡”米被列为“中国十大地域大米品牌”，被评为“云南六大名米”，被授予“云南省名牌产品”和“云南省名牌农产品”称号，先后获得首届中国有机大米“食味竞赛金奖”、第七届中国国际有机食品博览会“有机大米食味品评金奖”、中国国际有机食品博览会“食味金奖”。德宏遮放贡米集团有限公司被国家粮食和物资储备局、中国农业发展银行列为重点扶持的粮食产业化龙头企业、云南省农业产业化经营重点龙头企业、云南省创新型试点企业、云南省成长型中小企业、云南省科技型中小企业、全国放心粮油进农村进社区示范工程、示范加工企业。目前，该公司已建成年产 4.5 万吨的精米生产线，资产总额 6.2 亿元，实现产品销售收入 4.45 亿元。

四、“联盟+供+销+农+工+商”的瑞丽柠檬产业发展模式

瑞丽柠檬产业自 1998 年起步至今，历经 18 年的培育，尤其近五年来，市农业局采取了一系列措施对产业进行了优化布局，在取得较大成效的同时，确立了一套创新的发展模式。目前瑞丽通过打造“产学研科企合作联盟、成果转化”一体化平台，探索出了一条产（学、研、科、企）、供、销、农、工、

商以及技术一体化的现代农业产业发展之路。一是瑞丽以省内相关柠檬研究所为依托，与国内外科研院所、大专院校进行合作交流，研发出柠檬专用配方肥，通过试验示范推广，取得了较好效果，使中低产田改良、配方施肥推广工作实效明显；二是邓秀新院士瑞丽工作站成立，推动了柠檬秋花果生产关键技术研究与示范相关工作进程，使瑞丽市发展柠檬产业的优势更加明显；三是通过积极改进培训方式，加强对柠檬合作社、种植基地的农业技术指导和农业信息服务。该平台建立了具有国内领先的加工设备以及日趋完善的科技支撑体系，为柠檬原料基地建设、加工、生产线完善、新产品研发、科技创新体系建设工作提供了强有力的保障，为柠檬产业的发展创造了良好的条件。

第六章　保山市热区农业发展模式

保山，云南省下辖地级市，位于云南省西南部，东与大理白族自治州、临沧市相连，北与怒江傈僳族自治州相邻，西与德宏傣族景颇族自治州交界，西北、正南同缅甸接壤。保山市内自然资源丰富、农业生产条件优越。本章拟就保山市内热区资源的分布和特点以及农业发展情况做简要概述。

第一节　热区农业自然资源

一、土地资源、耕地资源、林地资源

1. 地形地貌

保山地处云南省西部，地理位置为北纬 24°08′~25°51′和东经 98°25′~100°02′。保山市位于横断山脉滇西纵谷南端，辖区内地形复杂多样，坝区占总面积的 8.21%，山区占 91.79%。保山市地势自西北向东南延伸倾斜，最低海拔 535 米，最高海拔 3 780.9 米，全市平均海拔 1 800 米左右。78 个大小不一的山间盆地围绕在辖区内群山之间，最大的坝子为保山坝子，面积为 149.9 平方千米。

2. 土地

保山市辖隆阳区、腾冲市、施甸县、龙陵县、昌宁县，下设 6 个街道、35 个镇、34 个乡（10 个民族乡），共 1 个地级、5 个县级、75 个乡级政区。2017 年土地变更调查初步结果显示，全市耕地面积 3 310 平方千米，园地面积 599 平方千米，林地面积 11 962 平方千米，草地面积 1 229 平方千米，城镇村及工矿用地 537 平方千米，交通运输用地 208 平方千米，水域及水利设施用地 273

平方千米，其他土地 944 平方千米①。图 6-1 所示为保山市土地利用现状。

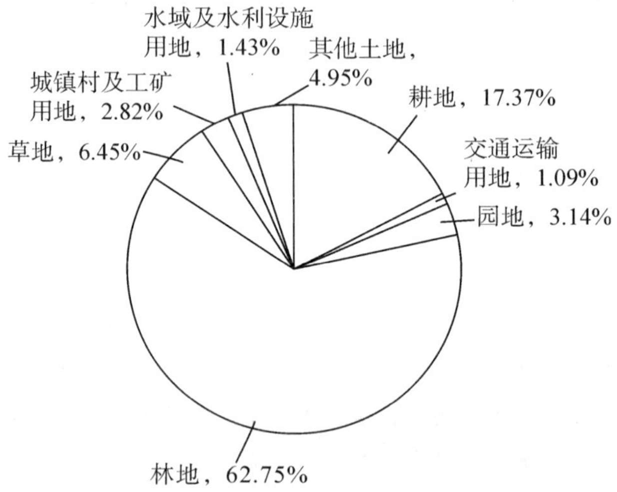

图 6-1　保山市土地利用现状

二、气候资源

保山属低纬山地亚热带季风气候，有北热带、南亚热带、中亚热带、北亚热带、南温带、中温带和高原气候共 7 个气候类型，气候资源十分丰富。由于保山地处低纬高原地区，地形地貌复杂，形成了“一山分四季，十里不同天”的立体气候。保山市气候具有年温差小、日温差大、降水充沛、干湿分明、分布不均的特点，年均气温为 14℃～17℃，年降雨量为 700～2 100 毫米。保山市日照充足，夏无酷暑，冬无严寒，最冷月平均气温 8.2℃，最热月平均气温 21℃，四季如春，是滇西边境上的“春城”。

三、生物资源

保山气候类型的多样化造就了其生物种类繁多的特点。2018 年年底保山市林地面积达 2 210.7 万亩，占全市土地面积的 77.3%，森林覆盖率 66.32%，活立木总蓄积量达 1.18 亿立方米。全市已知的植物有 2 200 多种，其中高等植物 1 400 多种。高黎贡山国家级自然保护区被誉为“天然植物园”和“稀有植物避难所”，保护区已知有种子植物 210 科 1 086 属 4 303 种，其中 434 个为

① 云南省统计局. 云南统计年鉴——2017 [M]. 北京：中国统计出版社，2018.

高黎贡山特有品种。保护区内国家一级保护植物有长蕊木兰、光叶珙桐、云南红豆杉、喜马拉雅红豆杉 4 种；国家二级保护植物有董棕、红花木莲、水青树、桫椤、十齿花、油麦吊云杉、秃杉、贡山厚朴、贡山三尖杉等 20 种；省级保护植物有 30 种。

保山境内有动物兽类 51 种（属国家保护的 21 种），鸟类 229 种。国家一级保护动物有熊猴、豹、戴帽叶猴、白眉长臂猿、白尾稍虹雉、羚牛等 20 种；国家二级保护动物有穿山甲、小熊猫、灰鹤、红瘰疣螈、血雉、鬣羚、高山兀鹫、黑颈鸬鹚等 47 种；省级保护动物有 5 种。

四、矿产资源

保山市内共发现各类矿产 60 种，占全省已发现矿产数量的 41.96%，探明资源储量列入《云南省矿产资源储量简表》的矿区有 28 个，其中黑色金属 2 种、金属矿产 15 种、非金属矿产 10 种、能源矿产 1 种。全市固体矿产保有资源储量居全省前三位的达到 9 种，分别是第一位的钛铁矿、铌、钽、锆英石、铷、硅灰石、硅藻土，第二位的铍，第三位的锡。

五、乡村旅游资源

保山市是一个历史悠久的农业大市，地域辽阔，风景优美，民俗风情浓厚多彩。保山市发展乡村旅游具有优越的条件、巨大的潜力和广阔的市场前景。近几年来，保山市创建了 5 个旅游小镇，12 个旅游特色村，通过这些特色村的打造，有效带动美丽乡村建设，促进农村经济发展。近几年来，全市通过 12 个旅游特色村试点的建设，带动了乡村旅游的健康快速发展。目前，保山市乡村旅游呈现出多元化、多层次、多类型的发展态势。全市主要出现了三种乡村旅游类型。第一种是现代农业科技示范园区观光型。保山市农业旅游资源丰富，利用农业旅游资源的优势，打造具有农业特色的科技范园区。目前保山市已确定的县级现代农业园区有 25 个，涉及畜牧、核桃、烤烟、蔬菜、银杏、红花油茶、茶叶、油菜等八大产业，如腾冲市现代农业蔬菜示范区、腾冲市茶树品种示范园、潞江坝国家农业旅游示范区等。第二种是农家乐休闲体验型。农户和部分企业以景区、景点为依托，利用特色果蔬种植、畜禽水产养殖等，发挥本地优势，开发了一批富有乡村气息的农家乐园或度假村。游客在进入农庄后，可以体验农户的生活，如吃农家饭，住农家小屋，亲自给家禽、家畜喂料、放牧（养），还可以参与种瓜点豆、攀枝摘果、下田捉鱼摸虾等农事活动[①]。第三种是综合性生态观光休闲农庄型。部分企业和个体经营者以当地特色农产品基地为依托，将农庄改造建设成集餐饮住宿、特色种植、旅游观光、购物体验、休闲娱乐、景物观赏为一体的综合性生态观光休闲农庄，以促进农民增收、农业增效、农村繁荣，促进旅游与农业协调健康可持续发展。

第二节　热区社会经济发展情况

一、基础设施

1. 交通

保山市全市公路总里程 13 839.4 千米，公路密度达 70.48 千米/百平方千米。全年全社会货运量 4 361 万吨，货物周转量 793 336 万吨千米，客运量 2 264 万人次，旅客周转量 158 203 万人千米。保山市内主要高速公路为保泸高速公路、昌保高速公路、腾猴高速公路、保施高速公路、腾陇高速公路、大保高速公路、保龙高速公路、保腾高速公路、龙瑞高速公路。另外保泸、东绕城、腾陇、昌保、保施、芒腾猴、施勐、瑞孟 8 条高速公路正在建设，建设里程 440 千米。2017 年，全市 72 个乡镇实现了通沥青（水泥）路、913 个建制村通硬化路的目标。全市建制村通客车率达 99.78%，农村公路统计列养里程 11 673.33 千米，县乡村道优、良、中等路率分别达 87.92%、78.48%、69.37%。大保、保龙、保腾高速公路服务区及收费站等重要节点打造取得突破，桉树替代种植有序推进，建成一批赏心悦目的道路景观带，县、乡、村道绿化率分别达 92.68%、71.6%和 65.32%。

建设中的保山火车站是大瑞铁路拉动保山城市经济发展的着力点，未来保山站及其周边区域将成为中国与南亚、东南亚国际商贸通道上的交通枢纽、重要原料及商品集散中心、物流仓储中心、人员流动中心、信息交流中心。建设中的大瑞铁路在保山境内段全长约 116.4 千米；芒腾猴铁路全长 147.41 千米，保山市境内 72.6 千米。保山市还将启动和推进保山—昌宁—临沧、芒市—龙陵—临沧、腾冲—泸水 3 条干线铁路和小永至保山工贸园区、水长工业园区 2 条专线铁路建设。

① 穆家伟，蔺应福．加快发展腾冲县休闲农业探讨［J］．云南农业，2015（4）：11-12.

保山机场运营有4家航空公司，开通13条航线；腾冲机场运营有6家航空公司，开通了16条航线；昌宁通用机场已开工建设。全市通航里程462千米。保山云瑞机场始建于1929年，是驼峰航线的主要起降机场，属军用机场。截至2018年3月，保山航线13条，通航城市达12个。腾冲（驼峰）机场位于距腾冲市约10千米的清水乡驼峰村，于2005年开始建设，可满足年旅客吞吐量48万人次、年货运吞吐量2 100吨、年客机起降架次6 244架次，腾冲（驼峰）机场可起降波音737系列和空客A320系列等民航主流机型。

保山市水运通航里程462千米，政府批准设置的渡口49个；澜沧江小湾库区已规划建设17个码头，34个停靠点。全年完成水运客货总周转量153.4万吨千米。水运市场长足发展，沧江8号、9号游船投入运营，澜津古渡码头实现开工，竹篓洼码头、天堂山停靠点建设持续推进。

2. 农业基础设施

随着农业基础设施建设的投入增多，保山市农业生产和水利条件也不断得到改善。保山市有效灌溉面积达到229.5万亩，2018年年末拥有各种水库389座，增加33座。水库累计库容达10.1亿立方米。农村安全饮用水普及率达94.5%。保山市自来水受益村861个，通有线电视村781个，通宽带村828个，农村用电量5.85亿千瓦。全市拥有农业机械总动力230.3万瓦特，大、中、小型拖拉机55 968台，排灌动力机械10 006台，联合收割机1 166台，小型耕整地机械58 046台，农产品初加工动力机械66 191台。

二、人口

2018年年底，保山市常住人口262.70万人，同比增长1.3万人。其中，农村人口165.87万人，占总人口比重63.14%；城镇人口96.83万人，人口城镇化率36.86%。人口出生率12.76‰，死亡率7.80‰，人口自然增长率4.96‰。2018年保山市城镇新增就业人数2.77万人，农村劳动力累计转移就业108.8万人次，城镇登记失业率控制在3.5%以内①。表6-1所示为保山市2018年市县区人口主要数据。

① 中共保山市委党史地方志工作委员会. 保山年鉴［M］. 云南：云南人民出版社，2018.

表 6-1 保山市 2018 年市县区人口主要数据

项目	人口出生率/‰	人口死亡率/‰	自然增长率/‰	年末常住人口/人	人口城镇化率/%	城镇人口/人
保山市	12.76	7.80	4.96	2 627 000	36.86	968 312
隆阳区	12.29	7.50	4.79	980 381	39.98	391 995
施甸县	14.00	9.00	5.00	320 000	31.00	99 200
腾冲市	12.77	7.88	4.89	672 946	38.36	258 142
龙陵县	13.40	7.50	5.90	293 605	28.20	82 797
昌宁县	12.42	7.65	4.77	360 068	37.82	136 178

第六次全国人口普查数据显示，保山市全市常住人口中，0~14 岁人口为 519 349 人，占 20.72%；15~59 岁人口为 1 673 945 人，占 66.78%；60 岁及以上人口为 313 197 人，占 12.50%，其中 65 岁及以上人口为 218 032 人，占 8.70%。图 6-2 所示为保山市第六次全国人口年普查人口年龄构成情况。

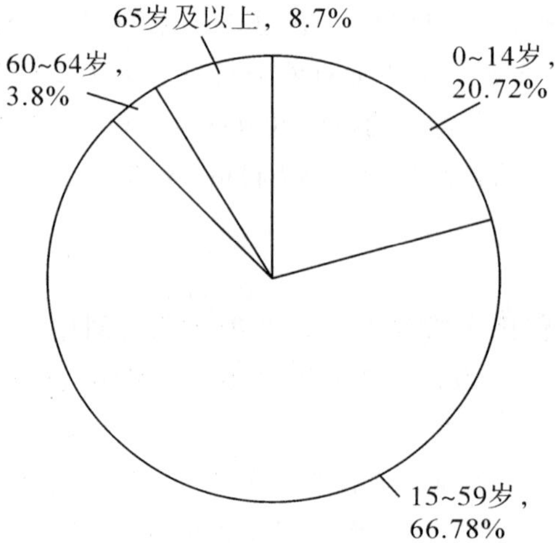

图 6-2 保山市第六次全国人口普查人口年龄构成情况

全市常住人口中，具有大专（大专以上）文化程度的人口为 93 007 人；具有高中（含中专）文化程度的人口为 172 910 人；具有初中文化程度的人口为 821 798 人；具有小学文化程度的人口为 1 090 490 人。

全市常住人口中，文盲人口（15 岁及以上不识字的人）为 109 626 人，与第五次全国人口普查相比，文盲人口减少 134 989 人，文盲率由 10.42%下降为 4. 37%，下降 6. 05 个百分点。图 6-3 所示为保山市第六次全国人口普查受教育情况①。

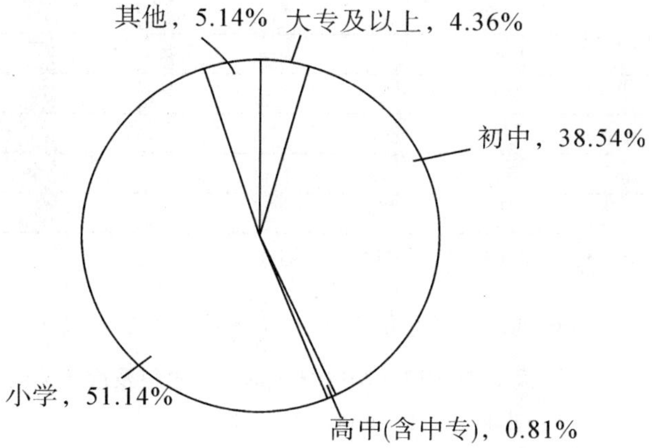

图 6-3　保山市第六次全国人口普查受教育情况

三、经济

1. 经济总体情况

2018 年，保山市完成生产总值 738. 14 亿元，总量占全省 4. 13%，居全省第十位，同比增长 9. 5%，增速分别高于全国、全省平均水平 2. 9 个、0. 6 个百分点，其中，第一产业增加值 168. 50 亿元，增长 6. 3%，增速居全省第五位；第二产业增加值 281. 14 亿元，增长 15. 1%，增速居全省第三位；第三产业增加值 288. 50 亿元，增长 6. 00%，增速居全省第十三位。三次产业结构比重为 22. 8 ∶ 38. 1 ∶ 39. 1。人均生产总值 28 168 元，为全省平均水平的 75. 85%，增长 8. 9%②。图 6-4 所示为保山市 2013—2018 年地区生产总值及增长速度，图 6-5 为保山市 2013—2018 年三次产业增加值占国内生产总值比重。

① 中华人民共和国国家统计局. 2010 年第六次全国人口普查主要数据公报（第 1 号）[J]. 中国计划生育学杂志，2011（8）：65-66.

② 云南省统计局. 云南统计年鉴［M］. 北京：中国统计出版社，2018.

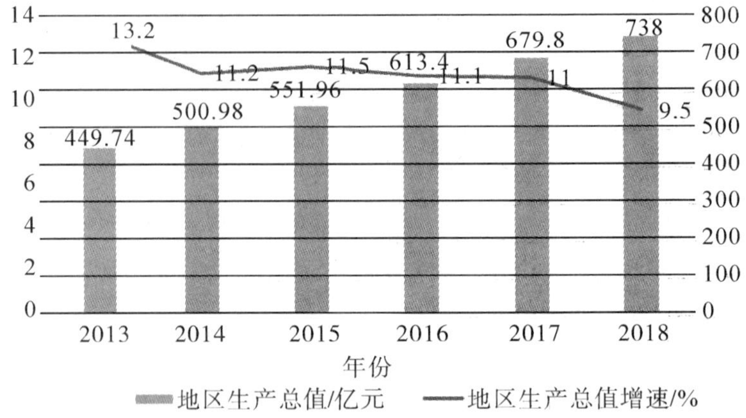

图 6-4 保山市 2013—2018 年地区生产总值及增长速度

数据来源：《云南省统计年鉴 2013—2018》。

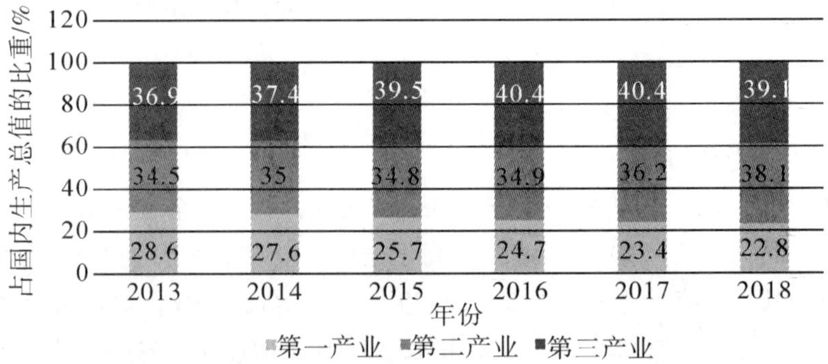

图 6-5 保山市 2013—2018 年三次产业增加值占国内生产总值比重

数据来源：《云南省统计年鉴 2013—2018》。

2. 居民收入

2018 年，保山市城镇常住居民人均可支配收入为 32 636 元，增速为 8.2%，增速高于全省平均水平 0.2 个百分点。保山市农村常住居民人均可支配收入为 11 280 元，增长 9.3%，增速高于全省平均水平 0.1 个百分点。图 6-6 所示为保山市 2013—2018 年城乡居民收入及增长速度①。

① 云南省统计局. 云南统计年鉴［M］. 北京：中国统计出版社，2018.

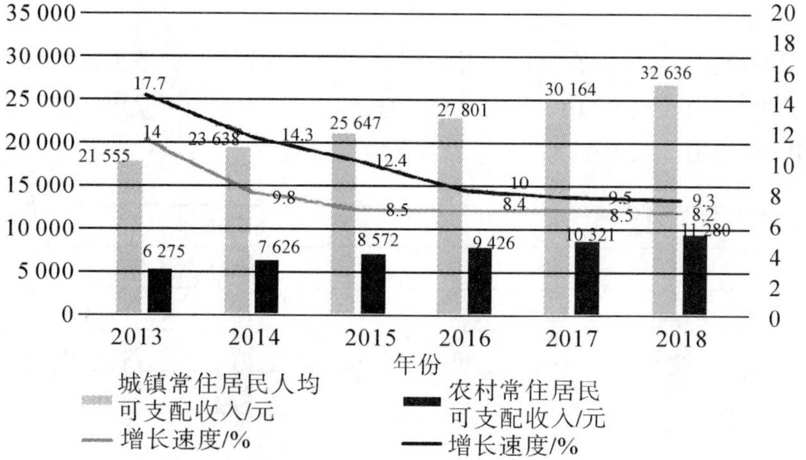

图 6-6　2013—2018 年城乡居民收入及增长速度

数据来源：《云南省统计年鉴 2013—2018》。

3. 财政收入

全市完成财政总收入 108. 44 亿元，增长 7. 9%，一般公共预算收入完成 66. 16 亿元，为年初预算的 100. 1%，比 2017 年增收 3. 84 亿元，增长 6. 2%。其中：税收收入完成 38. 98 亿元，下降 0. 5%，占一般公共预算收入的 58. 9%；非税收入完成 27. 18 亿元，增长 17. 4%，占一般公共预算收入的 41. 1%。全市一般公共预算支出完成 261. 31 亿元，为年初预算的 102. 6%，比 2017 年增加 23. 28 亿元，增长 9. 8%。图 6-7 所示为保山市 2013—2018 年财政总收入及增长速度。

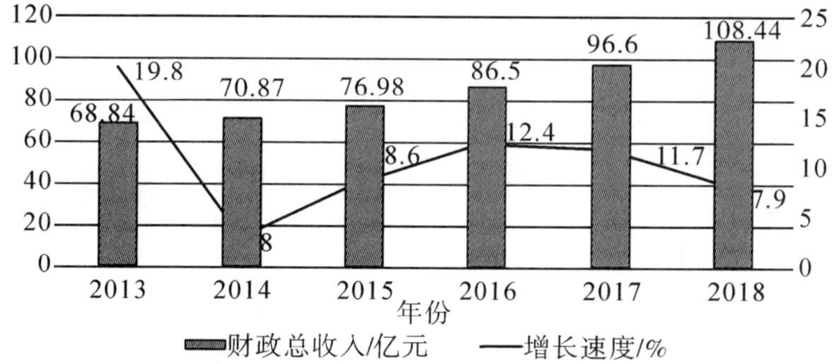

图 6-7　2013—2018 年财政总收入及增长速度

数据来源：《云南省统计年鉴 2013—2018》。

4. 支柱产业

保山市委、市政府在巩固提升传统支柱产业的基础上，着力推进农产品加工、新材料、轻纺、信息、旅游文化、现代物流六大重点产业①。图 6-8 所示为 2017 年保山市六大重点产业主营业务收入及税收。

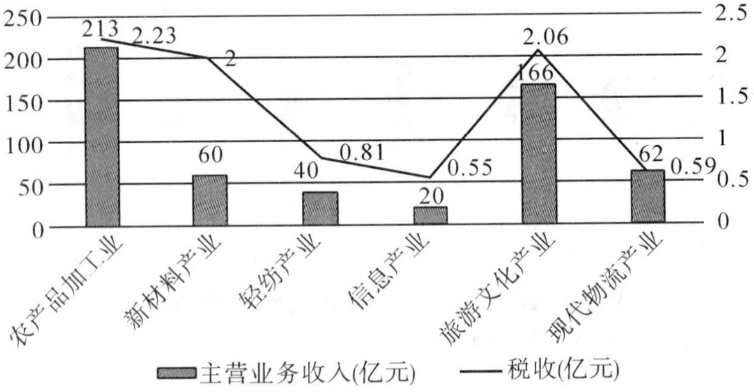

图 6-8　2017 年保山市六大重点产业主营业务收入及税收

（1）药材产业。全市常见重点中（草）药品种 100 余种，总面积 530 平方千米，其中，人工种植面积 270 平方千米，产量 6.43 万吨，产值 13.8 亿元。保山市中药材资源丰富，有传统药材、傈僳族药用植物、傣族药用植物、彝族药用植物、引种栽培药材、抗癌药用植物、避孕药用植物、保健药用植物、化妆品药用植物，另外还有可提取小檗碱的日本小檗、十大功劳，可提取岩白菜素的岩白菜，可提取罗通定的荷包地不容等其他药用原料植物②。表 6-2 所示为各药材所属类型。

表 6-2　各药材所属类型

类型	药材
传统药材	茯苓、云南黄连、半夏、珠子参、天麻、吴茱萸、贝母、重楼等
傈僳族药用植物	千张纸、雪茶、鱼腥草、草血竭等
傣族药用植物	虎杖、金毛狗脊、铁线蕨、番石榴、紫茉莉
彝族药用植物	清香木姜子、狭叶岩爬藤、臭牡丹、萱草、青阳参等

① 杨军. 保山市 2017 年政府工作报告［R/OL］.（2017-08-13）［2019-12-30］. http://www.ahmhxc.com/gongzuobaogao/7968.html.

② 赵菊润. 保山市中药材产业发展现状及建议［J］. 林业调查规划，2018.

表6-2(续)

类型	药材
引种栽培药材	凹叶厚朴、杜仲、云木香、砂仁、川乌、芦荟、银杏、石斛、红花、薯蓣等
抗癌药用植物	香附子、半夏、芭蕉、鸭跖草、绞股蓝、当归、川芎、猪苓、仙茅、银耳、黄芪、白芍、三尖杉、红豆杉等
避孕药用植物	九里香、毛梗豨莶、雷公藤、芫花、栀子等
保健药用植物	银杏、楤木、猩红花五味子、糙叶五加、竹节参、珠子参、灵芝、列当、云南红景天、何首乌等
化妆品药用植物	芦荟等

（2）茶叶产业。保山市是云南省重要的茶叶产区之一，生态环境优越，区位优势明显。目前，全市茶园面积 62 万亩，其中：高优生态茶园 25 万亩、古茶园 15.4 万亩，年均产量达 5 万吨，综合产值达 40 多亿元。保山市拥有“极边乌龙”“清凉山”“高黎贡山”等有机食品认证品牌，茶叶种植面积达 3.4 万亩。茶叶加工企业围绕“基地标准化、加工清洁化、产品优质化”的目标，不断提高加工能力和实力，先后建成了高黎贡山庄园、昌宁红茶味庄园、凤溪玉叶庄园、高山乌龙茶庄园 4 座省级现代农业庄园；打造了珍稀白茶园区、温泉茶叶园区和李家寺茶叶园区等 10 个茶叶示范园区，全市年产值超千万元的茶叶龙头企业达 25 家；培植中国驰名商标 1 个、省著名商标 16 个、省级重点龙头企业 8 家和市级龙头企业 25 家。

（3）咖啡产业。目前，保山市境内 20 余个热区乡镇种植小粒咖啡。根据农业部门统计，2013 年度保山市咖啡种植面积 134 平方千米，投产面积 127 平方千米，产量 2.1 万吨，产值 3.2 亿元。2014 年保山市咖啡种植面积 151 平方千米，投产面积 131 平方千米，产量 3 万吨，产值 4 亿元。2016 年，保山市咖啡种植面积 174 平方千米，居全省第 3 位，总产量 3.5 万吨，居全省第 2 位，产值达 10.1 亿元；预计到 2020 年，全市优质咖园种植总面积将达到 201 平方千米，总产量将达 5 万吨，其中精品咖啡将占总产量的 40%左右，产值将达到 20 亿元①。

① 张晓芳，杨积忠，邹雅卉，等. 保山市咖啡产业发展的 SWOT 分析［J］. 农产品加工，2018，459（13）：46-49，52.

四、民族

保山市有少数民族36个，少数民族人口共有29万人，其中人口数较多的为彝族（7.66万人）、傣族（4.13万人）、白族（3.91万人）、傈僳族（2.88万人）、回族（1.3万人），少数民族人口占全市总人口的9.68%。全国各族人民在保山和谐相处，在长期的生产活动中，发展创造出了丰富的、具有浓郁特色的民族文化，为全国人民留下了丰富的非物质文化遗产。

五、传统文化

保山素有“滇西文献名邦”之誉。悠久的历史和独特的区位，孕育了保山以汉文化为主的多元文化，是中原文化与边地文化、传统文化与先进文化、农耕文化与休闲文化、本土文化与异域文化、儒家文化与少数民族文化的融合地。保山市传统文化历史悠久，著名的有“永子文化”“地质文化”“侨乡文化”“翡翠文化”和“滇西抗战文化”。其中“滇西抗战文化”“侨乡文化”，是保山统战工作中发展的、其他地方无法复制的文化。

保山是著名的侨乡，侨乡历史悠久，文化气息浓厚，是云南省在海外华侨、华人最多的地区。保山市的侨乡文化具有包容性、实用性、开放性的特点，其主要的内涵有“走夷方”文化、深刻的儒家文化思想和侨乡文化。早期保山的华侨谋生和壮大的方式就是体现在“走”字上，“走”与创造“财富”是分不开的。保山在外的华侨一直秉持着儒家思想观念，原汁原味地将传统儒家文化的表现形式传承了下来。侨乡文化在体现中国传统的儒释道文化的同时，也保留了家族的文化，它是一种祖先文化，是华侨与家乡亲人感情的基础①。

保山是滇西抗战的主要发生地，全市各县区都留下了大量与这场战争有关的各种遗迹。在滇西抗战期间，祖国西南边陲保山的文化运动蓬勃发展，保山人民筑起的这道“文化长城”，极大地推动了滇西抗战全面胜利的历史进程。保山滇西抗战文化的迅猛发展有着深刻的社会历史和人文环境原因，它在抗日烽火中谱写了不可磨灭的辉煌乐章。

---

① 杨一涛. 保山侨乡文化自愿性问题研究［J］. 中外企业家，2013（18）：246-246，248.

第三节 热区农业生产结构

一、农林牧渔结构

农业经济平稳健康发展，产品产量不断提高。2018 年保山市全年实现农林牧渔业生产总值 268.93 亿元，比上一年增长 6.3%。全年粮食总产量达到 144.36 万吨，人均粮食产量 550 千克。猪、牛、羊肉总产量达到 34.00 万吨，人均产量 129 千克①。

二、种植业生产结构

保山市全市种植业总播种面积为 4 093 平方千米，全年粮食总产量 144.36 万吨，比上年增加 2.36 万吨，增产 1.64%。粮食播种面积为 2 625 平方千米，主要粮食作物稻谷和玉米播种面积分别为 629 平方千米、953 平方千米，油料播种面积为 259 平方千米，甘蔗播种面积为 191 平方千米，烤烟播种面积为 297 平方千米，蔬菜播种面积 412 平方千米，其他作物播种面积为 100 平方千米②。表 6-3 所示为保山市种植业主要农产品产量。

表 6-3 保山市种植业主要农产品产量

农产品名称	年份					
	2013	2014	2015	2016	2017	2018
一、粮食总产量	138.12	141.16	143.16	163.62	143.21	144.36
稻谷/万吨	52.18	52.12	50.43	49.96	—	—
玉米/万吨	55.47	55.82	58.76	59.50	—	—
小麦/万吨	4.14	3.91	3.68	3.70	—	—
二、主要经济作物产量						
油料/万吨	6.44	6.89	7.05	7.21	5.88	6.88
茶叶/万吨	3.82	4.22	4.60	4.82	4.97	—
咖啡/万吨	1.99	2.17	2.81	3.17	—	—

① 中共保山市委党史地方志工作委员会. 保山年鉴［M］. 昆明：云南人民出版社，2018.

② 中共保山市委党史地方志工作委员会. 保山年鉴［M］. 昆明：云南人民出版社，2018.

表6-3(续)

农产品名称	年份					
	2013	2014	2015	2016	2017	2018
烟叶/万吨	8.58	8.07	7.75	7.50	5.56	5.87
甘蔗/万吨	190.14	163.73	143.21	129.4	116.58	132.00
蔬菜/万吨	59.06	65.95	71.91	79.3	86.45	90.85
水果/万吨	10.14	10.5	10.75	9.15	12.77	13.61

三、林业生产结构

2018 年年底，保山市林地面积达 2 210.7 万亩，森林覆盖率 66.32%，活立木总蓄积量达 1.18 亿立方米。保山市累计投资 3 亿多元，完成绿化荒山行动，待全部郁闭成林后，保山市境内的怒江、澜沧江流域森林覆盖率将提高 6.89 个百分点，全市森林覆盖率将提高 4.79 个百分点。

到 2018 年年底，保山市已建成各类经济林面积 792.55 万亩，2018 年实现林业总产值 148.3 亿元，增长 19%，全市农民人均林业收入超过 4 500 元；培育发展国家林业重点龙头企业 2 户、省级林业龙头企业 56 户、市级林业龙头企业 64 户，入林农专业合作社的成员近 9.8 万户①。表 6-4 所示为保山市主要林产品产量。

表 6-4　保山市主要林产品产量　　单位：万吨

年份	松脂	油桐籽	油茶籽	核桃	板栗	紫胶
2017	0.01	0.01	0.04	11.75	0.18	0.02
2016	0.03	0.02	0.05	9.98	0.35	0.02
2015	0.07	0.02	0.05	8.13	0.27	0.02
2014	0.03	0.02	0.04	6.11	0.27	0.02
2013	0.03	0.02	0.04	5.00	0.23	0.02

数据来源：《云南省统计年鉴 2013—2018》。

四、畜牧业生产结构

2018 年，保山市积极贯彻落实中央一号文件和农村工作会议精神，围绕

① 中共保山市委党史地方志工作委员会. 保山年鉴 [M]. 昆明：云南人民出版社，2018.

增加农民收入，以发展生猪、奶水牛、肉牛养殖为重点，大力发展适度规模养殖，促进畜牧业转型升级。保山市全年猪牛羊肉总产量达到34万吨，人均产量129千克。表6-5所示为保山市2013—2017年畜产品产量。

表6-5　保山市2013—2017年畜产品产量　　单位：万吨

年份	猪肉	牛肉	羊肉	奶类	纯羊毛	禽蛋	蜂蜜
2017	38.45	4.28	1.35	0.71	1	2.10	0.19
2016	37.67	3.91	1.22	0.83	2	2.01	0.26
2015	37.61	3.80	1.17	0.81	2	1.91	0.24
2014	38.31	3.45	1.01	0.81	3	1.67	0.23
2013	36.40	3.28	0.98	0.93	3	1.57	0.21

数据来源：《云南省统计年鉴2013—2018》。

五、渔业生产结构

保山市水产养殖面积共有119平方千米，水产品产量达到5.35万吨。近年来，保山市渔业部门充分发挥农业资源优势，以“渔业增效、农民增收”为目标，转变渔业发展方式，大力推广稻田养鱼、网箱养鱼技术，同时加强渔业安全生产和水产品安全监管，在此基础上，保山市渔业发展一直保持在良好稳定的水平。表6-6所示为保山市2013—2017年水产品产量。

表6-6　保山市2013—2017年水产品产量　　单位：万吨

年份	养殖产量	捕捞产量	鱼类	虾蟹类	其他
2017	5.10	0.26	5.31	0.03	0.01
2016	4.77	0.25	4.99	0.02	0.01
2015	4.21	0.21	4.40	0.01	0.01
2014	3.88	0.19	4.06	0.01	0.01
2013	3.29	0.18	3.47	0.01	0.01

数据来源：《云南省统计年鉴2013—2018》。

六、特色农产品

保山市农产品丰富，深受社会各界青睐。其中保山市有名的特色农产品分别为龙陵紫皮石斛、昌宁红茶、龙陵黄山羊、腾冲红花油茶油、保山猪、保山甜柿、槟榔江水牛、腾冲饵丝、保山透心绿蚕豆。

1. 紫皮石斛

紫皮石斛广泛分布于龙陵海拔1 200~2 000米区域的一类优质石斛，其现行市场收购价仅次于铁皮（含铜皮）石斛的优质石斛的市场收购价。经复旦大学取样化验，其多糖含量在10.8%~11.6%，为霍山石斛多糖含量的60%。石斛多糖能够明显地提高免疫能力，对防癌抗癌、抗衰老及治疗糖尿病有较好的疗效。截至2018年，龙陵县紫皮石斛种植面积2.02万亩，占全国种植和产量的70%以上、占全省的80%以上，石斛鲜条产量3 400吨，农业产值4.8亿元、工业产值17亿元、枫斗（石斛的加工品）加工增值6亿元，带动4.8万人脱贫致富。龙陵紫皮石斛农产品地理标志生产区域保护范围位于云南省保山市龙陵县境内，涉及龙陵县的龙山镇、龙新乡、镇安镇、象达乡、平达乡、勐糯镇、碧寨乡、腊勐乡、龙江乡、木城乡共10个乡镇。地理坐标为东经98°25′~99°11′、北纬24°07′~24°50′，东西横距64千米，南北纵距78千米。龙陵紫皮石斛种植面积10平方千米，年产量2 190吨。2017年，龙陵县与阿里巴巴、杭州闻远科技有限公司等企业签订框架协议，利用对方在电子商务、大数据和云计算领域的优势，构建“互联网龙陵紫皮石斛”线上线下营销平台，让更多的“龙陵（紫皮石斛）字号”农产品走向互联网市场。目前全县已有电子商务示范企业5户，确定了3家深度溯源企业，8家一般溯源企业，溯源产品已贴溯源标签销售。

2. 昌宁红茶

昌宁县得天独厚的土壤、气候条件造就了昌宁红茶独特的品质，昌宁红茶已成为“中国国家地理标志产品”，深受广大消费者喜爱。在海拔1 400~2 500米的区域内散落分布众多的古茶树，证明着昌宁茶叶的发展史。昌宁县百年以上古茶树分布面积达3.69万亩、共15.4万株，其中栽培型8.2万株，野生型7.2万株，年古树茶产量达300吨。昌宁是一个有着悠久历史的老茶区，是西南茶马古道支线的必经之地，是生产优质茶叶、弘扬茶文化的重要阵地，境内最高海拔2 876米，最低海拔608米，年平均气温15.3℃，年平均降雨量1 242.7毫米，森林覆盖率达60.43%，素有“滇西绿色明珠”之美誉。优越的土壤、气候条件造就了昌宁红茶独特的品质。2018年，昌宁县累计建成标准化茶园62 433亩，完成低产茶园改造41 097亩；累计建设标准化茶所50余个，每个茶所生产能力均达30吨以上；共建成无公害茶园15.5万亩、国际雨林联盟认证茶园4万亩、绿色食品茶园1.6万亩、有机食品茶园3 750亩。保山昌宁红茶业集团有限公司拥有国际先进的CTC红碎茶生产线六条、

2 000 吨级的精加工生产线一条、蒸汽杀青生产线一条、洱茶生产线两条、名优茶生产线六条、是保山市昌宁红茶重点龙头企业。集团已有近 20 年的茶叶生产、加工、销售历史，有职工 200 余人，其中专业技术人才 20 人，国家级审评员 5 人，拥有茶园基地 10 万余亩。

3. 龙陵黄山羊

龙陵黄山羊产地龙陵县，2011 年龙陵黄山羊被云南省农业厅评定为云南六大名羊之一。2018 年龙陵县全县黄山羊存栏 20.14 万只，出栏 18.42 万只，实现产值 1.47 亿元。龙陵黄山羊品种繁育基地有种羊 1 460 多只。全县已建成黄山羊养殖专业合作社 31 个、合作社联合社 1 个，能繁母羊 200 只以上的标准化养殖场（良种场）30 个，种植优质牧草 2.3 万余亩，百亩连片、千亩连片的天然草场 50 余个，有万亩连片天然牧场 2 个。龙陵黄山羊龙头企业龙陵县庞龙牧业有限公司存栏黄山羊 3 000 多只，每年出栏 3 800 余只。公司建起了电商平台，线上与省内外 20 多家企业（大户）通商，线下带动 5 000 余户农民养羊增加了收入。去年，公司销售黄山羊 9 000 余只，实现销售收入 1 100 多万元。

4. 腾冲红花油茶油

腾冲红花油茶油的产地位于云南省保山市腾冲市境内，涉及界头、曲石、明光、滇滩、固东、马站、北海、芒棒、腾越、和顺、中和、猴桥、荷花、团田、蒲川、新华、五合、清水共 18 个乡镇；地理坐标为东经 98°05′~98°46′，北纬 24°38′~25°52′，东西横距 69 千米，南北纵距 137 千米。腾冲红花油茶油种植面积 666.67 平方千米，年产茶籽 12 万吨、茶油 3 万吨。

5. 保山猪

保山猪，曾用名保山大耳猪，属肉脂兼用型猪，1986 年后在《国家畜禽遗传资源名录》榜上有名。保山猪产于保山市的隆阳区、施甸、昌宁、腾冲、龙陵县，少量分布于德宏州的部分县市。保山猪养殖区域为云南省保山市行政区划内的隆阳区、施甸县、腾冲市、龙陵县、昌宁县 5 县（区）。地理坐标为东经 98°25′~100°02′、北纬 24°08′~25°51′，东西横距 198 千米，南北纵距 193 千米，养殖区域范围 19 637 平方千米，年存栏 6.5 万头。保山猪适应能力强，在海拔 500~3 800 米的山区、平原区、高寒地区及湿热地区皆能正常生长繁殖，具有较强的觅食能力。保山猪肉质细嫩、香味浓郁、母性好、产仔多、采食能力强，耐粗饲、能大量利用青粗饲料，适应在放牧条件下觅食各种青草、野菜等。而且保山猪有较强的抗逆性，很少发生疾病。

6. 保山甜柿

保山市于 1976 年引进次郎甜柿，经过多年的栽培，选育出适宜保山当地气候条件、不需配置授粉树、成熟期早、果大、光泽好、甜脆可口、抗逆性强、丰产性好的保山甜柿。经国家工商行政管理总局商标局认定，保山甜柿于2013年荣获中国国家地理标志证明商标。保山甜柿产地位于云南省保山市境内，涉及全市隆阳区、施甸县、腾冲市、龙陵县、昌宁县5县（区）的72个乡镇（街道办），地理坐标：东经98°25′~100°02′、北纬24°08′~25°51′之间，东西横距为198千米，南北纵距为193千米。保山甜柿种植面积为200平方千米，年产量为30万吨。保山市映山红甜柿开发有限公司是一家专业从事甜柿生产、销售、服务的农业龙头企业。公司实行"公司+基地（协会）+农户"的运作模式，与种植户联办基地5 600亩，强化经营管理体制，实行生产规模化、经营集约化、产品优质化的发展方针。

7. 槟榔江水牛

槟榔江水牛养殖主要分布于槟榔江河谷一带，目前共养殖有4 000多头水牛，是我国发现的唯一的河流型水牛。2018年，全市槟榔江水牛规模养殖户达到1 000多户。槟榔江水牛平均泌乳天数269天，一个泌乳期最高产奶量3 685千克，平均产奶量达2 452千克。腾冲市槟榔江水牛良种繁育有限公司是专门从事槟榔江水牛保护、扩繁、选育和开发利用的民营企业，是国家和省重点扶持的槟榔江水牛良种供种企业。

8. 腾冲饵丝

腾冲饵丝最初由洞山乡胡家湾村人采用当地特产浆米加工制作而成，至今已有近400年的历史了，是腾冲本地和外来客人所喜爱的、具有特色的小吃。腾冲饵丝这一地方特色食品品牌早已走出腾冲，世界各地的食客对其都青睐有加。除鲜饵丝外，腾冲饵丝由于其独特的口味和携带极为方便，还被加工制作成袋装、碗装的干饵丝、快餐饵丝，远销东南亚国家，成为馈赠宾客的佳品。腾冲市合丰食品有限责任公司是制度健全、管理规范的省内产业化经营龙头企业。

9. 保山透心绿蚕豆

保山透心绿蚕豆产于云南省西部的保山市，保山地区独特的环境造就了保山透心绿蚕豆独特的生存条件，该品种富含叶绿素、钾、铁等多种物质，口感和营养价值都极高，是保山特有的品种。保山市透心绿蚕豆种植及加工历史悠久，主要分布在保山坝区的汉庄、河图、金鸡等乡镇的部分村社，年播种面积在3 000亩左右，一般每亩产量为150千克，年总产量在450 000千克左右。云南保山同心食品有限公司是保山家特产品加工的龙头企业，主要产品有：保山透心绿蚕豆系列加工产品、腾冲干腌菜、腊腌菜、绿豆酒。

七、农产品贸易及特点

农产品作为一种需求弹性较大的商品，受市场的影响较大。其农产品贸易整体呈现出季节性、趋势性的特点。保山市地处西南边陲地区，阳光充足，农产品产量丰富。其农产品贸易状况（包括市场价格、销售量）呈现出季节性和趋势性的特点。水果、蔬菜、粮油、畜禽、种苗、农资、其他农副产品的价格波动比较明显，但整体趋于平稳。

1. 农产品电商贸易

保山市、区商务部门组织设置了“乡镇电商一条街”端阳展览会。“乡镇电商一条街”共设有市级、五县（市、区）及隆阳区各乡镇（社区）电商展区 29 个，参展企业 136 户，展品 1 800 余种。截至 2017 年年底，保山电商企业达 630 户，增长 30. 71%；电商网店达 9 381 家，增长 32. 15‰。全市电子商务交易额超过 500 万元的企业已发展到 31 家，比上年增加 9 家，增长 40%。保山著名品牌茶叶、小粒咖啡、透心绿豆、潞江坝热带水果、黄泥塘藕粉等均实现了网上销售；互联网的发展给很多产业的发展带来了便利，石斛、核桃、咖啡、生猪、南红玛瑙、琥珀、黄龙玉、翡翠等产业都实现了跨越式发展①。保山云贡城网络科技有限公司、保山市云雾清凉商贸有限公司两户分别被国家商务部评为 2015—2016 年度和 2016—2017 年度“国家级电子商务示范企业”。

2. 外贸进出口贸易

2018 年保山市全年社会消费品零售总额为 224. 9 亿元，比上年增长 12. 4%。全年外贸进出口总额为 32 018 万美元，比上年增长 20. 4%。其中：出口总额 13 042 万美元，下降 12. 4%；进口总额 18 976 万美元，增长 61. 9%。2018 年 1—3 月猴桥口岸边民互市交易货运量 20. 6 万吨，同比增长 41. 0%，贸易额 2. 84 亿元，同比增长 75. 1%，主要进口商品有香蕉、西瓜、竹、农副产品等，主要出口商品有水泥、纸箱、马铃薯、鲜花等。

第四节　农业产业发展模式及特点

保山市农业产业发展模式经历了一段漫长的摸索时期，经过多年的实践探索，保山市走出了一条充满地域特色的高原特色农业发展之路，使农业产业化水

---

① 杨彩霞. 保山市电子商务扶贫模式研究［D］. 昆明：云南财经大学，2018.

平持续提高，昔日的“滇西粮仓”再次焕发出勃勃生机。保山市连续7年围绕主导产业发展壮大基地，打造优质特色农产品基地800余万亩，农业人口人均耕地面积达到4亩，省级以上重点龙头企业达68户（其中农业39户、林业26户、畜牧业3户），销售收入5亿元以上企业3户，1亿元以上企业20户，龙头企业完成产值76.44亿元。保山市有农业庄园35个，产值21.5亿元，有农民专业合作社1 268个（其中国家级示范社7个、省级示范社159个、市级示范社40个）。

一、“紫皮石斛+协会+基地+农户+市场”的以农民为主体的石斛产业发展模式

龙陵县开创了“紫皮石斛+协会+基地+农户+市场”的以农民为主体的特色产业模式，通过技能培训助推建档立卡贫困户脱贫致富，以石斛资源为依托、以建档立卡贫困群众为对象、以劳动力技能培训为支撑，通过“带薪”开展技能培训，“免费”供应石斛鲜条，让贫困群众“零成本”掌握致富技能，“空两手”扭出经济效益，在“鲜条”变为“枫斗”的过程中找到转移就业的路径，开启脱贫增收致富之路。龙陵县通过繁育种苗引导建档立卡贫困户脱贫致富，采取“政府扶持+合作社运作+农户参与”的方式，由石斛专业合作购买紫皮石斛种苗白条，繁育优质紫皮石斛种苗，无偿提供给贫困户种苗，并全程进行技术指导、统一签订购销合同，有效解决贫困群众发展产业无资金、无技术、无销路等问题。龙陵县还通过搭建平台带动建档立卡贫困户脱贫致富，在广泛开展技能培训、无偿提供种苗、引导种植的基础上，积极搭建就业平台，延伸拓展加工网点，带动建档立卡贫困户实现就地、就近转移就业。

龙陵县结合石斛发展实际情况，转变发展石斛产业发展方向。龙陵县培育地方龙头企业，着力打造石斛知名品牌，提升龙陵石斛的市场竞争力；通过龙头企业的带动，大量收购石斛原料，促进石斛种植发展，继而保证农民收入。政府与企业合力，把龙头企业石斛产品研发的成果标准化、商品化，以产品质量安全为生命线，将产品推向市场，实现石斛深加工产品的价值，带动石斛产业全线发展。

杨梅山石斛种植基地是云南极斛生物科技有限公司所属的3个种植基地之一，种植石斛400亩。该基地按照“公司+基地+农户+市场”的运作模式，引进新产品、新技术进行推广示范种植和应用，发挥基地的示范引导作用，对周边农户进行扶持、种植技术辅导、培训、科技推广和质量监督，促进区域石斛品种和栽培技术的现代化、规模化发展，辐射带动周边2 500余户农户从事石斛种植。

二、“公司+院士工作站+专业合作社+基地+农户”茶旅产业发展模式

腾冲市高黎贡山生态茶业有限责任公司充分利用腾冲的气候、生态资源等优势，以“茶”产业为中心，创新应用“公司+院士工作站+专业合作社+基地+农户+市场”的经营模式，采用“三产融合、茶旅养生”的思路，向农户、村集体、合作社等流转了10 230亩土地用以建设万亩生态茶园，目前已经基本完成茶园改造建设。茶园流转，一是从源头保障了公司茶叶的质量和产量；二是增加了农民的经济收入，充分发挥了茶园的经济效益和社会效益；三是把茶产业发展和腾冲的旅游优势结合起来，逐步开发茶山旅游，以茶山旅游为突破口，对乡村旅游资源进行开发。该公司将按照4A级景区标准建设的高黎贡山茶博园、高黎贡山茶博园集院士工作站、腾冲茶博物馆、国际养生馆、研发中心、体验馆、茶叶品种园基因库、观光茶园等多个项目为一体，有观光茶园1 000亩，其中茶树品种基因库200亩，是高黎贡山生态茶业有限责任公司重点建设的庄园。公司依靠科技创新，建设茶叶加工及仓储物流中心、茶叶加工分厂、茶多酚、茶籽油生产线等精深加工厂，提升产品加工能力；建立高黎贡山茶博园、医养结合的国际养生养老馆，将茶多酚、儿茶素应用到保健、养生、食品等方面，延伸茶叶产业链；建立“朱有勇院士工作站”“倪德江专家工作站”，为产业发展提供科技引领与技术支撑；建设电子商务销售平台，开展线上线下销售渠道建设，不断提升品牌价值和扩大市场；打造养生养老、生物科技、矿泉水、旅行社、餐饮酒店等多个产业。目前，公司已实现茶叶种植、加工、仓储物流、市场拓展、观光旅游服务、电子商务等三产的有机融合，多行业互补互助，助推茶叶产业发展。

三、“品牌+公司+专业合作社+农科部门+基地+农户”水稻品牌的品牌引导发展模式

保山市全市种植业总播种面积为4 093平方千米，其中粮食播种面积为2 625平方千米，主要粮食作物稻谷和玉米播种面积分别为629平方千米、953平方千米，全年粮食总产量146.28万吨，比上年增加2.36万吨，增产1.64%。

保山市为推进粮食产业发展，推出“公司+专业合作社+农科部门+基地+农户”的水稻发展模式，秉持“安全、优质、发展、民生”的发展理念，坚持“制度化、规范化、人性化、科学化”的管理要求，围绕“打造品牌、创造财富、实现价值”的奋斗目标，努力提高技术、服务、文化在产品中的附

加值，不断增强企业的发展创新力和核心竞争力。

保山市建华粮油食品商贸有限责任公司通过多年努力，现已发展成为保山市领先的粮油领域多元化产品和服务供应商，属保山市农业产业化经营“重点龙头企业”、云南省农业产业化经营与农产品加工“省级重点龙头企业”。在保山各级政府和广大消费者的大力支持下，保山市采用“公司+专业合作社+农科部门+基地+农户”的产业化经营模式，持“边建设、边发展、以建设促发展”的思路，在立足稻谷加工、菜籽加工的同时，创立了保山市兰苑水稻种植专业合作社、保山市玉龙海油菜种植专业合作社、保山市永佳麦类种植专业合作社、保山市永博玉米种植专业合作社等四个农民专业种植合作社，以达到相互带动、资源互补的目的。该公司目前优质稻谷加工能力达到 3 万吨，优质菜籽年加工能力达到 1 万吨。2006 年公司注册的“兰苑”牌商标，作为企业自主产品及代理产品标识，于 2011 年已被认定为云南省著名商标，荣获 2011 年“著名商标奖”，并形成品牌效应。公司持有“全国工业产品生产许可证”并与保山市科技局合作，以隆阳区农科所为技术依托单位共同开发“万亩优质香软米开发与利用项目”，加工出的“云粳 29 号”和“云粳 35 号”优质香软米，色泽晶莹剔透，口感松软可口，深受广大消费者喜爱。公司连续三年举办“滇西八州市粮油洽谈会”，得到保山市委、市政府领导的肯定。公司所生产的产品销往昆明、楚雄、德宏、大理、临沧、怒江、迪庆，远销缅甸等地。

四、“特色品种+公司+合作社+农户”小粒咖啡产业发展模式

保山市有绝佳的环境、气候、水源等自然优势，因此保山出产的小粒咖啡味道“浓而不苦、香而不烈、略带果酸”，是全国乃至全球咖啡中的上品。近年来，在各级党委政府、相关部门、龙头企业和广大农户的共同努力和国内外市场的拉动下，保山市向着“规模化、工业化、标准化、品牌化、生态化”的方向发展，致力于把咖啡产业打造为热区农民增收、农村致富、农业增效的优势产业。

经过多年的摸索，保山小粒咖啡种植技术水平日益提高，特别是近年来，涌现出了以新寨咖啡等为代表的咖啡企业，成立了新寨咖啡专业合作社，以“特色品种+公司+合作社+农户”的模式，统一品种、统一种植技术、统一生产资料、统一收购、统一加工，逐渐走上了规模化、规范化的道路。以景兰、合美格致为代表的部分企业，则从咖啡产业链源头——种植开始把控，集保山小粒咖啡品种选育、种植，咖啡初、深加工与销售贸易+电商平台为一体，将

公司打造成为咖啡全产业链农业科技公司。合美格致在高黎贡山拥有自己的5 000 亩原生态精品咖啡基地，旗下拥有的咖啡初加工厂年产量可达 10 000 吨，烘焙厂年加工量 1 000 吨，一座三合一速溶粉厂年加工量达 2 000 吨，是中国咖啡界重要原料供应企业。

与此同时，保山大大小小的咖啡企业也纷纷行动起来，不少当地企业走到大城市甚至到国外学习咖啡烘焙和冲泡技术并用到公司的技术研发上，改善了发酵、加工等各个环节的制作工艺，各项技术日渐成熟。目前，多家公司掌握了蜜处理、日晒咖啡和水洗咖啡技术，还有的公司研发了温泉白蜜处理咖啡技术。部分企业已经致力于走精品咖啡路线，恢复老品种小粒咖啡——铁毕卡的种植，引进脱皮脱胶一体机，提升了咖啡初加工水平，以期获得更大的市场和利润空间，出现了麝香猫咖啡、果子狸咖啡、圆豆咖啡、挂耳咖啡等品种丰富的特色产品。深加工产品销售模式也不断多样化，有线上、线下及实体店、订单等多种形式。目前已涌现出了云潞、合美、高老庄、亚通、新寨、白虎山、新城、比顿 8 家省级龙头企业，涉及外贸出口的咖啡企业达到 13 家。

第七章　普洱市热区农业发展模式

第一节　热区农业自然资源

一、土地资源概况

普洱市的别称为思茅，位于云南西南部。普洱市的东边坐落着红河与玉溪两条主要河流，南侧与西双版纳衔接，西边与临沧相连，北边与大理、楚雄两地接壤。普洱市的总面积 45 300 平方千米，它是云南土地面积和热区面积最大的市州，且普洱市热区土地中有 30%已经被开垦。

普洱的山地占全区总面积的 98.3%，山间盆地占总面积的 1.7%。其中，中度海拔的山体占地面积达到了整个区域的 89.5%，而整体高度在 1 000 米以下的海拔较低的山体占地面积仅为总体的 10.5%，此外，侵蚀山地的总体占地面积为全区的 0.8%。在众多的山体中，面积达到了 1 万亩的盆地数量总共为 45 个，其中 3 万亩以上盆地有 19 个，且共有 5 个盆地面积达到了 10 万亩。普洱地区的土壤类型主要有红壤、黄壤、赤红壤、砖红壤、紫色土、石灰岩土、冲积土以及水稻土。普洱市的林业用地面积为 31 884.8 平方千米，且普洱市的森林覆盖面积占所有土地的 63%；农用耕地面积也达到了 34 230 平方千米，但仍然有很大面积的土地资源有待开发利用，土地利用率为 95%，垦殖率为 8.53%。

二、气候资源

从地理位置上来看，普洱市地处云南的西南方，区域内有大量的山体，其精确位置在北纬 22°02′~24°50′、东经 99°09′~102°19′，被北回归线从其中间分割开来，而由于其处在北回归线区域范围之内，其海拔高度在 376~3 306 米，且其地势呈现北高南低的分布态势，因此普洱地区具有十分明显的垂直气候特点，北边无量山的猫头山海拔 3 307 米，南部江城县内李仙江出境处海拔 317 米，中心城区海拔 1 302 米。普洱市属于亚热带湿润气候，全年最热的时间为 5 月和 6 月，历史最高气温 34℃，年平均气温在 17℃～22℃。年均降水量在 1 500 毫米左右，光热条件良好，积温很高，一年内的无霜期在 315 天以上。

三、生物资源

普洱市特别适宜热带、亚热带植物生长，普洱市森林覆盖率超过 67%，已建立 16 个类型不同的自然保护区，有 2 个国家级、4 个省级自然保护区，包括无量山国家级自然保护区和太阳河国家森林公园。它是云南的“动植物王国”，也是全国生物多样性最丰富的地区之一。

普洱市境内高等植物有 5 600 余种，占全省的 32.9%，各类植物中，主要包括林木资源和草类资源，林木资源主要有针叶林、常绿阔叶林、竹林；草类植物有饲用植物、药用植物等，药用植物有茯苓、龙血树、石斛、首乌等。普洱地区对于粮食、茶叶、咖啡、石斛、烟叶、橡胶、生物药、果蔬等多种农作物的生长都是十分适宜的，目前的种植面积已经达到了 2 500 平方千米，地区种植业和养殖业都在向多元化、特色化方向逐步稳定发展。在广大的农作物种植范围中，茶叶、咖啡以及石斛作为普洱地区重点的培育品种，其产量和播种范围在整个云南地区都名列前茅，并且作为全国范围内普洱茶产值最大的地区，普洱已然成为星巴克以及雀巢等知名品牌的主要原料供应地。

普洱市境内动物资源近 2 000 种，其中有国家级珍稀濒危保护动物 118 种，国家一级保护动物有 24 种，如印度野牛、蜂猴等。二级保护动物有 14 种，如黑熊、猕猴、蛇雕、白鹇等。昆虫类动物有 980 种；鱼类有 248 种；兽类有 200 余种；爬行动物有 46 种；鸟类有 460 种，白腹锦鸡、白鹇、绿孔雀等品种也都在普洱栖息。亚洲象、印支虎、黑西冠长臂猿、白颊长臂猿、马来熊、绿孔雀和圆鼻巨蜥等被列为优先保护极小种群野生动物。

四、乡村旅游资源

今天的城市高楼林立，带来的是日益缩小的活动范围。每到放假的时候，各地知名的景点更是被人流充斥，完全失去了休闲娱乐的情怀。因此游客更少的田间郊外更能满足都市人的旅游需求，与大自然的亲密接触也会使人的心情更加愉悦，身体更加放松，从很大程度上减少了快节奏生活所带来的压力。云南是旅游大省，随着旅游资源开发步伐加快，农业已经逐渐成为旅游业发展的新空间。

云南柏联公司在普洱景迈山依托茶山资源，配套五星级精品庄园酒店，每年吸引了国内外不少的游客前来观光旅游，成为拓展茶旅游的成功典范。茶文化旅游资源是普洱市发展旅游的主要资源，中华宁洱茶文化博览苑以及万亩茶园都是普洱重点发展的旅游项目。随着云南省对农业文化的不断重视，作为文化产业的主导行业，含有大量民族成分的旅游业的规模正处于不断扩大的阶段，并且由于其在云南境内对于经济起到的重要促进作用，已经得到国内外各界广泛认可。普洱作为我国的“世界茶乡、普洱茶都、中国茶城”，其对文化旅游项目的发展也引起了足够的重视，不论从资金或是人力等方面都获得了政府的大力支持。如今很多去普洱地区旅游的游客都会选择自行驱车的自驾游模式，因此这在一定程度上促进了区域内的文化交流。很多游客会选择早上去乡村游玩，晚上到城里酒店留宿，因此景区内的大多酒店、餐馆等基础服务都会趋于饱和。

旅游业的发展对于当地餐饮行业的促进作用也是十分明显的，很多餐馆、酒店的收入日益增加，旅游经济效应逐渐成为当地的主导作用，也增加了当地农民的收入，推动了区域范围内整体的经济发展。最近市政府及各县区政府、旅游企业及旅游机构等部门都认识到乡村旅游在普洱旅游业发展中具有不可忽视的作用。

五、矿产资源

普洱市不但具有良好的人文基础，其矿产种类也十分丰富，目前已发现的矿产就有 40 多种、开采地多达 800 余处，金、银、铜、锌、镍、铁、钾盐、钼、煤、钠盐、水泥用灰岩等主要的优势矿物质资源的储备也是十分充足。其中主要的几种矿产如黄金、铁、铜等的储量分别达到了 103.7 吨、21 亿吨、253 万吨。此外，作为全国唯一的可溶固体钾盐矿，普洱市的江城钾盐矿储量高达 2 000 多万吨，为我国的工业发展打下了坚实的基础。

第二节　热区社会经济发展情况

一、基础设施

普洱市与越南、老挝、缅甸三个国家接壤，成为通往东南亚国家的必经之路。目前普洱市所筹备的澜沧江-湄公河四国通航和昆明至曼谷高速公路，都有利于我国与众多接壤国的文化交流与贸易往来，不但促进了我国的开放化程度，而且有利于对周边东南亚地区的直接帮助与接触。

2018 年，普洱市政府加大了对基础建设的投资力度，地面以及水下部分的基础建设项目投资额总计 144.45 亿元，周围县区与市区连接的主干道的修缮工作也已经提上日程，如十分著名的景东—文东高速在 2019 年的 1 月 18 日已经修建完毕并投入使用。墨江—临沧、思茅—澜沧以及南涧—景东部分路段也已开始建设。G215 恩乐—湾塘公路、澜沧机场进出港路已建成通车。宁洱—江城—龙富公路、安定—普洱公路、澜沧公路，二期孟连—勐阿段已加快推进。表 7-1 为普洱市 2017 年各种方式完成运输量周转量。

表 7-1　普洱市 2017 年各种方式完成运输量周转量

运输方式	货物运输量		货物周转量		旅客运输量		旅客周转量	
	绝对数/万吨	增长/%	绝对数/万吨千米	增长/%	绝对数/万人次	增长/%	绝对数/万人千米	增长/%
总计	4 488.11	10.5	626 614	6.6	3 473	3.4	342 883	3.6
公路运输	4 457	9.8	623 980	6.5	3 330	2.5	322 543	3.3
水上运输	31	60.6	2 600	55.0	85	43.3	4 687	54.3
民用航空	0.11	32.4	34	30.7	58	18.9	18 145	16.3

到目前为止普洱市的众多水利工程项目均已竣工并投入使用，共建成水库总计 303 座，普洱市的水利工程的产水量已经达到了一平方千米的面积每年产水 68.43 万立方米，人均可用水量为 11 555 立方米。水利行业的统计数据显示，全市完成水利投资 38.23 亿元，水利投资再创普洱市历史新高。第一，全市在建中型水库 8 座，小（一）型水库 24 座，1 件引水工程，3 件小（二）型抗旱应急水源工程，在建重点水源工程创历史新高。2018 年年末全市完成库塘蓄水量 5.1 亿立方米，较往年蓄水量再创普洱市历史新高；第二，全市已启动 1 座大型、8 座中型、23 座小（一）型水库前期工作；第三，普洱市成为云南省第一批全国水生态文明城市建设试点，全市完成水土流失治理面积 415.9 平方千米；第四，农村饮水安全得到保障，保障了 27.64 万农村人口饮水安全。全市新增高效节水灌溉面积 5.34 万亩，完成率为 115%；第五，普洱市从浦发银行贷款 8.7 亿元用于水利建设，与云南省建设投资集团签订普洱市重点水利项目合作框架协议。

2018 年普洱市共建设了 7 个农村饮水安全项目，1 个小型农田水利项目，4 个灌溉水利项目，9 个“山区小水网”项目，共计受益农村群体达到 75.97

万人，建成山区“五小水利”工程2万件，提升了5.71万亩农业用地的灌溉效率。

二、人口

我们从统计数据来看，普洱全市总人口258.4万人，城镇人口92.77万人，乡村人口165.63万人，城镇化率达35.9%。调查乡村劳动力21 240人，乡村从业人员20 589人，其中男性11 667人，占劳动力总数的54.9%。表7-2为普洱市的人口统计情况。

表7-2 普洱市的人口统计情况 单位：人

区划名称	常住人口	户籍人口
思茅区	256 200	213 035
宁洱哈尼族彝族自治县	194 600	191 134
墨江哈尼族自治县	379 100	362 384
景东彝族自治县	379 000	359 151
景谷傣族彝族自治县	309 700	310 254
镇沅彝族哈尼族拉祜族自治县	214 400	208 167
江城哈尼族彝族自治县	118 700	103 615
孟连傣族拉祜族佤族自治县	133 600	123 464
澜沧拉祜族自治县	498 600	486 096
西盟佤族自治县	92 400	90 803

普洱市全年普通高等学校招生3 582人，在校学生11 286人，毕业生2 866人。各类中等专业学校招生4 187人，在校生11 763人，毕业生3 910人。职业高中招生4 491人，在校生11 093人，毕业生2 371人。普通中学招生38 958人，在校生113 836人，毕业生36 446人。普通小学招生31 565人，在校生181 947人，毕业生28 283人。幼儿园在园幼儿55 757人。适龄儿童入学率99.9%，小学毕业生升学率98.81%；初中毛入学率111.0%，初中毕业生升学率71.71%；高中阶段毛入学率66.27%。乡村劳动力从事第一产业共17 016人，占80%；第二产业共1 435人，占6.7%；第三产业共2 138人，占10%。图7-1为普洱市人口接受教育情况。

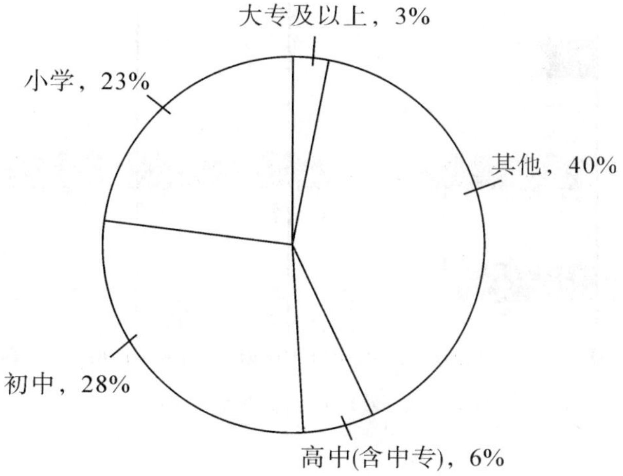

图 7-1　普洱市人口接受教育情况

普洱市农村共有 3 047 人外出打工，该人数在农村总劳动力的人数占比为 14. 3%，其中有 552 人具备一定的劳动技术水平，该部分群体占总劳动力的 18%；此外还有 286 人具备职业资格证书，该部分占劳动力总人口的 9. 4%。普洱农村参加劳动的人口并不具备较高的文化教育水平，其突出特点为“五低”，即经营管理素质低、文化素质低、科技素质低、心理素质低、身体素质低。普洱市人口老龄化现象也比较严重，年龄超过 60 岁的老人人口数量达到 36. 2 万人，为应对人口老龄化程度的进一步深化，普洱市政府也在积极采取措施，如进行养老院的建设等。截至 2018 年，普洱市敬老院数量为 39 个，为 1 059 名老人进行了服务。除此之外，思茅、景谷、景东、宁洱等地区不仅有政府出资的养老院建设，而且有民营养老院参与养老服务，在该类养老院中的每一个名额都将获得政府部门 5 500 元的直接资助，以保证其顺利实施。此外，普洱市对于高龄老人进行了划区间补助，80～89 岁的老年人每月可获得 80 元补贴，90～99 岁的老年人每月可获得 150 元补贴，100 岁以上的老人每月可获得 600 元补贴。在各级政府部门的大力协助下，普洱市的养老氛围浓厚。图 7-2 为普洱市人口年龄分布情况。

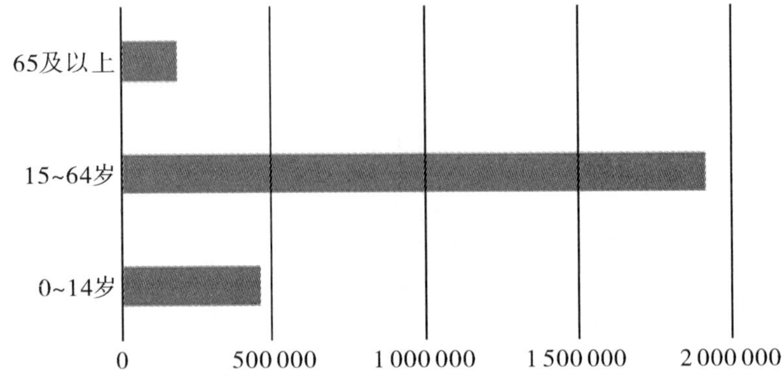

图 7-2　普洱市人口年龄分布

三、经济

初步核算，2017 年全市实现生产总值 624. 59 亿元，按可比价格计算，比上年增长 10. 5%，高于全国 3. 6 个百分点，高于全省 1. 0 个百分点。图 7-3 所示为普洱市 2013—2017 年生产总值及其增值情况。

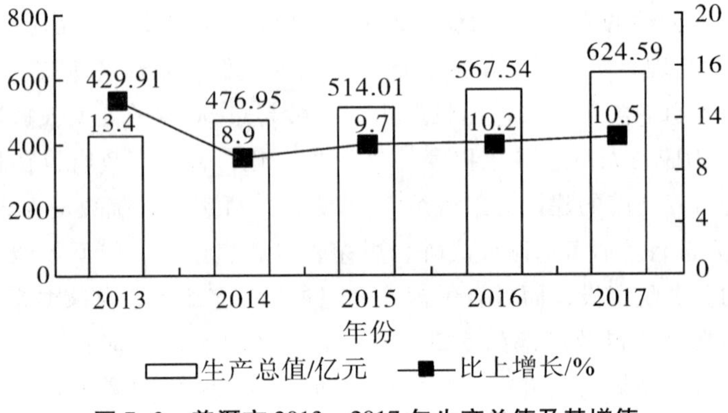

图 7-3　普洱市 2013—2017 年生产总值及其增值

其中，第一产业增加值 159. 81 亿元，比上年增长 6. 2%；第二产业增加值 222. 89 亿元，增长 12. 0%；第三产业增加值 241. 89 亿元，增长 12. 0%。三次产业结构由上年的 26. 83 : 34. 43 : 38. 74 调整为 25. 59 : 35. 68 : 38. 73。图 7-4 为 2013—2017 年三次产业增加值占生产总值的比重。

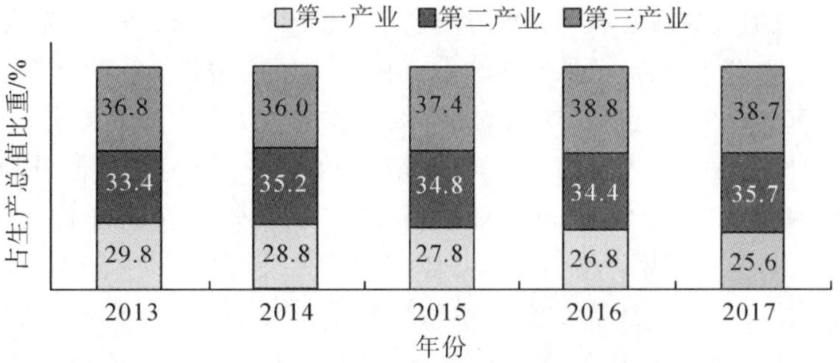

图 7-4　2013—2017 年三次产业增加值占生产总值比重

2017 年全市人均生产总值 23 821 元，比上年增长 10. 0%。非公经济增加值 263. 48 亿元，占全市生产总值的比重达 42. 2%，比上年下降 0. 3 个百分点。图 7-5、图 7-6 分别展示了 2012—2016 年城镇常住居民人均可支配收入和农村常住居民人均可支配收入情况。

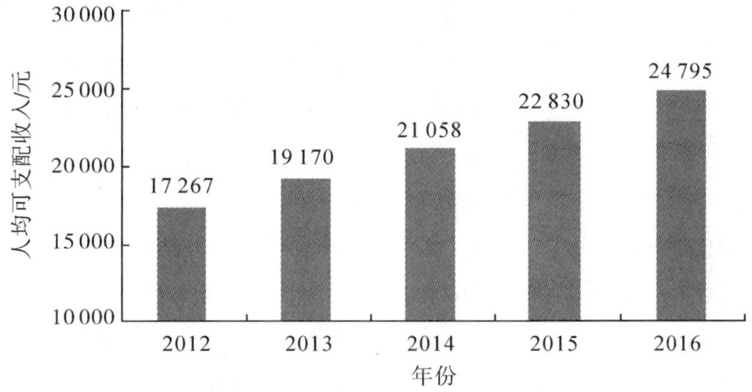

图 7-5　2012—2016 年城镇常住居民人均可支配收入

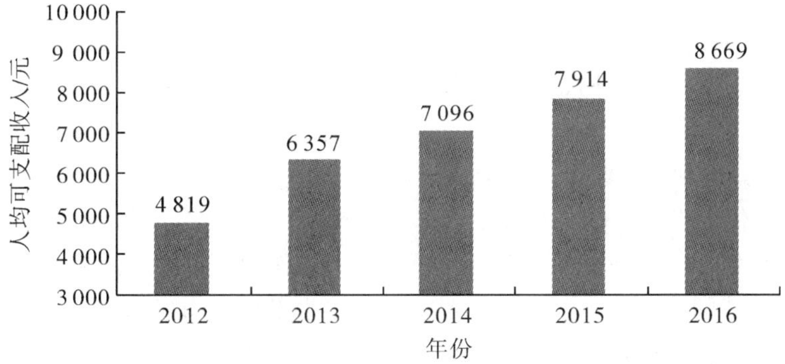

图 7-6　2012—2016 年农村常住居民人均可支配收入

全市完成地方财政总收入104.60亿元，比上年增长8.65%；完成一般公共预算收入53.22亿元，增长6.32%，其中，增值税增长24.78%，企业所得税增长12.56%，个人所得税增长65.62%；完成一般公共预算支出271.78亿元，同比增长10.61%。其中，教育支出增长14.09%，医疗卫生与计划生育支出增长15.47%，社会保障和就业支出增长8.72%，节能环保支出下降10.41%。全年居民消费价格指数（CPI）为101.3，比上年上涨1.3%，其中食品价格下降0.2%。商品零售价格总指数上涨1.5%。农业生产资料上涨2.8%。工业品生产者出厂价格上涨6.5%。工业生产者购进价格上涨2.5%。表7-3为普洱市2013—2017年居民消费价格指数。

表7-3　2013—2017年居民消费价格指数

项目	年份				
	2013	2014	2015	2016	2017
居民消费价格总指数	102.5	101.8	101.3	101.1	101.3
城市	102.0	101.5	101.2	101.0	101.0
农村	102.8	102.0	101.3	101.2	101.6
食品	104.7	103.8	103.2	104.6	99.8
烟酒	100.7	100.0	102.2	101.7	99.9
衣着	102.4	102.0	100.5	100.5	100.6
生活用品及服务	100.8	100.4	100.1	99.8	100.9
医疗保健及个人用品	102.1	101.3	100.5	100.7	102.1
交通和通信	100.5	99.7	97.9	99.4	101.6
娱乐教育文化用品及服务	102.3	101.5	101.1	99.7	100.3
居住	100.9	100.7	100.2	99.7	102.5

普洱市为了响应国家的绿色生态建设要求，围绕市区进行绿色经济实验示范区建设，优化产业结构，促进区域内经济多元化发展。其中，四大支柱产业产值共计167.8亿元，占全市全部工业总产值的71.9%。水电产业产值占全部工业产值的26.6%。茶叶、咖啡、石斛、橡胶、制糖等产业占工业产值的19.9%。对传统工业中的林产和矿产部分的改造，不但促进了绿色经济体系的构成，而且对环保行业的发展起到了不可磨灭的作用。提升后的林产业产值占全部工业产值的27.2%，其中纸制品的生产水平发展尤为迅速，提升后的纸制品产值已然占据了全市林产工业产值的36.7%、占全市工业产值的4.5%。普洱市的建材行业市场目前以新型干法水泥为主，其产值占全部工业产值的

14.8%。同时，以风力发电为主的绿色能源产业在全市工业范围内的地位得到提升，已然成为最重要的产业之一。2018 年，普洱市共计打造了不同规模的水电站 130 座、风电站 2 座以及 1 座光伏电站，其发电量高达 922 万千瓦时，通过电力获得的工业总产值高达 74.2 亿元，同比增长 10.5%，占全市工业总产值的 52.3%。这创造了 96 亿元的税收收入，在全市工业税收中的占比为 54.9%。

普洱的地方品牌产品有脂松香、脂松节油、木、竹、藤、棕、草制品和精致茶制造业，包括普洱茶、绿茶、红茶、焙炒咖啡等。普洱茶作为普洱市最有名气的产品，就有很多的知名品牌，如中茶、大益、福海、嘉茗、郎河、龙生、龙圆号、老同志以及易昌号等。普洱市特色绿色产业的骨干企业有云南金犀牛健康产业有限公司、普洱致诚环保设备有限公司、普洱联众生物资源开发有限公司、云南茶祖茶业有限公司、普洱松茂冰草六味制药股份有限公司、普洱绿洲科技有限公司、澜沧宝来农牧产业有限公司。普洱市的 5 家科技型中小企业的产业范围涵盖了核桃、茶叶、咖啡、林下种植养殖、生物医药等诸多领域。

四、民族

普洱市的少数民族人口达 153.7 万人，占全市总人口的 59.48%。全区少数民族有 26 个，世代居住在这里的有 14 个。普洱民族文化多姿多彩，极具魅力。比较著名的有哈尼族、彝族、拉祜族以及佤族等，其主要的风俗习惯以及宗教活动如下：

（1）哈尼族的大大小小的村落都会宰杀猪等家畜以供神明，此外还会在庙台上摆满瓜、果、酒、水等食物以示诚意，希望来年风调雨顺，农作物获得大丰收。而茶作为“五贡品”中较为重要的一部分，也是不可或缺的。

（2）彝族不同于哈尼族的是，其每年的正月初一都要对祖先进行祭拜，景东地区的彝族人会在祭拜时由宗族内最德高望重的老者或是族长，供上一盘菜、一碗饭、一杯酒、一颗蛋、一根红线以及一壶茶，希望能够获得祖先的庇护。

（3）普洱市的另一民族——拉祜族，每到正月初二，全寨人都会聚在“母耶”处跳芦笙舞，并在众人的中心处放上供奉的粮食，并焚香以示尊崇，旁边再斟一壶茶水，便是其最高的礼节了。

（4）佤族按照当地的日历推算，在每年的七月左右会进行一年一度的迎新谷节，当地称作“列伯耿奥”，一方面进行节日的庆祝，同时也会对其信奉的神明进行供奉。通常在该日，宗族内会进行统一的祭祀活动，在会场中央摆放一个巨大的祭坛，上面供有茶叶、棉线、钱币、粮食、米酒、老鼠头、鱼头、蟋蟀、鸡头和少许的碎肉等物品，并邀请有经验的司仪主持祷告，保佑宗族一帆风顺。

五、传统文化

普洱市原生态的民族文化和古朴的风俗习惯原始而神秘。佤族木鼓节、拉祜族葫芦节、彝族火把节等民族节日都是传承已久的传统节日。普洱地区的彝族主要分布在景东、景谷、镇沅、宁洱、江城以及澜沧等地。彝族民歌音乐按其体裁，表现内容及演唱形式可分为跳歌、小曲、山歌三大类。彝族的民间器乐有吹管乐、弓弦乐、打击乐三类，亦作歌、舞、演唱伴奏用。普洱地区的彝族以跳望（亦称跳歌、打歌）的舞蹈最为丰富，彝族舞蹈的特点是欢快、热闹。拉祜族最为著名的主要有葫芦节、扩塔节两大节日，葫芦节在每年的农历十月十五、十六、十七日三天。扩塔节俗称“拉祜年”，是拉枯族内过年的节日，拉祜族过年分大年和小年。

第三节　热区农业生产结构

一、农林牧渔结构

普洱市 2018 年的农林牧渔业总产值为 292. 55 亿元，同比增长 6%。其中，农业产值 144. 35 亿元，增长 6. 5%；林业产值 54. 68 亿元，增长 5. 3%；牧业产值 69. 17 亿元，增长 5. 5%；渔业产值 17. 6 亿元，增长 6. 3%；服务业产值 6. 75 亿元，增长 6. 0%。

二、种植业生产结构

2018 年普洱市粮食播种面积 3 482. 93 平方千米，总产量 123. 69 万吨，同比增长 1. 23 万吨。其中，夏粮产量 15. 36 万吨，增长 3. 3%；秋粮产量 108. 33 万吨，增长 0. 7%。2018 年，谷物产量 114. 28 万吨，增长 1. 3%；豆类产量 4. 96 万吨，增长 1. 8%；折粮薯类产量 4. 55 万吨，减少 5. 5%。全年茶叶产量 11. 39 万吨，增长 5. 1%；油料产量 2. 06 万吨，下降 1. 8%；烤烟产量 5. 06 万吨，下降 2.04%；蔬菜产量 51.5 万吨，增长 2.1%；水果产量 33.28 万吨，增长 5.2%；咖啡产量 8.42 万吨，增长 13.3%。表 7-4 为 2018 年普洱市主要农产品产量及其增速。

表 7-4　2018 年普洱市主要农产品产量及其增速

农产品种类	产量/万吨	比上年增长/%
粮　食	123.69	1.0
油　料	2.06	-1.8
甘　蔗	251.37	3.7
烤　烟	5.06	-2.0
蔬　菜	51.50	2.1
水　果	33.28	5.2
茶　叶	11.39	5.1
橡　胶	7.43	8.6
核　桃	2.11	11.2
咖　啡	8.42	13.3
水产品	17.23	6.8

三、林业生产结构

2018 年年底，全市林业用地面积 4 917 万亩，占可用土地面积的 73.9%。其中，公益林 1 384 万亩、商品林 3 533 万亩。人工林 1 252 万亩，占全省人工林面积的 15.9%。森林覆盖率近 70%，高出全省近 10 个百分点。活立木蓄积量 2.69 亿立方米，占全省活立木蓄积量的 15%。活立木年生长量为 1 255 万立方米，年消耗量为 507 万立方米，实现了可持续发展。“十二五”规划以来普洱市完成营造林 460 万亩，其中人工造林 253 万亩，改造低效林 207 万亩。林工业基础较好，形成了年产木材 510 万立方米、锯材 30 万立方米、人造板 118 万立方米、集成材 3.8 万立方米、地板条 92 万平方米、浸渍胶膜饰面板 200 万平方米、纸浆 25 万吨、生活用纸 3 万吨、松香 27 万吨、松节油 7.2 万吨、树脂 10.5 万吨、歧化松香 8.1 万吨的生产能力。工业原料林基地建设卓有成效，累计建成以思茅松、桉树为主的原料林基地 265 万亩，提高了林产企业的原料保障能力。

四、牧业生产结构

2018 年肉类总产量 19.92 万吨，同比增长 4.8%，其中，猪牛羊肉产量 17.53 万吨，增长 4.6%；牛奶产量 136 吨，没有大幅度变化，禽蛋产量 17 137 吨，增长 8.8%；水产品产量 16.07 万吨，增长 6.4%。全年木材产量 221.34 万立方米，同比下降了 8.2%。

五、渔业生产结构

2018 年渔业养殖面积 99 平方千米，水产品产量 16.05 万吨，分别增长 1%、6.2%。截至 2017 年年底，普洱市的水产养殖面积共计约 56 万亩，其中池塘养殖面积 62 639 亩，水库养殖面积 85 779 亩，稻田养殖面积 100 279 亩，电站库区养殖面积 31 万亩。普洱市完成水产品产量 160 538 吨，其中水产养殖产量 136 281 吨，捕捞产量 24 257 吨。

六、特色农产品

1. 普洱茶

普洱因茶而名、因茶而兴，茶就像血液一样，说到普洱就不能不提到普洱茶。普洱茶是以公认普洱茶区的云南大叶种晒青毛茶为原料，后来经过发酵加工成的散茶和紧压茶。普洱茶有生茶和熟茶之分，生茶是自然发酵，熟茶经人工催熟。“越陈越香”被公认为是普洱茶区别于其他茶类的最大特点。普洱茶以外形色泽褐红、汤色黄而明亮、香气浓郁持久、滋味醇厚爽口而著称，含多种微量元素和维生素，经近代科学研究证明，普洱茶可以减肥、强身和防治一些慢性病，所以普洱茶在国内外市场上有很高的声誉，普洱茶著名企业有云南龙生绿色产业公司、墨江哈尼太阳普洱茶厂、普洱市翠云区思普古茶厂、宁洱县泰安茶厂、镇沅五一茶有限公司、景谷李记谷庄茶厂等。2018 年，全市茶叶面积 164.8 万亩，采摘面积 154.5 万亩，毛茶产量 11.65 万吨，综合产值 255 亿元，不论是其产值还是产量，都在云南省内位居第一。普洱茶品牌茶厂和公司有大益、八角亭—云南黎明农工商联合公司茶厂，易昌号—云南昌泰茶叶集团，郎河—勐海县郎河茶厂，福海—勐海福海茶厂，龙圆号—西双版纳古茶山茶业有限公司。景迈、邦崴、千家寨、无量山、板山、佛殿山、营盘山以及牛洛河是普洱市内非常著名的八个产茶地，其地理位置也遍布普洱市的各个方向，对普洱市的茶产业产生了深远的影响。值得一提的是，为探索品牌打造的新路子，2016 年普洱市启动了以景迈山古茶林为试点的普洱景迈山古茶林普洱茶品牌创建工作，目前已完成诚信联盟组建、产品标准制定、生产加工监控系统建设、产品检验等工作，并于2016年2月正式发布了普洱景迈山古茶林普洱茶，向市场推出一款有身份证、有履历、可查询、可追溯的普洱茶产品，打造“世界的普洱”迈出了坚实的步伐。

2. 墨江紫米

北回归线穿过了地球上19个国家和地区，而云南墨江哈尼自治县是北回归线唯一一个穿城而过的地方，所以墨江被称为“太阳转身的地方”。更神奇的是这里双胞孪生的现象突出，有1 200余对双胞胎，因此这里也被称为“双胞胎之乡”。墨江紫米居云南六大名米之首，自西汉以来一直就是皇室的“贡米”，素来有“米中极品”“药米”“紫珍珠”等美誉。墨江紫米的生长地为零污染的哈尼胶泥梯田，而种植墨江紫米也必须坚持零农药、零施肥的种植模式，因此产成的墨江紫米对人体没有任何危害，属于纯天然的绿色食品。墨江双胞胎出生率如此之高，据当地人说除了水源，也跟长期食用紫米有关系。而墨江紫米的原产地也在当地建立了优化品种种植基地，对墨江紫米进行进一步的品种提升，截至目前共计培育了71个新品种，并将其中较成功的两项进行了大力推广。2016年全县发展墨江紫米基地33. 333平方千米，生产紫谷1. 3万吨以上，农业产值突破13亿元，计划到2020年全县紫米种植达60 000亩，紫谷总产量达16 800吨以上，农业总产值达1. 6亿元以上。紫米产品主要分为食品加工的产品和紫米酒产业的产品两大类，传统的食品加工的产品有紫米粑粑、紫米汤圆、紫米米干、紫米米线、紫米米糕等；紫米酒产业的产品主要有紫米封缸酒、紫米酒、紫米花雕酒等。紫米酒产业的企业主要是墨江县地道酒厂、墨江酒江酒业、龙坝乡黑树林哈尼紫谷焖锅酒坊等。墨江紫米已经是被云南省农业农村厅认证为当地有名的农产品品牌。

3. 普洱咖啡

提起普洱，人们一定最先想到的是普洱茶，而普洱咖啡却经常被人遗忘。或许许多人都不知道，普洱这块天赐的宝地不仅是世界茶园，而且是中国重要的咖啡产区，无论是种植面积还是产量都占据了中国咖啡业的半壁江山，是名副其实的咖啡之都。咖啡的质量与产地的地理位置有着极其紧密的联系，往往顶级的咖啡都产自北回归线附近，而普洱正是处于北回归线附近，因此其具备了良好的咖啡生产条件。由于得天独厚的地理位置和特殊的气候环境，普洱咖啡品质优越、风味独特，被世界著名咖啡公司青睐。事实上，星巴克、雀巢、麦斯威尔卖的咖啡大多产自普洱。2017年，普洱市咖啡种植面积78. 9万亩，咖啡豆产量 5.86 万吨，总产值达 24.69 亿元，80%以上的咖啡出口。普洱当地的咖啡产业已经成为其特色农产品的重要组成部分之一，为当地的经济发展以及文化传播起到了十分关键的作用。爱伲集团是当地有名的龙头企业，爱伲咖啡是爱伲集团旗下重点打造的中国咖啡全产业链民族品牌，从种植、加工、烘焙、产品研发、品牌营销到咖啡馆连锁加盟和运营管理，都是由公司内部运营。漫崖咖啡公司立志打造普洱咖啡本土品牌，现投入市场的“漫崖”品牌咖啡产品包括原料级咖啡豆、烘焙咖啡豆（粉）、咖啡固体饮料（速溶咖啡），咖啡糖果（糕点）、咖啡器具五个系列数十个单品，包装从简装、精装到礼品装档次齐全、包装精美，深受消费者喜欢。

4. 镇沅瓢鸡

在普洱市镇沅县，有一种长相奇特的鸡，因为它们没有尾巴，像个葫芦瓢，被当地人形象地称为瓢鸡或轱辘鸡。事实上，瓢鸡不仅没有尾巴，从身体结构上看，它与其他鸡相比，还少了尾椎骨、尾棕骨、尾脂腺，通俗地讲，它就是没有鸡翘的鸡。别看瓢鸡长得怪，吃过的人可都赞不绝口。瓢鸡肉质细腻，鸡皮爽脆，脂肪含量少，炖煮出的鸡汤清亮鲜甜。瓢鸡无论用哪种方式烹制，其香喷喷的味道都能“秒杀”你的胃。目前，瓢鸡已经成为镇沅县响亮的一块金字招牌。截至 2017 年，全县共建设瓢鸡养殖基地 8 个，养殖合作社 44 个，带动 15 860 户农户养殖瓢鸡，当年出栏 120.84 万羽，瓢鸡保种提纯有了较大突破，受精率达 90%，孵化率 93%，纯度 86.5%。瓢鸡是镇沅县的特色家庭品种，多年来，瓢鸡在保种的基础上，以镇沅云岭广大瓢鸡原种保种有限公司为龙头企业，其发展模式是“政府+公司+基地+农户+合作社”。

5. 西盟米荞

荞麦有甜荞、苦荞、翅荞和米荞四种，其中米荞是荞麦中的精品。米荞曾经在云南省普洱、西双版纳、临沧等地区生长过，如今几乎濒临灭绝。在全国范围内，其仅在西盟县有少量分布，因此又被称为“西盟米荞”，被誉为“五谷王中之王”，具有抗炎、抗氧化、抗肿瘤、抗血小板聚集的作用。长期食用米荞对于治疗高血脂、高血压、高血糖、糖尿病、心血管病等有独特功效。另外，米荞还能减肥、美容养颜、增强免疫力，是老少皆宜的养生保健食品。普洱地区内米荞的种植面积约为 2 万亩，年产量可达到 1 000 吨。由于其得天独厚的自然生长环境，成熟的米荞不但产量较高，质量也极好，可谓真正的纯天然绿色无污染食品，并且其产于山上，富含大量的微量元素以及人体必需的矿物质元素，常年食用对身体健康有着极大的好处，且米荞中的蛋白质、钙、铁等营养素的含量都比其他品种高出不少，据测试，米荞的蛋白质含量为7.92%，芦丁含量为1.2%，磷含量为0.37%，钾含量为0.3%，镁含量为0.18%，钙含量为204毫克/千克，铁含量为19.9毫克/千克等。现在，西盟县要加快建立龙头企业，加大农产品的对外销售力度，实现产销一体化，从而带动当地的经济发展。

6. 景东核桃

景东核桃历史悠久，口碑极好，其产地具有独特的地理优势，因此产成的果实个大肉肥，口感醇甜爽净，倍受消费者青睐，属于云南核桃中的优质产品，是国家地理标志保护产品。说起吃核桃，大多数人吃的是干核桃，不过对于核桃产区的景东人来说，新鲜核桃吃起来才有味。和干核桃相比，鲜核桃含有丰富的维生素，营养成分流失少，同时水分大，油脂低。去皮后的鲜核桃仁可以直接食用，也可以榨汁、凉拌、素炒或用清水煮熟吃。据统计，2015年全县核桃种植面积达58.9万亩（其中收获面积23.5万亩，未收获面积35.4万亩），产量8 891.9吨。从事核桃种植农户涉及全县的146个村、1 455个村民小组4万多户12万人。景东全县核桃产业总产值达5.4亿元。景东县的核桃生产企业有20余家，其中年产量可以达到500吨的有5家，有4家为核桃深加工企业，其中核桃乳生产企业1户，核桃油生产企业3户。

七、农产品贸易及特点

普洱市咖啡产业具有现代化的经营理念，并且其生产加工规模还在逐年扩大，不断进步。据数据库统计显示，云南省每年的咖啡总产量约为10万至14万吨，占中国咖啡产量的95%以上，而普洱市作为云南省的大规模咖啡产地，无论从种植面积还是产品规模上都不容小觑。2017年，普洱市咖啡种植面积达78.9万亩，咖啡豆产量5.86万吨，总产值达24.69亿元，80%以上的咖啡出口至其他国家或地区。咖啡产业的不断发展不但为当地的农民增加了收入，而且也给普洱市带来了可观的经济收益。据海关统计，2018年，我国茶叶出口36.5万吨，同比增长2.7%，金额17.8亿美元，同比增长10.5%。在价格方面，绿茶4.04美元/千克，同比增长4.9%；红茶8.5美元/千克，同比增长8.99%；乌龙茶9.52美元/千克，同比增长30.7%；花茶9.57美元/千克，同比增长15.91%。以上四类茶叶的出口量已经达到了一定规模并且还保持稳步增长的态势。其中绿茶出口30.3万吨，同比增长3%，出口金额12.2亿美元，同比增长7.9%，出口保持上行态势。主要的销售市场贸易量呈现出不同程度的增长态势，其中最大市场——摩洛哥出口 7.7 万吨，同比增长 3.5%，出口金额 2.4 亿美元，同比增长 3.8%。乌龙茶出口 1.9 万吨，同比增长 17.2%。花茶出口 6 917 吨，同比增长 12.2%。“十二五”规划以来，普洱市认真贯彻落实国家、省沿边开发和开放战略，加大对外开放力度，加快推进国家绿色经济试验示范区、沿边金融综合改革试验区、勐康口岸、孟连（勐阿）边合区等平台建设，努力培育外贸竞争新优势，鼓励外贸企业扩大农产品等资源性产品进口，巩固日用百货、机电、电子、服装等传统商品出口优势，积极培育松香、咖啡、生鱼片等具有普洱特色优势的出口产品。普洱市不断扩大出口规模，积极推行跨境人民币结算业务，扩大外贸合作范围，提升外贸合作层次。2018 年，普洱市完成进出口总额 17 060 万美元，同比增长 49.0%；其中，出口 9 539 万美元，同比增长 138.8%；进口 7 521 万美元，同比增长 0.9%。在进出口总额中，一般贸易进出口完成 8 428 万美元，同比增长 178.0%，其中，出口 8 246 万美元，同比增长 182.0%；进口 182 万美元，同比增长 73.0%。边境贸易进出口 8 619 万美元，同比增长 2.5%；其中，出口 1 281 万美元，同比增长 20.7%；进口 7 338 万美元，同比下降 0.1%。图 7-7 所示为 2012—2016 年普洱市进出口额情况。

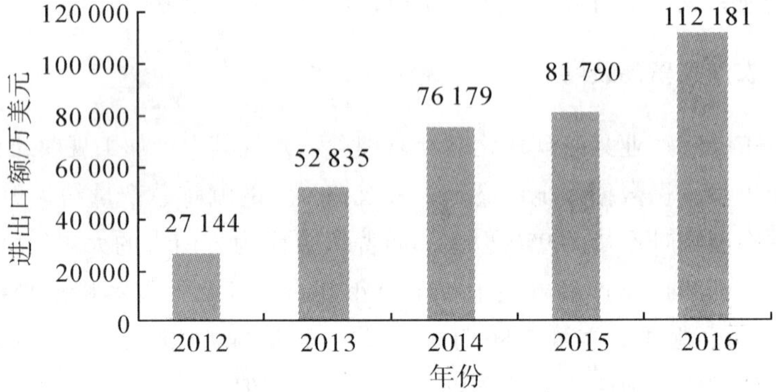

图 7-7　2012—2016 年普洱市进出口额

第四节　农业产业发展模式及特点

一、“生态+产业嫁接”的普洱生态农业发展模式

普洱的产业模式利用生态优势做强相关农业产业，并且坚持生态与产业链的紧密结合，从源头上把控品质，用品质带动经济收益，实现最终的产业链结构优化。而在这个过程中，我们必须注意以下几点：

（1）实施大生态工程以推进生态建设。首先要抓好天然林保护和造林工程、退耕还林工程、野生动植物和自然保护区工程、速生丰产商品用材林基地建设工程、中低产林改造工程、降低森林消耗工程。建立生态林的生态补偿机制和商品林的后续资源补偿机制；然后重点抓好水利工程建设，建设水库和发电站；接着实施“三废”治理措施和节能减排工程措施；最后建设人居环境工程。

（2）发展三大产业，振兴绿色经济，注重保护环境。首先要建设生物资源开发创新基地；然后建设国家级现代林业开发区，建设绿色生态旅游区，建设健康休闲旅游区；最后建设云南重要的水电基地。市政府计划，截至2020年要在澜沧江干流建立16座水力发电站，总装机容量1 086.8万千瓦，年发电量将达500亿千瓦时，并且将创造近15亿元的税收利润，为国家的电力工程建设打下良好的基础。

（3）生态与产业嫁接结出丰硕之果。首先，生态环境得到明显改善，包括森林生态效益，生物生态效益和水生态效益；其次，经济效益得到不断提升，包括林业经济效益、生物经济效益、旅游经济效益、水利经济效益；最后，产业化与自然生态的良好结合也将更加契合，从根本上解决普洱地区的全面小康建设问题，增加工作岗位，提供工作机会，为广大农民谋取更多的福利。普洱市依托强势支柱产业积累资金，综合发展其他产业，科学经营林业，盘活了资本，农村集体经济实力不断提升，普洱地区的农业化模式逐渐健全，产业文化不断发展壮大。

二、“送教下乡+职业农民+产业”的农民培训创新发展模式

通过“送教下乡”办学模式，更多的农村青年劳动力获得了学习的机会，并可以选择不同的技术进行深造，以提升自身就业资本，也能自主创业或再就业，最终成为新农村建设“留得住、用得上”的技术人才。“送教下乡”办学

模式主要采用“半农半读”的教学方式，先对受教育对象进行综合素质的提升，主要包括基础知识和专业技术，以及思想水平和身体素质的培养，打造新型、科学的全方位青年农业工作者。虽然普洱农业学校的教育背景在当地比较深厚，但受到当地产业链结构等因素的影响，该学校面临很大的危机。与企业合作举办的“送教下乡”的教学模式，可以结合农村实际的发展情况使得所学知识符合当地农民的需求，这一模式得到了各级领导的高度重视。企业、行业协会、乡政府积极支持配合，学校建班立制，加强学生管理，从各方面了解学生的基本情况。为提高教学质量，加强教学创新，普洱市通过了解受教育对象的实际学习需求进行课程的设立以及教学；对教学老师进行系统的培训，以保证其教学的专业性和教育性。此外，普洱市也应当学习其他教学模范地区的教学模式，严格进行教学质量测评以及师资力量考核，保证受教育对象学习知识的准确性和实用性；对于学生的出勤也应当设立奖惩标准，严格控制上课时间和效率，以保证学生能在课堂上学到有利于农产品种植工作的理论知识。

三、“名山+名茶+产业”的普洱茶产业发展模式

普洱市实施的茶山品牌三年行动计划，是继2017年景迈山品牌而推出的。2018年普洱也借助普洱山、凤凰山等普洱茶名山的效应，致力于打造一流的普洱茶品牌，从基础生产环节到产品的质量再到产品的知名度，实现一条龙的产业发展模式。除此之外，普洱市对于“名山+名茶+产业”的发展模式还将采取进一步的发展措施，争取不断提高茶品牌的知名度。从市场的反馈结果来看，普洱市的景迈山古茶林普洱茶广受好评，深受市场和消费者的青睐。古茶林普洱茶产品不但对当地茶叶的价格起到了提升的作用，对于普洱市的整体经济环境也有所改善。受此影响，普洱市景迈山景区的知名度也获得了进一步提升，每年来此旅游的游客数量都接近100万人，同比增长36%。2017年，普洱市茶叶的种植面积和产值就跃居云南省第一，全市共有茶园300万亩，其中有机茶园30万亩，栽培型古茶园18万亩，茶产业综合产值达到230多亿元。普洱山位于宁洱县境内，拥有栽培型古茶树3 160亩。困鹿山作为最为核心的茶叶生产基地，不但是曾经的皇家专用茶园，而且是清代普洱贡茶厂的设立之处。该地产出的茶叶清香悠远，令人唇齿留香。墨江县的凤凰山境内，共计有古茶园5万多亩，年茶叶产量可达到400吨，此地产出的茶叶有当地特有的松柏气息。普洱山和凤凰山两个品牌的产品，与景迈山古茶林普洱茶品牌的产品一样，均是经过层层加工和一道道质量检测的产物，也正是基于如此高标准、严要求的监管，其产出的茶叶才能广受购买者的好评，普洱地区的茶文化才能

得到不断推广。

四、“民族文化+乡村旅游”的民族地区乡村率发展模式

普洱市总共有九个县和一个区，其中，澜沧是全国唯一的拉祜族自治县，墨江是全国唯一的哈尼族自治县。娜允拥有中国现存的最后一个傣族土司古城，孟连县为省级历史文化名城。普洱市有旅游景点40余处，其中A级景区景点9个。其中比较出名的九个旅游景点，思茅区有4个，分别为思茅梅子湖公园、普洱太阳河国家公园、普洱中华普洱茶博览苑、思茅小黑江森林公园。墨江有一个北回归线标志园，景谷有一个威远江，镇沅有一个千家寨，孟连有一个娜允古镇，西盟有一个勐梭龙潭。2018年1—4月，普洱市所接待的境外游客总计3.6万人，同比增长20.34%，同时，接待的境内游客数量高达1 090.72万人次，同比增长24.94%；全市旅游总收入达到997 197.22万元，同比增长20.39%。2018年普洱市的境内外旅游总人数以及创造的旅游产业总收入都达到了峰值。根据这种发展模式，普洱市不断加大宣传促销力度，文化旅游产品不断推陈出新。随着当地交通网络的不断完善，接待游客的上限也在不断提升。伴随着国家对基础建设投入力度的加大，普洱市也不断进行旅游线路的优化，加强主干路维护，拓展分支路线，加大乡村旅游建设，每个乡重点建设1个景点；在设计和规划中重点突出当地民族特色和传统文化，有的地方还根据当地的地理优势建设了果园以让游客采摘，能够丰富游客的游览体验；增强当地文化特色的传播，将房屋建设和服饰都统一起来，与四周环境完美的融合；利用哈尼族、彝族、傣族等各少数民族不同的风俗习惯，并将具有特色的当地农产品或是副产品进行进一步加工，作为旅游纪念物或是当地特产销售给前来参观的游客，这种做法一方面可以推进当地文化的弘扬进程，另一方面也可以促进当地经济发展，使得乡村的各家各户都有一定收入。目前澜沧县老达保村已经成为国内外知名的音乐乡村。

第八章 红河州热区农业发展模式

红河哈尼族彝族自治州（简称“红河州”）位于中国云南省东南部，东接文山，西邻玉溪，北连昆明，南与越南接壤，北回归线横贯东西。红河州是云南省第四大经济体，部分社会经济指标和经济总量居全国30个少数民族自治州之首。红河州自然资源丰富、农业生产条件优越。本章拟就红河州内热区资源的分布和特点，以及农业发展情况做简要概述。

第一节 热区农业自然资源

一、土地资源、耕地资源、林地资源

1. 地形地貌

红河州地处云南省东南部，位于东经101°47′~104°16′，北纬22°26′~24°45′，与越南毗邻，国境线长848千米。地势东南低西北高，地形分为河谷、盆地（坝子）、山脉、岩溶高原4个部分。红河大裂谷把境内地形分为南北两部分，北部为岩溶高原区，盆地、河流、山脉相间排列，喀斯特地貌比较突出，地势较为平缓，著名的弥勒白龙洞、泸西阿庐古洞、开远南洞、建水燕子洞等大型地下溶洞就分布在这片岩溶高原地区；南部为哀牢山余脉，地形错综复杂，山高、谷深、坡陡。河口县红河与南溪河汇合处是红河州最低处，也是云南省海拔最低点，海拔仅有76.4米；最高处位于锦屏县西南部西隆山，海拔为3 074.3米。

2. 土地

红河州土地面积为32 930平方千米，农用地为27 246平方千米，占土地总面积的82.74%，其中耕地面积为2 630平方千米，园地面积为1 709平方千米，牧草地9平方千米；国有林场备案登记国有林场经营总面积1 787平方千

米，占土地总面积的5.43%，其中林业用地面积1 580平方千米，建设用地1 024平方千米，其中水利设施用地99平方千米、交通运输用地118平方千米、居民点及工矿用地807平方千米①。

二、气候资源

红河州地处低纬度亚热带高原型湿润季风气候区，气候类型多样，在复杂多样的地形与大气环流的条件下，形成了独特的高原型立体气候。红河州内四季更替不是很明显，但雨、干季节区分较为显著，每年5~10月为雨季，降雨量达到全年降雨量的80%以上，6~8月是连续降雨强度最大的时段。据统计，红河州内海拔2 000米以上的山区，极端气温为-9.0℃和31.5℃，年平均气温为16.3℃；降雨具有强度大、持续时间长的特点，年平均降雨量为2 026.5毫米，日最大降雨量可达212.4毫米。在海拔2 000米以下的河谷、山间盆地地带，年平均气温分别为17.2℃、23.4℃，极端气温为-2.0℃、40.7℃；降雨量与山区比相对较小，但仍然有暴雨集中、强度大的特点，年平均降雨量为817.2毫米、1 688.7毫米，年最大降雨量为2 257.2毫米，一日最大降雨量为144.7毫米。

三、生物资源

红河州有7个自然保护区（其中3个是国家级自然保护区），保护区内野生动植物品种繁多，被誉为天然动植物王国和滇南生物基因库。州内依次分布着山顶苔藓矮林、山地苔藓常绿深阔叶林、湿润雨林、季节雨林。在我国范围内，红河州是唯一一个同时分布有热带山地森林垂直带和湿润雨林系列且保存最完整的地区。境内有野生种子植物229科1 530属5 667种，植物有灰竹、黄心树、青枫树、双扇蕨、藤条等珍稀树种，其中裸子植物29种，被子植物5 638种；有国家重点保护野生植物82种，其中国家一级重点保护野生植物有金花茶、苏铁等23种，国家二级重点保护野生植物59种，有陆栖脊椎野生动物690种；动物有金丝猴、懒猴、长臂猿、蟒蛇、穿山甲、棕熊、黑熊等珍稀动物。国家重点保护野生动物102种，其中国家一级重点保护野生动物有绿孔雀、金钱豹、黑冠长臂猿、马来熊等21种，国家二级重点保护野生动物81物；中草药911种，有野三七、香菌、杜仲、砂仁、木耳、重楼、山乌龟等林特山珍和南药，其中矿物药1种，动物药140种，植物药770种。

---

① 红河州地方志编纂委员会办公室. 红河州年鉴［M］. 昆明：云南人民出版社，2018.

四、矿产资源

红河州地处滇西、滇东、滇东南三大成矿带交接部，地质成矿条件极好，具有丰富的矿产资源。2017 年，红河州发现矿床（点）500 余处，探明或开采的黑色金属、有色金属、非金色矿产共有 49 种。

五、乡村旅游资源

红河州的旅游业起步于 20 世纪 90 年代，旅游景区风光绚丽多彩，民族文化和民族风情更是奇艺独特、千姿百态。

目前国家级旅游资源主要有：国家重点风景名胜（泸西阿庐古洞风景名胜区、建水风景名胜区）；国家重点文物保护单位（建水文庙、建水纳楼长官司署指林寺大殿、双龙桥、朝阳楼、陈氏宗祠与陈氏民居、五家寨铁路桥、企鹤楼、个旧鸡街火车站、蒙自海关）；国家级历史文化名城（建水县城国家 4A 级旅游景区泸西阿庐古洞、建水燕子洞；国家自然保护区屏边的大围山自然保护区、黄连山自然保护区、分水岭自然保护区）；国家级口岸（河口与金水河金平县）；国家森林公园（花鱼洞）。

第二节　热区社会经济发展情况

一、基础设施

1. 交通

红河哈尼族彝族自治州位于云南省东南部，东邻文山，西接玉溪，北连昆明，南与越南社会主义共和国接壤，北回归线横贯东西，是我国通往越南地区的边境咽喉。

红河州全州公路通车里程 23 224 千米，其中等级公路共 20 687 千米，等外公路 2 537 千米，高速公路通车里程达 637 千米。全年公路旅客运输周转量 247 736 万人千米、完成公路旅客运输量 3 718 万人，运输完成货物运输周转量 1 142 789 万吨千米、货物运输量 9 755 万吨。在建公路为泸西至弥勒（一期）高速公路、蒙文砚高速公路、蒙自绕城高速公路新鸡段等。

2017 年红河州在建铁路有弥蒙高铁、蒙自至文山铁路、蒙河铁路、云桂铁路（红河段）。

2017 年红河州有四个机场在建设中，其中包括两个民用机场和两个通用机场，它们是红河蒙自民航机场、哈尼梯田民航机场（元阳）、泸西通用机场、弥勒通用机场。

2. 水利设施

红河规划区现有水库（坝塘）216个，储水量13 307.3万立方米，可利用量12 371万立方米，现有水池（水窖）11 202个，储水量37 705.5万立方米，可利用量75.9万立方米，现有沟渠14 709千米，正常使用量13 692.2千米。同时，红河通过部分水利项目的实施，已建成喷滴灌设施农业面积共14 620亩①。

红河州境内通航河道共有9条，河道总长度768.47千米。红河州有42个渡口，363艘各类船舶，全年完成货运周转量416 790吨千米、货运量27 786吨；客运周转量518.9万人千米，客运量37.5万人。

3. 农业基础设施

红河州水库497座，水库总容量11.32亿立方米，耕地灌溉面积1 827平方千米，水利投资74.82亿元，同比增长27.3%，自来水受益村数1 112个，通有线电视村数790个，通宽带村数1 033个，农村用电量11.23亿千瓦时②。

二、人口

红河州有多个民族聚居地。2018年年末，全州常住人口数474.4万人，常住人口城镇化率47.9%，自然增长率6.83‰。户籍人口为465.78万人，汉族人口有180.77万人，少数民族人口有285.01万人，少数民族人口占总人口的61.2%，户籍人口城镇化率33.7%③。图8-1所示为红河州第六次全国人口普查人口年龄构成。

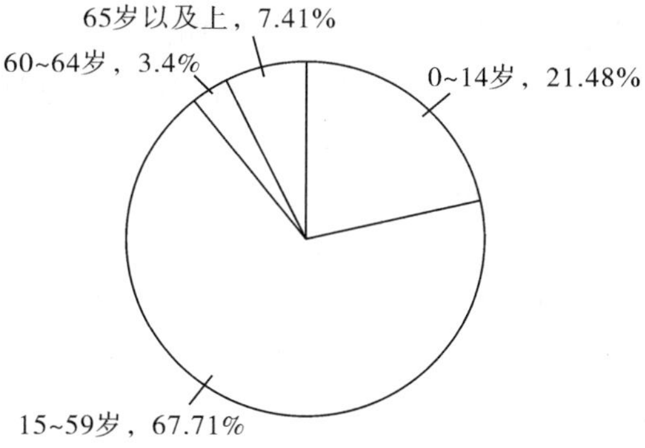

图8-1　红河州第六次全国人口普查人口年龄构成

① 云南省统计局. 云南统计年鉴［M］. 北京：中国统计出版社，2018.

② 云南省统计局. 云南统计年鉴［M］. 北京：中国统计出版社，2018.

③ 红河州地方志编纂委员会办公室. 红河州年鉴［M］. 昆明：云南人民出版社，2018.

全州普查实际登记6周岁及以上人口中，具有小学文化程度的有205.25万人；初中文化程度的有114.01万人；高中（含中专）文化程度的有33.96万人；大学文化（大专以上）程度的有18.06万人。

全州普查实际登记15岁及以上人口中，文盲人口为31.47万人，同第五次全国人口普查相比，文盲人口减少32.03万人，文盲率下降了8.38个百分点。图8-2所示为红河州第六次全国人口普查受教育情况[①]。

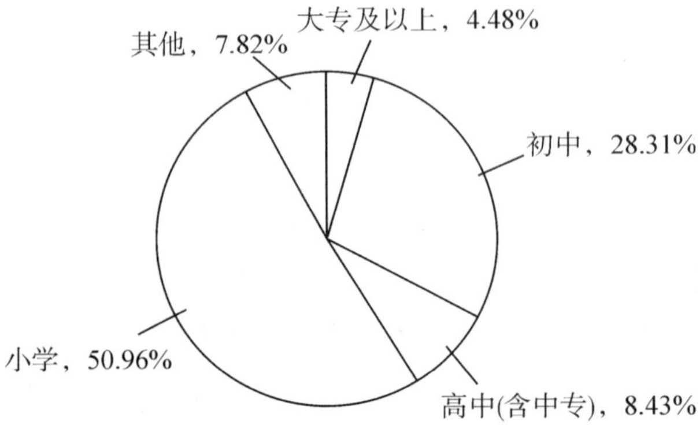

图8-2　红河州第六次全国人口普查受教育情况

三、经济

1. 经济总体情况

2018年全州实现地区生产总值1 593.77亿元（如图8-3所示），经济总量居全省第三，较上一年增长9.7%，增速居全省第四；一般公共预算收入142.3亿元，较上一年增长0.7%；固定资产投资增长16.9%；社会消费品零售总额420.8亿元，较上一年增长12.1%；城镇和农村常住居民人均可支配收入分别达33 396元、11 330元，分别增长8.4%、9.4%；城镇登记失业率为3.28%。第一产业增加值234.05亿元，较上一年增长6.3%；第二产业增加值759.99亿元，较上一年增长12.8%；第三产业增加值599.73亿元，较上一年增长6.00%。三次产业结构为14.69∶47.68∶37.63[②]。图8-3所示为红河州2013—2018年地区生产总值及增长速度，图8-4所示为红河州2013—2018年三次产业增加值占国内生产总值比重。

---

① 第六次人口普查委员会. 2010年第六次全国人口普查主要数据公报（第1号）[R]. 北京：第六次人口普查委员会，2010.

② 红河州地方志编纂委员会办公室. 红河州年鉴 [M]. 昆明：云南人民出版社，2018.

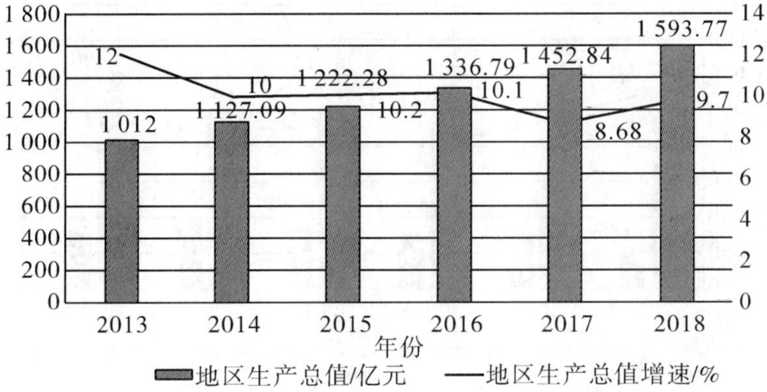

图 8-3　红河州 2013—2018 年地区生产总值及增长速度

数据来源：《云南省统计年鉴 2013—2018》。

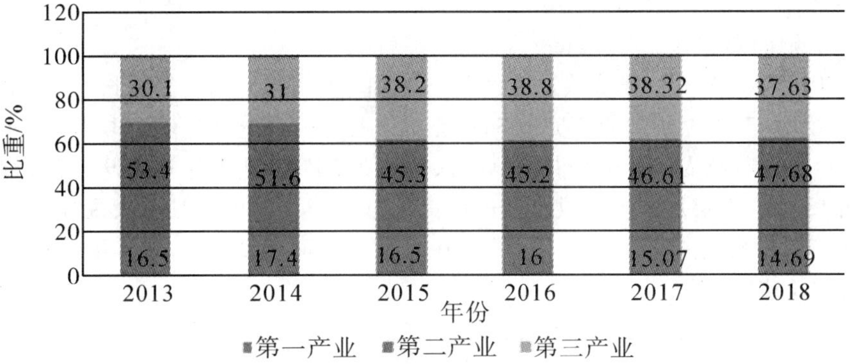

图 8-4　红河州 2013—2018 年三次产业增加值占国内生产总值比重

数据来源：《云南省统计年鉴 2013—2018》。

2. 居民收入

2018 年，红河州城镇常住居民人均可支配收入为 33 396 元，增速为 8.4%，增速高于全省平均水平 0.4 个百分点。红河州农村常住居民人均可支配收入为 11 330 元，增长 9.4%，增速高于全省水平 0.2 个百分点①。图 8-5 所示为红河州 2013—2018 年城乡居民收入及增长速度。

① 红河州地方志编纂委员会办公室. 红河州年鉴 [M]. 昆明：云南人民出版社，2018.

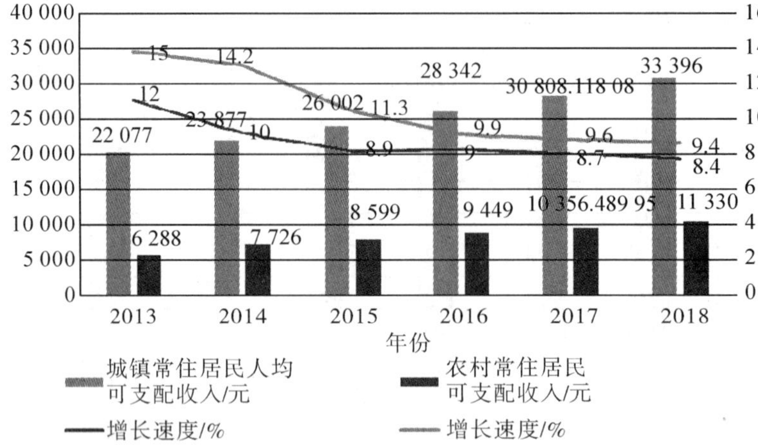

图 8-5　红河州 2013—2018 年城乡居民收入及增长速度

数据来源：《云南省统计年鉴 2013—2018》。

3. 财政总收入

2018 年，全州一般公共预算收入完成 142. 3 亿元，比上年增长 0. 7%，增收 1 亿元。其中，税收收入完成 84. 1 亿元，比上年增长 19. 8%，增收 13. 9 亿元。全州税收收入占一般公共预算收入比重为 59%，比上年提高 9 个百分点，全州 13 个县市及州本级税收收入占比都超过 50%。其中，县市级税收收入占比 54. 7%，州级占比 70. 3%①。图 8-6 所示为红河州 2013—2018 年财政总收入及增长速度。

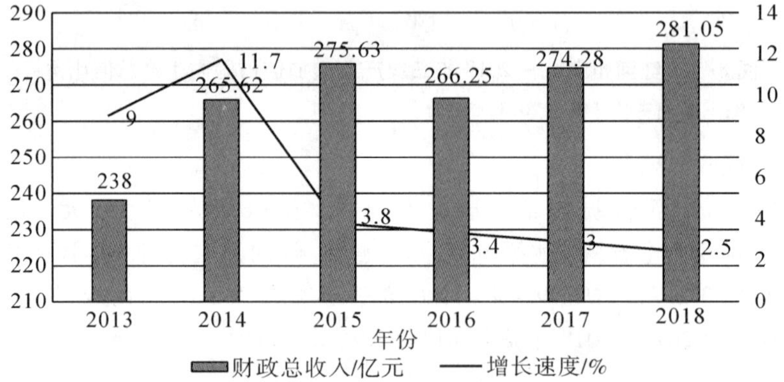

图 8-6　红河州 2013—2018 年财政总收入及增长速度

数据来源：《云南省统计年鉴 2013—2018》。

---

① 红河州地方志编纂委员会办公室. 红河州年鉴［M］. 昆明：云南人民出版社，2018.

四、民族

红河州是一个多民族聚居的少数民族自治州，民族聚居区占红河州土地面积的98%，少数民族人口有241万人，少数民族占红河州总人口的57.5%。红河州少数民族以彝族和哈尼族为主，彝族达108.58万人，占总人口的24.48%；哈尼族达80.86万人，占总人口的18.23%。人口超过10万人的有彝族、哈尼族、壮族、傣族、苗族。

五、传统文化

红河州是一个多民族聚居的少数民族自治州，其传统文化丰富多彩。红河州州级非物质文化遗产项目共有148项，其中彝族海菜腔、彝族烟盒舞、蒙自过桥米线制作技艺、"哈尼哈吧"等更是被评为国家级非物质文化遗产。

彝族海菜腔是云南彝族特有的民歌，闻名海内外，主要流传于云南省红河哈尼族彝族自治州石屏县彝族尼苏人村落，因此俗称为石屏腔。石屏彝族海菜腔与沙悠腔、四腔、五山腔并称"四大腔"。明清时期，海菜腔在形成与发展的过程中，深受汉族移民所带来的汉族文化影响。20世纪50年代以来，随着其他文化娱乐形式的传入及男女交际习俗"吃火草烟"的消亡，现在已经很少有能完整歌唱成套海菜腔的"曲子师傅"或"曲子老板"（对著名歌手的尊称）。

石屏彝族烟盒舞流传于云南省红河哈尼族彝族自治州石屏县的彝族村寨，又被称为"垄偬""跳弦"等。彝族烟盒舞包括杂弦和正弦两部分，在发展和流传的过程中，其逐渐形成了山区和坝区两种风格以及多种流派，在鼎盛时期，舞蹈套路多达220套，目前仅收集整理了117套，其中杂弦55套，正弦62套。舞蹈形式分为双人舞、三人舞和群舞等，舞者在四弦的伴奏下，手持旧时盛火草烟的圆形木制烟盒，弹击盒底击节作舞。石屏彝族烟盒舞技巧多样，个性鲜明，著名的技巧动作有"倒挂金钩""蚂蚁搬家""仙人搭桥"等。

"哈尼哈吧"在哈尼语中意为哈尼古歌，是中国哈尼族民间文学的重要组成部分，在哈尼族社会生活中流传广泛。"哈尼哈吧"在民间影响深远，是有别于哈尼族山歌、情歌、儿歌等种类的一种古老歌唱调式。"哈尼哈吧"是世代以梯田农耕生产、生活为核心的哈尼人教化风俗和规范人生的"百科全书"，它涉及哈尼族古代社会的大多数生产、生活，包括文学艺术、婚嫁丧葬、宗教祭典、生产劳动、伦理道德、人文规范、吃穿用住等。"哈尼哈吧"于2008年3月申报为第二批国家级非物质文化遗产名录。

第三节　热区农业生产结构

一、农林牧渔结构

红河州农业经济发展稳定，农业生产总值和农产品产量不断提高。2018年红河州全年实现农林牧渔业生产总值385.43亿元，比上一年增长6.2%。全年粮食总产量达179.63万吨，人均粮食产量379千克。猪、牛、羊肉总产量达40.33万吨，人均产量85千克。

二、种植业生产结构

红河州各级农业部门围绕百万亩高原特色农业示范区、南部山区综合开发的建设项目，以发展壮大六大特色产业为抓手，围绕“电、路、水”产业进行结构调整，推进百万亩高原特色农业示范区建设，培育新型农业经营主体，加快培育“四大特色产业群”和“六个百万亩优势产业群”，从而促进全州粮食、蔬菜、水果、马铃薯等特色优势产业的发展。表8-1所示为红河州种植业各品种播种面积。

表8-1　红河州种植业各品种播种面积　　单位：平方千米

品种	粮食	稻谷	玉米	油料	甘蔗	烤烟	蔬菜	其他
播种面积	3 941	839	1 334	167	208	351	1 226	424

数据来源：《云南省统计年鉴2018》。

三、林业生产结构

红河州以“森林红河”为建设总纲，以生态环境保护为根本，扎实推进林业生态工程、森林质量精准提升示范工程、“两园”建设等工作，林业生产结构不断得到优化。红河州人工造林面积241平方千米，森林抚育作业面积243平方千米，零星（四旁）植物494万株，育苗面积13.97平方千米。表8-2所示为红河州主要林产品产量。

表 8-2　红河州主要林产品产量　　单位：万吨

年份	橡胶	松脂籽	核桃	板栗	紫胶
2017	1.73	0.01	0.98	0.23	0.02
2016	1.61	0.01	0.89	0.24	0.08
2015	1.76	0.01	0.72	0.20	0.06
2014	1.71	0.01	0.47	0.13	0.06
2013	1.92	0.01	0.34	0.18	0.06

数据来源：《云南省统计年鉴 2013—2017》。

四、牧业生产结构

红河州积极引进畜牧业龙头企业，全力推进畜牧业规模化养殖、标准化生产、产业化经营，实现畜牧业生产提质增效。据统计，红河州出栏生猪 403.95 万头，增长 11.6%；出栏牛 37.69 万头，增长 11.9%；出栏羊 86.65 万只，增长 7.9%；出栏家禽 4 667.96 万只，增长 9.4%；肉类总产量 47.48 万吨，增长 11.0%。其中，猪肉产量 34.61 万吨，增长 10.5%；牛肉产量 4.33 万吨，增长 15.5%；羊肉产量 1.39 万吨，增长 13.9%；禽肉产量 7.08 万吨，增长 9.6%。饲养规模不断扩大，生猪存栏 312.03 万头，增长 7.1%；牛存栏 104.89 万头，增长 7.5%；羊存栏 114.28 万只，增长 14.6%①。表 8-3 所示为红河州畜产品产量。

表 8-3　红河州畜产品产量　　单位：万吨

年份	猪肉	牛肉	羊肉	奶类	纯羊毛	禽蛋	蜂蜜
2017	75.96	6.71	1.54	9.81	49	17.24	0.02
2016	74.02	6.52	1.43	9.26	48	15.30	0.02
2015	73.04	6.35	1.39	8.41	59	14.87	0.02
2014	68.70	5.55	1.60	6.02	13	11.00	0.02
2013	59.79	3.92	1.21	4.23	54	9.15	0.041

数据来源：《云南省统计年鉴 2013—2017》。

① 红河州地方志编纂委员会办公室. 红河州年鉴 [M]. 昆明：云南人民出版社，2018.

五、渔业生产结构

据统计，全州水产养殖面积有 204 074 亩，其中，池塘 45 199 亩，水库 79 475 亩，湖泊 79 400 亩，稻渔综合种养 460 049 亩、冬水田养鱼 250 113 亩，分别比去年增长 0.4%、2.9%，减少 0.6%，增长 2.2%、4.1%。电站库区网箱 574 亩，比去年增加 2 亩。

全州生产鱼苗 325 581 万尾、鱼种 2 849 吨，分别比上年减少 4.1%、增长 14.1%，其中：生产鲤鱼苗 114 121 万尾、家鱼苗 113 286 万尾、罗非鱼苗 2 296 万尾、鲫鱼苗 67 020 万尾、观赏鱼苗 22 118 万尾、其他鱼苗 6 740 万尾；鲤鱼种 1 340 吨、家鱼种 765 吨、罗非鱼种 264 吨、鲫鱼种 299 吨、观赏鱼种 84 吨、其他鱼种 96 吨。在保证全州渔业生产发展需要的同时，全州的渔业类产品还销往省内各州、市和贵州、广西等省外及越南市场，红河州已成为云南省重要的鱼苗生产基地之一。表 8-4 所示为红河州水产品产量。

表 8-4　红河州水产品产量　　单位：万吨

年份	养殖产量	捕捞产量	鱼类	虾蟹类	其他
2017	8.05	0.15	8.10	0.05	0.05
2016	8.01	0.11	7.98	0.04	0.10
2015	7.88	0.12	7.96	0.04	0.01
2014	7.51	0.06	7.54	0.03	0.01
2013	7.09	0.07	7.13	0.04	0.01

六、特色农产品

1. 水果

红河州位于亚热带季风气候区，境内立体气候较为明显，全年光照充足，昼夜温差较大，非常适宜水果生长，相比于省内其他地区，同一品种的水果要早上市将近 1 个月。

根据各县市气候和区位特点，全州坚持 1 县（市）主打 1~2 个品种，根据不同区域、海拔、坡向、湿度等条件进行产业布局，初步形成覆盖全州、格局合理、各具特色的“两带三区”水果产业布局。据农业部门不完全统计，红河州水果种植总面积为 185 万亩，其中，投产面积 175 万亩，总产量 212 万吨，形成了以香蕉、葡萄、梨、石榴、柑橘、桃、杨梅、苹果、枇杷 9 大水果为主，其他品种为补充的均衡发展格局。南部以香蕉、芒果、菠萝、荔枝、龙眼为主的热带果种种植带；中部以石榴、柑橘、杨梅、大枇杷、小红枣为主的亚热带果种种植带；北部以优质梨、葡萄、桃、李为主的温带果种种植带，共同构成的产业化区域格局也逐渐显现。

尤为重要的是，在水果产业建设中，红河州不断提质增效，打造“红果”名片，泸西高原梨、弥勒葡萄、开远蜜桃、蒙自石榴、建水脐橙、石屏杨梅、屏边荔枝、红河芒果、个旧水泡梨，河口、金平香蕉等水果品牌闻名遐迩，更有了脐橙之乡、石榴之乡、蜜桃之乡、杨梅之乡等中国特产水果之乡的美誉。

云南云沃农业发展有限公司“云沃”牌葡萄（在建水县）、红河州提子科技产业有限公司“帮大”牌葡萄、建水县南庄镇葡萄产销专业合作社“红冉”牌葡萄、建水县红森生态有限责任公司“梓然”牌柑橘、红河州和源农业开发有限公司“和源”牌石榴、蒙自市蒙生石榴产销专业合作社“蒙生”牌石榴、红河州锦源农业开发有限公司“百籽团圆”牌石榴（在建水）、蒙自市南疆水果产销专业合作社“蒙涯红”牌石榴 8 个水果品牌入选“2017 年云南名优水果”。

红河州入选“2017 年云南十佳水果示范园”的 4 家农业龙头企业和单位分别是：红河州和源农业开发有限公司（石榴）、云南云沃农业发展有限公司（葡萄）、蒙自市蒙生石榴产销专业合作社（石榴）、建水县溪邑果业有限责任公司（柑橘）。

2. 蔬菜

近年来，红河州蔬菜产业发展进入快车道，目前全州蔬菜种植面积 216 万亩，位居全省第二，部分蔬菜直销一线城市，甚至远销海内外。蔬菜产业的兴旺发达离不开品种和技术的持续更新。

目前，红河州农业科研部门已筛选出多个适合红河州本地区种植的优良品种，得到了广大种植户和多家蔬菜企业的高度认可。到目前为止，多家省内外蔬菜龙头企业负责人到红河州番茄试验基地进行观摩、交流和学习，对红河州蔬菜园艺更新品种和新技术的研发表示高度赞赏。这些企业表示，希望采取“院企合作”的模式推进相关研究，同时有意到红河州这片热土投资兴业，助力红河州蔬菜产业健康快速发展，实现真正的“双赢”。

目前州级以上重点龙头企业有 23 个，从事蔬菜种植的农业专业合作社 358 个，种植蔬菜面积 50 亩以上的种植大户 632 户。全州已建成蔬菜标准园 11 个，蔬菜大棚 15 万多亩。全州共有加工型蔬菜企业 10 家，年蔬菜加工能力达 4 万吨以上，在一定程度上消化了本地的蔬菜。蔬菜专业合作组织不断增加，作用越来越明显。据统计，目前全州共有蔬菜类专业合作经济组织700余家，加入专业合作经济组织的菜农达4.5万户。云南宏升蔬菜种植发展有限责任公司成立于2013年4月，是集蔬菜种植、加工、储运、销售于一体的现代蔬菜产业化经营龙头企业。公司在泸西县中枢镇现有种植基地8 000亩，其中设施基地1 200亩、露天基地6 800亩，并配套喷滴灌、冷库等设备。蔬菜大多销往广东和香港，受到广大消费者青睐。2017年，公司共生产并销售商品蔬菜2万吨，实现销售收入1.2亿元。该公司雇用农民工1 250余人，其中有126名建档立卡贫困人口，人均增收2.7万元，辐射带动周边农户发展蔬菜种植地5万亩。

3. 花卉

近年来，红河州把特色花卉产业作为全州农业"六大产业"之一并进行重点发展，通过强化组织推进集群发展、科技引领提升发展质量、扶持龙头企业规模发展、三产融合延伸产业链条和科学规划建设产业园区"五大抓手"助推特色花卉产业高效发展。全州花卉园艺总种植面积达17.066 66平方千米，实现综合产值26.8亿元。其中，花卉种植产值24.3亿元，加工产值2.13亿元，服务业产值3 248.08亿元，花卉文化及相关产业创收294万元；花卉企业共计38个（州级以上龙头企业9个）、花卉生产合作组织19个，花农达16 493户，鲜切花种植面积居全省第三。

云南省农业农村厅和红河州人民政府在红河州联手，通过对产业链、供应链、价值链、新型平台进行整合优化，将云南省（红河）现代花卉产业园区打造成为"集品牌打造、科技研发、示范推广、标准化种植、物流集散和休闲旅游等功能为一体，产业集聚度高、配套服务完善、生产设施先进、辐射带动效应显著、区域特色明显"的国际一流花卉产业园区。红河州高原特色现代农业发展离不开花卉产业的推动，是高原特色现代农业发展重点突破的方向。云南红河现代花卉产业园占地总面积为8万亩，在发展花卉种植的基础上，提升加工、物流产业的水平，同时推动花卉休闲旅游的发展，完善配套设施，实现一、二、三产业融合发展。

4. 哈尼梯田红米

红米生长在海拔1 600~1 800米的哈尼梯田里，引山泉水灌溉，是生长周期达八个多月的老品种，亩产量低。哈尼梯田红米富含钙、锌、铁、硒等元素，维生素具有降血糖、血脂、胆固醇、提高免疫力等作用，且哈尼梯田红米的维生素、蛋白质含量高于普通大米，被人们称为"米中精品"。中国农业科学院作物科学研究所对哈尼梯田红米的样品检测报告显示：哈尼梯田红米营养丰富，矿物质元素及人体必需的氨基酸含量都非常高，与其他产区的 15 个红米品种相比，哈尼梯田红米中的某些成分和矿物质含量明显高于其他产区的红米。

红河粮油集团与云南福保集团在蒙自签署《世界文化遗产 · 红河哈尼梯田红米产业开发战略合作框架协议》，正式联盟合作、开发、营销梯田“红米”品牌系列产品。双方依托世界文化遗产 · 红河哈尼梯田原始生态资源，合作开发梯田“红米”品牌系列产品；从条件成熟的“红米”旅游产品合作营销开始，逐步开发“红米”养生、快捷、保健系列食品；实施绿色、生态、有机认证，让百万亩世界文化遗产 · 红河哈尼梯田特色资源变为竞争优势、经济优势；在哈尼梯田核心片区之一的红河县撒玛坝梯田、嘎他梯田分别建立了面积 300 亩的有机红米示范基地，并对两块基地生产的红米产品进行有机认证。

七、农产品贸易及特点

1. 农产品电商贸易

目前，红河州已创建蒙自、弥勒两个国家级电子商务进农村示范县，建成 2 个州级电商服务中心、3 个县级电商服务中心、11 个乡级电商服务站、117 个村淘服务站，正在启动 8 个县级电商服务中心、96 个乡级电商服务站建设。目前，红河州有注册登记电商企业 593 户、电商网店 2 083 户，累计培训电商从业人员 13 000 余人。据不完全统计，2018 年 1—8 月，全州完成农产品线上销售额 6. 9 亿元。

2. 边境贸易

红河州有 3 个设施完善、通关便利的国家级一类口岸，分别是红河综合保税区、国家级蒙自经济技术开发区、中国河口—越南老街跨境经济合作区，这三个口岸是红河州与国内外贸易的重要平台，是技术流、资金流、信息流、物流和人流交换积聚的重要场所。2018 年，红河州跨境人民币结算达 194. 2 亿元，增长 25. 2%，全州外贸进出口总额 36. 4 亿美元、边民互市交易额 12. 3 亿美元，河口口岸出入境人员突破 500 万人次①。全州全年引进省外资金 960. 7 亿元，增长 21%；实际利用外资 2 315. 3 万美元，增长 12. 9%②。

---

① 李树芬. 红河：一份稳中有进的成绩单 [N]. 云南日报，2019-02-22.

② 佚名. 云上梯田 梦想红河 [N]. 通辽日报，2019-05-08.

第四节　农业产业发展模式及特点

一、"智慧农业+企业+基地+农户"发展模式

红河州共投资1.6亿多元用于农田基础设施建设，在此基础上，红河州整合项目资金近20亿元，对7.2万亩中低产田进行了改造，重点建设高效节水灌溉工程，逐渐形成了现代农业设施体系。依托现代农业设施体系，红河州在部分地区进行试点，利用"智慧农业"信息化管理服务平台，将传统的粗放型管理转化为精确化、数字化、定量化管理①。通过引进农业物联网技术，红河州在田边建立小型无线田间气象站，运用"智慧农业"信息化管理服务平台，生产基地和农户只需通过手机，就可以看到田地里的实时画面，而且可以从中获取风速、光照强度、土壤湿度等数据，也可以通过手机对灌溉设备进行远程控制。在"智慧农业+企业+基地+农户"发展模式的带动下，基地内即使是在隆冬季节也可以看到一大片成熟的蔬菜，保证了冬季蔬菜的供应。"智慧农业+企业+基地+农户"发展模式的施行，促进了企业、基地和农户联合发展，形成一个利益共同体。企业搭建配套设施齐全的标准化示范棚、育苗棚，免费为农户提供种苗和技术指导，为企业生产蔬菜产品的质量提供了保证；同时，统一质量和收购价格对农户增收来说也起到了至关重要的作用。

二、"梯田红米+稻田养鱼+乡村旅游"的产业融合发展模式

在红河州元阳县政府的大力推动下，千年元阳哈尼梯田推出了特色农产品"元阳红米"，在农业发展的同时推动养殖业的发展，结合乡村旅游，探索出了一种新型的"梯田红米+稻田养鱼+乡村旅游"的"旅游+农业"新型经济新模式。

政府和企业扶持的"梯田红米+稻田养鱼+乡村旅游"项目鱼苗发放仪式在绿春县大兴镇马宗村村委会举行。马宗村的"梯田红米+稻田养鱼+乡村旅游"项目覆盖马宗村委会上下波依、马宗、腊宗等8个村寨188户的500亩水稻田，前期已经完成梯田红米的育苗、移栽工作，此次共投放鱼苗8万尾；"稻鱼共生"的模式能充分利用土地，还可以减少稻田的农药、化肥使用量，提高稻米的品质，实现双赢，为农户增加一笔可观的收入。同时政府加大乡村

---

① 佚名. 云南：红河示范区领跑现代农业［N］. 云南日报，2015-02-23.

旅游宣传，大批游客来参观这一“旅游+农业”新型经济发展模式，给政府和居民都增加了收入。

三、“公司+基地+农户+营销+技术服务”的优势水果发展模式

红河州地处亚热带季风气候区，区域立体气候明显，春季回暖早，光热条件好，昼夜温差大，非常适宜水果生长，且同一品种的水果比省内其他地区早上市近1个月。近年来，红河州把发展特色水果产业作为群众增收致富的重中之重，根据各县市气候和区位特点，坚持1县（市）主打1~2个品种；根据不同区域、海拔、坡向、湿度等条件进行产业布局，初步形成覆盖全州、格局合理、各具特色的水果产业布局。据农业部门不完全统计，红河州水果种植总面积为185万亩，其中，投产面积175万亩，总产量212万吨，形成了以香蕉、葡萄、梨、石榴、柑橘、桃、杨梅、苹果、枇杷9大水果品种为主，其他品种为补充的均衡发展格局。北部以优质梨、葡萄、李、桃为主的温带果种种植带，中部以杨梅、柑橘、石榴、枇杷为主的亚热带果种种植带，南部以菠萝、芒果、香蕉、荔枝、龙眼为主的热带果种种植带，共同构成的产业化区域格局也逐渐显现。

屏边县共引进49家企业和种植大户入驻屏边种植猕猴桃，探索出“公司+基地+农户+营销+技术服务”的发展模式，建成百亩以上连片的猕猴桃示范园42个，带动农户15 000户，全县种植面积已达6.32万亩。不仅如此，屏边县不断深化对县情的认识，充分利用立体气候资源条件，在海拔900米以下地区发展“妃子笑”荔枝树10万亩，在海拔900~1 400米的地区发展枇杷树10万亩，在海拔1 400~1 800米的地区发展猕猴桃10万亩。水果产业的发展壮大，已成为当地群众增收脱贫的一大支柱产业。

四、“电商+企业+基地+专业合作社+市场”的电商花卉产业发展模式

红河州的近年来积极探索电商发展新模式，走出了一条符合实际的电商发展新路子，农村电子商务发展态势良好，成为农村经济发展的新引擎。全州现有登记注册电商企业508家、电商网店2 233户；在弥勒、蒙自分别建成了以农产品销售为主的电商园区和开远跨境电商园区，建立村淘服务站134个。

云南红河园花卉园区是集科技研发、生产示范、良种繁育、保鲜加工、标准化绿色生产技术、物流包装和规范化采购于一体的综合性产业园，以盆花和鲜切花为主，涉及泸西县的白水镇和金马镇、弥勒市的虹溪镇和弥阳镇。红河州规划种植区、综合服务区和花卉观光区等功能区，发展盆栽观赏植物、鲜切

花、绿化苗木、花卉种苗种球、药用食用花卉、地方特色花卉，同时提升加工、物流、休闲旅游产业，完善配套设施，实现一、二、三产业融合发展①。

为了解决花卉产业在经营组织、生产设施设备、生产配套设施用地、品种和技术推广应用上存在的问题，云南省农业农村厅牵头在红河建设一批“集品牌打造、科技研发、示范推广、标准化种植、物流集散和休闲旅游等功能为一体，产业集聚度高、配套服务完善、生产设施先进、辐射带动效应显著、区域特色明显”的国际一流花卉产业园区。在云南省农业农村厅的带动下，红河州以园区为平台，集中研究解决花卉发展过程中的共性关键技术难题，引导分散的小微企业、个体农户向产业园集中，进行创新创业，让个体花农向职业农民、企业合伙人、合作社、家庭农场等新型主体转型升级。通过“电商+企业+基地+专业合作社+市场”的发展模式，红河州推进花卉产业生产、研发、销售，发展壮大花卉产业。

① 江仕敏. 花香云南“美丽经济”更出彩［J］. 创造，2018（5）.

第九章　文山州热区农业发展模式

文山壮族苗族自治州（简称“文山州”），地处云南省东南部，州内自然资源丰富、农业生产条件优越。本章拟就州内热区资源的分布和特点以及农业发展情况做简要概述。

第一节　热区农业自然资源

一、土地资源概况

1. 地形地貌

文山州位于东经103°35′～106°11′，北纬22°44′～24°28′，最高海拔2 991.2米，最低海拔107米，土地总面积31 456平方千米，其中：山区和半山区占总面积的97.0%。热区土地面积6 485平方千米，其中：北热带土地面积388.73平方千米，占全州土地总面积1.2%；南亚热带土地面积6 096.65平方千米，占全州土地面积19.4%。

近年来，文山州建设了一系列人工造林和封山育林工程，构建起全州森林生态体系的主体框架。文山州森林覆盖率达到50%，森林蓄积量增加到5 356.6万立方米。

文山州属滇东南岩溶高原剥蚀、溶蚀、中山溶蚀、侵蚀地貌区。

2. 土壤

全州耕地总面积为2 313平方千米，其中水田649平方千米，土地1 663平方千米。州内土壤有暗棕壤、棕壤、黄棕壤、黄壤、红壤、赤红壤、砖红壤和柴色土等。

二、气候

文山州年平均气温为19℃，年降雨量779毫米，全年无霜期356天，日照时数 2 228.9 小时，多为亚热带气候，冬无严寒，夏无酷暑。

1. 降水

文山州雨量充沛，但分布不均。其特征为州西南部多，东北和中西部较少；山地多，谷地少；夜雨多，白天少；局部性大雨、暴雨多。干湿季分明，5~10 月为雨季，该时期雨量占全年雨量的 82%；11 月至次年 4 月为干季，雨量占年雨量的 18%，因此部分地区容易发生干旱或洪涝等灾害。

2. 热量

文山州太阳辐射能丰富，热量资源充足。热量分配时间和空间分布上的特点是：冬季气温较高，春季气温回升快，2~4 月平均每月上升 4℃左右，3 月份气温基本稳定在 15℃以上；夏季高温不强，大部地区 7 月平均温度仅 21℃~23℃，7 月后开始下降，秋季降温快，9 月份均温比 7 月份下降 2℃以上，部分县平均最低气温已降至 16℃以下。但受低云和雾雨影响，太阳辐射受到削弱。境内地形起伏大，高差较大，因此在不同地区、不同海拔、不同坡向所接收到的太阳辐射差异较大，热量条件也随之产生差异。

3. 气温

文山州大部分地区冬无严寒，夏无酷暑，雨热同季，年温差小，日温差大，海洋性气候比较明显，春温高于秋温，无霜期长，霜雪少。年平均气温 12.0℃~23.1℃，大于 10℃积温 4 500℃~7 500℃，初终间日数 193~332 天。最冷月（1 月）平均温度 6.5℃~13.5℃，最热月（7 月）平均温度 17.0℃~28.5℃。全年多为偏东南风，低海拔地区炎热，高海拔地区凉爽。由于海拔高低悬殊，故有“山高一丈，大不一样”和“十里不同天”的立体气候特征。

三、生物资源

文山州地处祖国西南边陲的云南省东南部。由于地处低纬度高原，北回归线横贯全州，具有优越的气候自然条件，并形成了与之相适应的森林土壤和多种森林植被类型，因此文山州拥有丰富的生物资源。

茫茫林海生长了 117 种国家级珍稀树种，肥沃大地，蕴藏着 55 种宝贵矿产，更有极富地方特色的、声名远扬的辣椒、八角、八宝米、草果等。境内有华盖木、樟、楠、红椿、香木莲等珍稀树种 76 科 300 多种，花卉资源以兰花最有名。三七是云南省文山地区的优势生物资源，在文山已有 400 多年的种植历史。境内具有丰富的自然资源和便利的交通、通信条件。文山是闻名遐迩的云南名贵中药材——三七的原产地。三七，又名人参三七，是云南出产的传统名贵药材，被历代名医和名著称颂。文山州的野生动物有豹、野猪、狼、鹿、麂、猴、岩羊、蛤蚧、穿山甲、蛇、蟒、猫头鹰、长尾雉、野鸡、鹦鹉等 40 多种。

四、矿产资源

大自然赐予了文山州极其丰富的地下宝藏。现已探明和发现的黑色、有色、稀有贵重金属、非金属矿已达 11 类 55 种 670 个矿点。其中锑、锡储量分别居全国第二、第三位，锰储量居全国第八位，铝土储量居云南首位。由于矿种多，储量大，品种也较为齐全，因此，文山被誉为“有色金属王国中的王国”。

五、旅游资源

文山州有得天独厚的资源，北回归线穿境而过，气候适宜、资源丰富。大自然的鬼斧神工雕琢出了文山州美不胜收的仙境奇地，丘北普者黑景区的旖旎湖光山色让人流连忘返，广南坝美景区的世外桃源般的田园风光让人陶醉。文山州还有富宁驮娘江、文山天生桥峡谷等景区。

第二节　热区社会经济发展情况

一、基础设施

1. 交通

文山州的交通主要是靠公路，文山市是交通中心。文山州与越南河江、老街两省接壤，边境线长达 400 多千米，有天保、都龙、田蓬三个口岸。2018 年，文山新开通至南宁、深圳的航线，文山普者黑机场旅客吞吐量达 15.97 万人次，高铁客运量达 611.2 万人次，增长 12.8%。文山至马关、广南至那洒、文山至麻栗坡高速公路建设快速推进，国省干道改造按期完成，“四好农村路”加快建设，新建、改造农村公路 2 546 千米，天保口岸至文山高速公路纳入国家“十三五”中期调整规划。首条轨道交通丘北 4 号线开工建设，蒙自至文山铁路完成设计招标工作。丘北、广南机场配套设施建设稳步推进，文山普者黑机场改扩建及富宁通用机场前期工作有序开展。全年交通投资同比增长 27.6%。2018 年底全州公路通车里程达 16 786 千米。全年货运周转量 632 979 万吨千米，同比增长 16.5%。客运周转量 227 773 万人千米，同比下降 4.0%。表 9-1 为 2013—2017 年文山州内河、湖泊主要港口吞吐量和码头泊位数。

表 9-1　文山州内河、湖泊主要港口吞吐量和码头泊位数

年份	旅客吞吐量/万人	出港量/万吨	货物吞吐量/万吨	出港量/万吨	码头长度/米	泊位数/个
2017	31.77	15.89	75.57	37.78	330	8
2016	72.66	36.33	26.00	13.00	330	8
2015	69.05	34.53	25.60	12.41	330	8
2014	68	34	16.79	8.14	330	8
2013	49	24	—	—	330	8

2. 农业基础设施

文山州农业生产和水利条件不断改善。2018 年，全州农业产业化龙头企业达 210 户，农业机械总动力 236.1 万千瓦，完成农机农田作业 679 万亩，水利投资 28.06 亿元。全州有效灌溉面积达 242.3 万亩，有效灌溉率达 31.26%。文山州圆满完成解决 19.1 万饮水困难群众的饮水安全巩固提升的年度任务。文山州建成“五小水利”工程 12 313 件，超额完成 2 313 件；全州库塘蓄水达 43 317 万立方米。表 9-2 所示为 2013—2017 年文山州农田水利情况。

表 9-2　2013—2017 年文山州农田水利情况

年份	水库数/座	水库总库容/亿立方米	耕地灌溉面积/平方千米
2017	316	6.41	1 660
2016	314	6.25	1 623
2015	293	6.06	1 560
2014	292	6.04	1 496
2013	289	5.89	1 432

二、人口

文山州辖 1 个县级市（文山市）、7 个县（砚山县、西畴县、麻栗坡县、马关县、丘北县、广南县、富宁县）、102 个乡镇（其中 16 个民族乡），947 个村（居）委会、15 341 个村民小组。2018 年年末常住人口 365.4 万人，增长 0.5%。其中：乡村人口 212.04 万人，占总人口比重 58.03%；城镇人口 153.36 万人，人口城镇化率 41.97%。人口出生率 13.70‰，死亡率 6.5‰，人口自然增长率 7.2‰。2018 年文山州城镇新增就业人数 2.32 万人，农村劳动力累计转移就业 145.5 万人次，城镇登记失业率控制在 3.8%以内。

文山州第六次人口普查数据显示，全州常住人口中具有大专及以上文化程度的有11.37万人，仅占总人口比重的3.23%；具有高中（含中专）文化程度的有20.28万人，占总人口比重的5.76%；具有初中文化程度的有87.50万人，占总人口比重的24.87%；具有小学文化程度的有175.56万人，占总人口比重的49.90%。图9-1所示为文山州第六次人口普查接受教育情况。

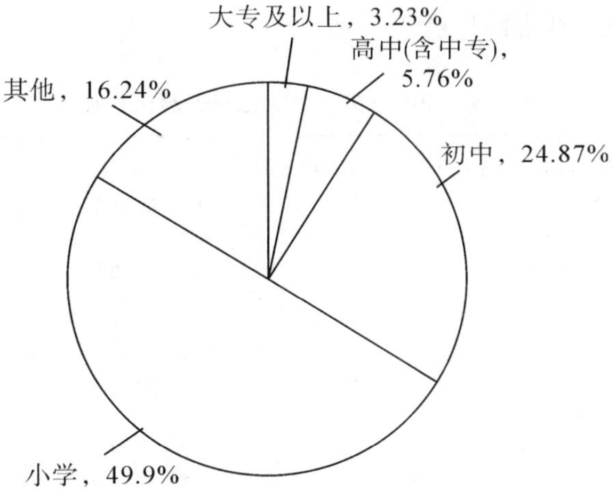

图9-1　文山州第六次人口普查接受教育情况

根据文山州第六次人口普查数据，文山州0~14岁人口共有84.58万人，少儿抚养系数为24.04%；劳动年龄人口（15~64岁）共有242.08万人，劳动适龄人口系数为72.28%；老龄人口（65岁以上）共有25.13万人，老龄抚养系数为7.14%。图9-2所示为文山州第六次全国人口普查年龄分布。

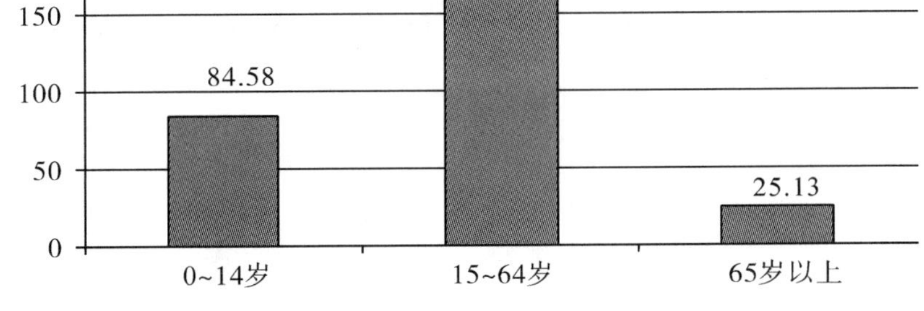

图9-2　文山州第六次人口普查年龄分布

“十二五”规划以来，文山州60岁以上老年人由2010年的37.66万人增至2015年的45.61万人，年均递增3%，60岁以上老龄人口比重由10.6%增至12.6%；65岁以上老年人，由2010年的25.67万人增至2015年的30.39万人，年均递增2.75%，65岁老龄人口比重由7.3%上升到8.4%。表9-3所示为2010—2015年文山州老龄化趋势。

表9-3 2010—2015年文山州老龄化趋势

年份	60岁以上人口数量/万人	占总人口比/%	65岁以上人口数量/万人	占总人口比/%
2010	37.66	10.6	25.67	7.3
2011	38.28	10.7	26.19	7.4
2012	39.18	10.9	27.14	7.6
2013	40.06	11.1	27.82	7.7
2014	41.62	11.5	28.71	7.9
2015	45.61	12.64	30.39	8.4

数据来源：文山州人口计生委“十二五”规划。

三、经济

1. 经济总体情况

2018年文山州实现地区生产总值8 590 626万元，同比增长10.3%。其中，第一产业增加值1 701 889万元，同比增长6.3%；第二产业增加值3 073 880万元，同比增长14.4%；其中工业增加值1 739 243万元，同比增长14.0%；建筑业增加值1 341 055万元，同比增长15.0%；第三产业增加值3 814 857万元，同比增长8.5%。图9-3所示为2013—2018年文山州地区生产总值及其增长速度。

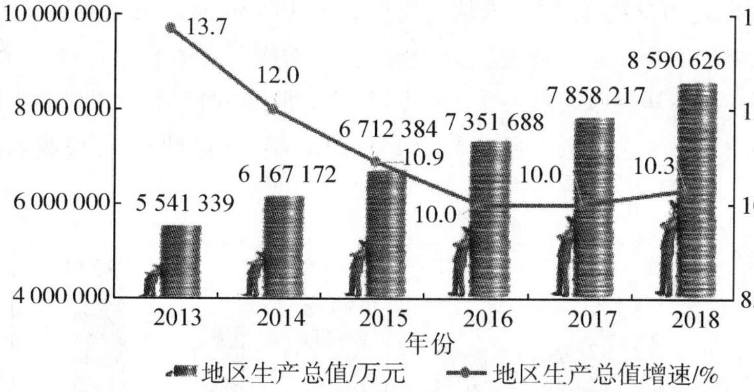

图 9-3　2013—2018 年文山州地区生产总值及其增长速度

全州三次产业比重由 2017 年的 20.5∶34.4∶45.1 调整为 19.8∶35.8∶44.4，第一产业下降了 0.7 个百分点，第二产业提高了 1.4 个百分点，产业结构不断优化，三次产业分别拉动经济增长 1.3、5.4 和 3.6 个百分点，对全州生产总值增长贡献分别为 12.4%、52.5% 和 35.1%。人均 GDP 由 2017 年的 21 657 元提高到 23 568 元，同比增长 8.8%。此外，文山州非公有制经济蓬勃发展，2018 年创造增加值 4 403 549 万元，同比增长 10.8%，占全州 GDP 的比重为 51.3%，对全州地区生产总值增长的贡献率为 54.1%，拉动全州地区生产总值增长 5.5 个百分点。图 9-4 所示为 2013—2018 年文山州三次产业增加值占国内生产总值比重。

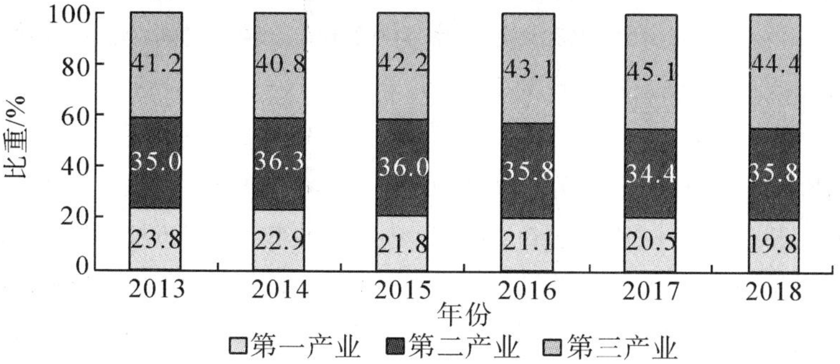

图 9-4　2013—2018 年文山州三次产业增加值占国内生产总值比重

2. 居民收入

2018 年城镇常住居民人均可支配收入 30 242 元，同比增长 8.0%，与去年同期相比增加了 2 247 元，首次突破 30 000 元，增幅与全省持平，高于全国

0.2 个百分点；农村常住居民人均可支配收入 10 030 元，同比增长 9.2%，与去年相比增加了 946 元，突破“万元大关”，增幅与全省持平，高于全国 0.4 个百分点。城乡居民收入进一步缩小，相对差距由 2017 年的 3.05：1 缩小到 2018 年的 3.01：1。图 9-5 所示为 2013—2018 年文山州城乡居民收入及其增长速度。

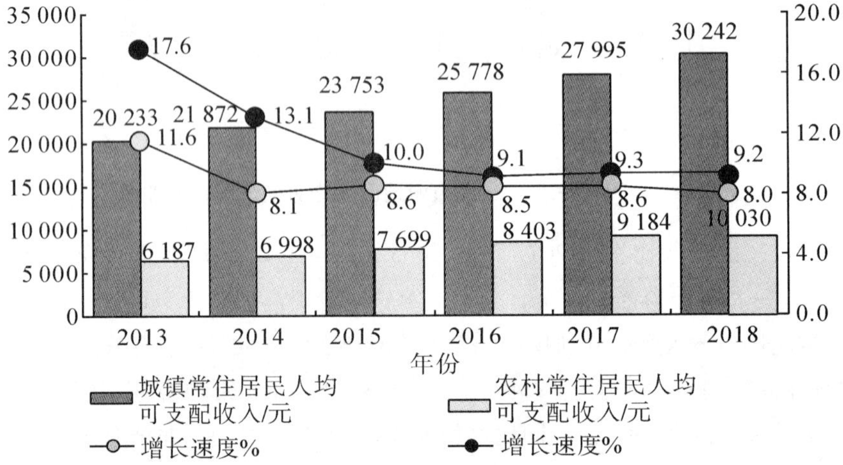

图 9-5　2013—2018 年文山州城乡居民收入及其增长速度

2017 年全州农村常住居民人均可支配收入达到 9 184 元，2018 年农村居民人均工资性收入占可支配收入的比重为 34%，贡献率为 34.5%；经营性收入占可支配收入的比重为 40%，贡献率为 22.1%；财产净收入占可支配收入的比重为 1.7%，同比增长 156.9%，贡献率为 12.6%；转移净收入贡献率最高为 30.8%，占可支配收入的比重为 24.3%。

3. 财政收入

2018 年财政总收入 1 073 838 万元，同比增长 4.5%。地方一般公共预算收入 603 333 万元，同比增长 6.1%；其中，税收收入 422 695 万元，同比增长 8.0%，占地方一般公共财政预算收入的 70.1%；增值税收入 184 298 万元，同比增长 4.6%；地方一般公共预算支出 3 433 002 万元，同比增长 6.8%。图 9-6 所示为 2013—2018 年文山州地方一般公共财政预算收入及其增长速度。

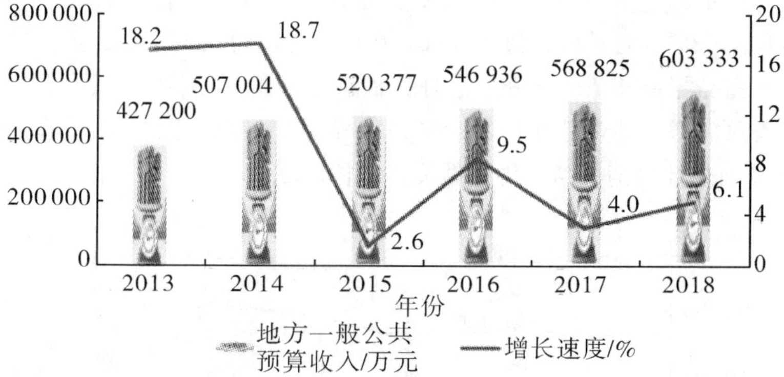

图 9-6　2013—2018 年文山州地方一般公共财政预算收入及其增长速度

4. 固定资产投资

固定资产投资结构不断优化。全年固定资产投资比上年增长 10.6%，第一产业同比下降 35.0%，第二产业同比增长 29.8%，第三产业同比增长 9.5%。其中：民间投资增长 29.0%，占全部固定资产投资比重为 31.6%；产业投资增长 14.0%，占全部固定资产投资比重为 19.4%。全州施工项目 1 035 个，同比下降 27.3%，其中 5 000 万元以上施工项目 290 个，同比下降 0.3%。图 9-7 所示为 2013—2018 年文山州固定资产投资增长速度。

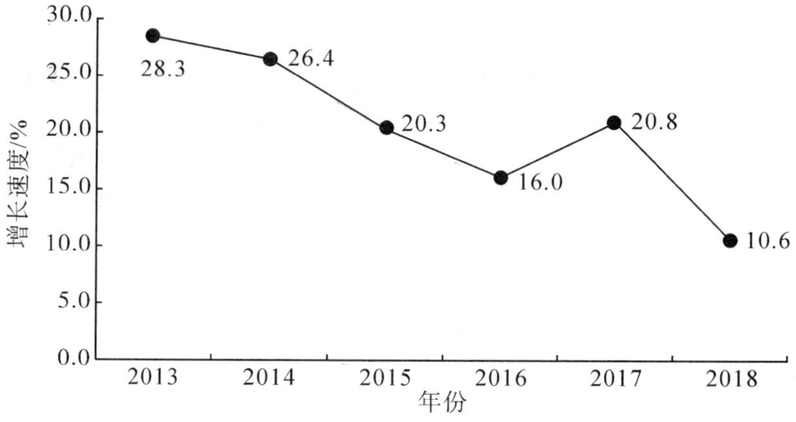

图 9-7　2013—2018 年文山州固定资产投资增长速度

5. 国内贸易

消费品市场繁荣稳定。2018 年社会消费品零售总额 3 881 578 万元，同比增长 12.0%。按经营地统计，城镇消费品零售额 2 674 572 万元，同比增长 11.9%；乡村消费品零售额 1 207 006 万元，同比增长 12.2%，农村市场增速快于城镇市场 0.3 个百分点。按消费类型统计，商品零售额 3 008 175 万元，同比增长 11.8%；餐饮收入额 873 402 万元，同比增长 12.5%，虽然餐饮收入增速高于商品零售 0.7 个百分点，但商品零售在零售额中占比较大，对社会消费品零售总额增长的贡献率达 76.6%，主导地位突出。图 9-8 所示为 2013—2018 年文山州社会消费品零售总额及其增长速度。

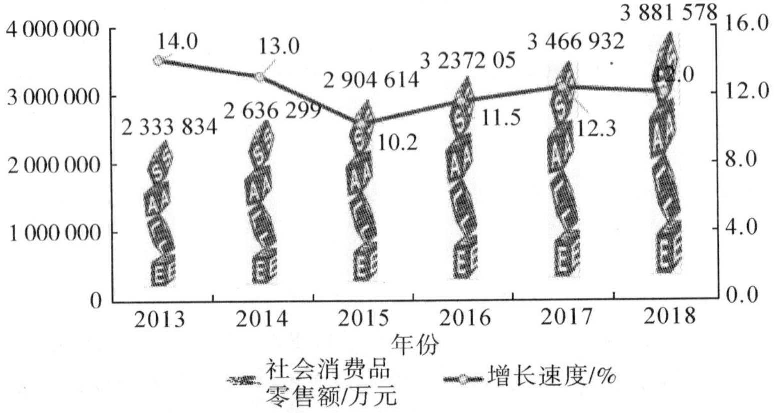

图 9-8　2013—2018 年文山州社会消费品零售总额及其增长速度

6. 对外贸易和招商引资

2018 年进出口总额 323 838 万元，同比下降 10.8%，其中进口 296 701 万元，下降 11.9%；出口 27 137 万元，增长 3.2%。全州完成边境贸易总额 871 087 万元（进口 530 029 万元，同比下降 5.9%；出口 341 058 万元，同比下降 1.3%），同比下降 4.2%。其中：小额贸易完成 46 724 万元（进口 14 798 万元，出口 31 926 万元），同比下降 50.6%；边民互市贸易完成 824 363 万元（进口 515 231 万元，出口 309 132 万元），同比增长 1.3%。

2018 年从州外引进内资项目 371 个，同比下降 1.3%；州外引进内资实际到位资金 5 116 046 万元，同比增长 22.7%。其中，省外引进项目 209 个，省外实际到位资金 2 869 620 万元，同比增长 26.9%；省内州外引进项目 162 个，省内州外实际到位资金 2 246 426 万元，同比增长 17.6%。

四、民族

文山州内居住着汉、壮、苗、彝、瑶、回、傣、布依、蒙古、白、仡佬 11 种民族。少数民族人口 212.3 万人，占总人口比重 58.1%。人口数在 10 万人以上的民族有 3 个，分别为壮族、苗族、彝族。其中，壮族占文山总人口的 29.2%，苗族占 13%，彝族占 9.4%。

五、传统文化

文山州的壮族是一个能歌善舞的民族，文山壮族人民在长期的生产和生活实践中，创作了大量内容丰富的民间艺术，其中比较著名的“纸马舞”在2004年已被云南省列为非物质文化遗产保护项目。正因为这样，文山地区也被称为“壮族纸马舞之乡”。文山壮族民间舞蹈纸马舞作为云南省非物质文化遗产，是我国的历史文化精髓，是壮族人民智慧、勇敢及审美追求的结晶，是绽放着地方民俗特色和壮族民族风格的艺术产物，是壮族传统文化和历史的积淀。

云南苗族人口仅次于贵州和湖南，文山州苗族占云南省苗族的80%，作为苗族一大聚居区域，这里的苗族服饰文化保存良好，刺绣工艺与苗绣工艺一脉相承，独具特色。传统文山州苗族传统图案是以几何图案为主体，大致分为圆体型、方体型、涡旋纹、蜘蛛花纹。文山州苗族传统图案中以“十”“口”几何对接型为主，是苗族传统图案元素中最基本的塑造。“十”与“口”几何图案代表着苗族传统图样最初呈现的效果。苗族人民把这“十”对接当作成美的转变，而后加入“口”字形相互变异与组合，也充分象征苗族后人对美的崇拜。两者在演变过程中，不断紧密联系最终形成一体。两者色彩大胆对比，体现苗族后人寻求图案的统一性。图9-9所示为文山州苗族传统图案。

图9-9　文山州苗族传统图案

第三节　热区农业生产结构

一、农林牧渔结构

农业经济平稳健康发展，产品产量不断提高。2018 年实现农林牧渔业增加值 1 724 820 万元，同比增长 6.3%。全年粮食总产量达到 1 653 757 吨，同比增长 1.7%。畜牧业总产值 1 048 610 万元，同比增长 4.5%；肉类总产量 530 064 吨，同比下降 2.7%。全年渔业总产值 62 420 万元，同比增长 33.7%。

二、种植业生产结构

文山州植物种类众多，除产玉米、稻谷和豆类等粮食作物外，还盛产三七、八角、草果、油桐、辣椒、烟叶、茶叶、花生等农特产品和经济作物，尤其是享誉国内外的名贵药材三七，产量和质量均为全国之冠，明代医学家李时珍在《本草纲目》中称之为“金不换”，当代医学专家誉之为“人参之王”。表 9-4 所示为 2013—2018 年文山州主要农产品产量。

表 9-4　2013—2018 年文山州主要农产品产量　　单位：万吨

农产品名称	年份					
	2013	2014	2015	2016	2017	2018
一、粮食总产量	154.48	156.69	158.69	160.90	163.62	165.38
其中：夏收产量	16.49	17.29	17.63	17.50	17.74	13.51
秋收产量	137.96	139.40	141.06	143.40	145.88	151.87
稻谷	43.20	43.67	44.46	45.04	45.34	50.27
玉米	74.89	75.84	79.64	78.51	80.72	88.35
二、主要经济作物产量						
油料	6.69	7.04	7.16	7.49	7.52	6.32
三七	1.00	1.85	3.39	1.66	1.06	0.94
辣椒	18.29	18.59	21.43	22.03	22.48	22.62
烤烟	7.28	6.42	6.25	5.98	5.02	5.06
甘蔗	265.42	269.13	240.72	183.70	154.25	140.91
蔬菜	77.52	80.05	87.63	93.83	97.76	107.51

三、林业生产结构

随着林业生态建设的深入发展，文山州林业产业步入快速发展阶段，绿色发展、产业富民已成为增加农民收入的新增长点，全州林业产业呈现出规模化、多元化、特色化的综合型发展趋势。全州林业种苗、花卉、经济林、森林湿地旅游等产业已初具规模；全州林下种植、林下养殖、林下产品加工、林下旅游等 8 类产业累计带动地方劳动力就业 5 万余人；全州省级林业产业龙头企业已达 26 个，累计建立了 293 个林业专业合作社，认定为省级示范社 19 个、国家级示范社 3 个。表 9-5 所示为 2013—2017 年文山州主要林产品产量。

表 9-5　2013—2017 年文山州主要林产品产量　　单位：万吨

年份	橡胶	松脂	油桐籽	油茶籽	核桃	板栗	紫胶
2017	—	0.01	0.28	1.26	0.30	0.15	—
2016	0.01	0.01	0.89	1.05	0.22	0.10	—
2015	0.01	0.01	0.91	1.13	0.21	0.10	0.01
2014	0.01	0.01	0.95	1.17	0.20	0.09	—
2013	0.01	0.01	1.01	1.09	0.16	0.09	—

四、畜牧业生产结构

2018 年文山州畜牧业增加值 53.16 亿元，同比增长 2.8%；肉类总产量 27.24 万吨，同比增长 10.1%。表 9-6 所示为 2015—2018 年文山州畜牧业生产情况。

表 9-6　2015—2018 年文山州畜牧业生产情况

指标名称	年份			
	2015	2016	2017	2018
出栏猪	566.00	544.7	555.52	224.78
出栏肉用牛	71.65	73.5	75.38	44.41
出栏肉用羊	47.07	49.0	50.14	49.78
出栏家禽	1 930.41	1 988.3	1 991.44	1 446.69
肉类总产量	54.49	53.0	54.13	27.24

表9-6(续)

指标名称	年份			
	2015	2016	2017	2018
其中：猪肉产量	43.03	41.3	42.59	19.26
牛肉产量	7.30	7.4	7.39	4.33
羊肉产量	0.92	1.0	0.97	0.94
禽肉产量	3.20	3.3	3.14	2.70
禽蛋总产量	2.65	3.0	2.89	1.31
大牲畜存栏	173.92	175.4	179.81	113.81
生猪存栏	398.41	393.2	398.13	186.71

近年来，文山州围绕高原特色现代农业发展目标，把养牛业作为增收助贫的主导产业进行重点培育，着力在产业规划、扶持政策、发展模式和绿色品牌打造四个方面用心加力，实现文山牛从育种到销售全产业链高质量发展。文山黄牛，又名文山高峰黄牛，文山黄牛躯体结实、肌肉发达、力大耐劳、繁殖力强、性情温顺、易调教、耐粗饲，对湿热及寒冷条件有较好的抗逆能力，肉质好。

文山州大力推行生态养殖，利用丰富的自然资源发展人工种草、草粮轮作和间作套作，推行“粮—经—饲”三元种植结构，建立牛产业草料支撑绿色养殖体系，形成绿色生态可持续的养殖模式，文山牛获得国家级有机产品认证。

五、渔业生产结构

文山州统筹水库田河，发展水产养殖“顺水收银”。文山州利用江河、稻田、池坝塘、电站库区等资源优势，发展鲢、鳙、鲤、鲫、叉尾鮰鱼等水产养殖，鼓励农户采取“稻鱼共生”循环养殖模式发展稻田养鱼，促进生态农业发展。2017 年，全年渔业增加值 5.16 亿元，同比增长 9.2%。全州水产品产量达 1.4 万吨，实现产值 1.86 亿元，惠及贫困户 200 户 866 人。表 9-7 所示为 2013—2017 年文山州水产品产量及养殖面积。

表 9-7　2013—2017 年文山州水产品产量及养殖面积

年份	水产品产量/万吨	养殖产量/万吨	捕捞产量/万吨	鱼类/万吨	虾蟹类/万吨	贝类/万吨	其他/万吨	水产养殖面积/平方千米
2017	9.21	8.39	0.82	9.12	0.06	0.02	—	0.013 7
2016	9.01	8.21	0.80	8.94	0.05	0.02	0.00	0.013 7
2015	8.61	7.80	0.81	8.54	0.05	0.02	0.00	0.013 4
2014	8.13	7.32	0.80	8.06	0.04	0.02	0.00	0.011 8
2013	7.28	6.68	0.61	7.22	0.03	0.02	0.01	0.011 6

六、特色农产品

1. 三七

文山历史悠久，从亚热带到温带的特殊气候使它有着众多的自然资源和独特的人文环境。这里居住着汉、壮、苗、彝、瑶等十多个民族。喜居山头的苗族祖先擅长狩猎。他们在狩猎时偶尔会造成外伤出血，就把一种野草嚼烂敷于外伤出血处，伤口就如同上过漆的物品一样不再流血，苗族的祖先便将这种野草叫作“山漆”。这种神奇的草药在民间代代相传，因为“山漆”与“三七”同音，在流传中便将“山漆”记作了“三七”。文山盛产三七，三七素来就是云南省的传统名贵中药材，它降血脂、血糖的疗效十分显著，云南省文山州文山县是三七的原产地，至今已有四百多年的种植历史。文山已经被评定为“中国三七特产之乡”。

三七是文山独有的中药资源，种植面积和产量均占到了全国的98%。经过文山人不断的努力，三七的市场需求量在逐步增加。据不完全统计，我国现有医药工业企业 3 613 家，其中中药制药企业 1 283 家，使用三七为原料生产的中成药品种 302 个，批准文号多达 3 207 个，生产厂家达 1 000 余家，覆盖全国 29 个省市、自治区，几乎覆盖了所有的中药制药企业。许多著名的企业如云南白药、天津天士力、广东丽珠得乐、漳州片仔癀、广州白云山都是三七的需求大户。

自 20 世纪 90 年代以来，文山的三七生产种植得到了健康、稳步的发展，加工业发展迅速。截至 2018 年年底，全县的三七占地面积已达 3 万亩以上，产量 9 400 吨，是全国总产量的98%。文山三七种植已呈规模化、区域化发展趋势。

目前，全州共有三七种植企业14家，三七加工企业14家，三七流通企业（含个体工商户）340余家。三七种植企业主要从事无公害三七、获得GAP认证的三七、有机三七的种植和栽培。三七加工企业主要从事三七药品、保健品、化妆品及口腔清洁用品的生产。流通企业主要从事三七流通工作。“十二五”规划期间，全州规模以上三七加工企业有7户，获得国家、省、州认证龙头企业有12户，获得国家高新技术企业称号有6户，全州共有2家三七种植企业获得良好农业规范（GAP）认证，11家三七加工企业获得良好生产规范（GMP）认证，5家三七流通企业获得产品供应规范（GSP）认证，全州共有1家企业（协会）获得国家驰名商标认证，8家企业获得省级著名商标认证，9家企业获得州级知名商标认证。

“苗乡三七”品牌源于1946年余和谦先生在三七原产地——云南文山喜古乡种植三七的历史。其现代化企业运作始于2001年，现已形成集三七科研、种植、加工、原料及终端产品开发、国内外销售、服务为一体的高品质三七全产业链。截至2018年年初，苗乡三七自建三七标准化种植连锁农场达60个，共计14 000余亩，种植规模业内领先；建有超过3.5万平方米、集初加工、精深加工为一体的三七加工厂；其自建500余亩三七科技示范园，与国内外30多家科研院所开展合作，选育出“苗乡三七1号”“滇七1号”“苗乡抗七1号”3个三七新品种，结束三七人工栽培无品种的历史。苗乡三七产业园共投资1.5亿元建成占地500余亩的三七科技示范园，与国内外30多家科研院所开展合作，合作单位参与科研工作人员达300余人，常驻的博士研究生、硕士研究生及科研工作人员50多人，形成专利100余项，建成了云南省级院士工作站2个，专家工作站1个，获得云南省级科技示范园认定。2018年，苗乡三七获得国务院颁发的国家科学技术进步二等奖，是迄今为止文山州历史上科研领域及三七行业的最高奖项。苗乡三七自2001年起相继通过日本、欧盟、美国、中国四大有机认证，持续出口17年。

2. 文山牛

文山州利用丰富的自然资源发展人工种草、草粮轮作和间作套种，推行“粮—经—饲”三元种植结构，建立牛产业草料支撑绿色养殖体系，形成绿色生态可持续的养殖模式，文山牛已获得国家级有机产品认证。2018年至今，全州累计实施文山牛项目30个，投入资金1.38亿元，存栏65万头，出栏46.8万头，牛肉产量达4.56万吨，实现产值42.75亿元，帮助贫困户22 373户年人均纯收入增加895.2元。

文山州共整合20 982.44万元资金实施高峰牛养殖项目30个，带动12个乡镇 7 074 户建档立卡贫困户 32 351 人发展养殖高峰牛 1.2 万余头。

广南县培育了云南谷多农牧业有限公司实施文山牛全产业链开发。公司免费为建档立卡贫困户提供饲用玉米种子，这在精准脱贫过程中发挥了重要作用。肉牛规模养殖比重稳定提高，示范带动作用明显增强。

3. 八宝米

文山州依托贡米基地，做精稻产业“坐田生财”，利用八宝贡米种植基地、全国粮油生产大县等资源优势，培育广南县凯鑫生态开发有限公司等 27 家龙头带动企业，通过“公司+基地+农户+订单”方式建立企业与农户利益联结机制，发展八宝贡米（谷）产业。2018 年，文山州整合 1 389 万元在 11 个乡镇实施 18 个八宝米产业扶贫项目，带动 3 789 户贫困户种植八宝米 7 855.8 亩。

云南八宝贡米业有限责任公司是一家专门从事大米生产、加工、储运、销售的省级农业产业化重点龙头企业（简称“八宝贡”）。其前身为广南县八宝贡米业有限责任公司，2003 年成立于被授予“中国八宝米之乡”的广南。2010 年 10 月，八宝贡被广南县凯鑫企业兼并，现为凯鑫企业旗下全资子公司。通过多年的摸索实践，公司八宝米种植面积达 13.07 万亩，总产量 3.63 万吨，产值 2.7 亿。八宝贡一直坚守“恪本存真”的经营宗旨，核心品牌（八宝贡）都精心选用蓝血贵族米种耕种，全程把控种植、精选土地，严保贮藏、生产、运输过程中不受污染。八宝贡先后通过食品标准（QS）认证和绿色食品认证，被云南省农业厅评定为“无公害农产品”。

4. 辣椒

文山州辣椒主要分布在丘北、砚山、文山等县。州内有辣椒加工企业 13 家，年生产规模可达 6 000 吨，主要生产辣椒圈（丝）、油辣椒等系列产品。文山州建有云南丘北辣椒交易中心和云南稼依辣椒城等交易场所，可进行现货、期货和网上交易。丘北辣椒在国内外都有一定的知名度，主要出口美国、日本、新加坡、韩国、加拿大、斯里兰卡等国。

丘北辣椒是云南省丘北县驰名中外的名优特产品，已有近 400 年的种植历史。目前全县辣椒种植已形成了规模，全县种植面积已超过 5 万亩，总产量 500 多万千克，年产值 3 000 多万元。丘北县先后组建了江椒娘、一吃福、世霸辣等 10 多家辣椒产品开发企业，基本形成“公司+基地+农户”的产业化发展格局，成为全县的重要支柱产业，占全县国内生产总值的 25%，年征税 100 多万元。全县从事辣椒种植、加工、流通的人员达 10 余万人。就地加工后的辣椒产品畅销美国、加拿大、日本、韩国、新加坡、墨西哥等 10 多个国家和地区，在国内外享有很高的声誉。

云南老厨娘食品有限公司创办于2015年，从原始的家庭手工作坊发展到工厂的流水线生产。云南老厨娘食品有限公司已经成为收益过千万的农产品加工龙头企业。2016年5月17日，旗下的野生小米辣系列产品被确认为中国驻印度尼西亚大使馆特供食品。云南老厨娘食品有限公司根据产业结构特征和不同的市场需求，研发了9个品种40余规格，口味酸辣香甜咸，受大众人群喜爱。公司还建设了七彩椒种植基地、野生小米辣基地、香椿基地、指天椒基地。同时，各地设立经销商以服务消费群体，线上营销网络覆盖全国。公司以技术创新驱动公司发展，通过自主研发、引进技术、合作开发等方式，公司目前已逐步完善先进的生产线，并建立研发团队，依托产品的研发中心和省科研团队，层层把关，致力于打造“一条龙”服务的现代化公司。

5. 八角

八角是著名的调味香料，也供药用。其果皮、种子、叶片都含芳香油，是制造化妆品、甜香酒、啤酒和食品工业的重要原料。八角的果实在日常调味中可直接使用，如炖、煮、腌、卤、泡等，也可直接加工成五香调味粉。茴油和八角油树脂则通常用于肉类制品、软饮料、冷饮、糖果以及糕点、烘烤食品等食品加工业领域。八角油树脂与其他辛香料油树脂一样，市场消费量逐年增加，并有逐步替代其他辛香料原料的趋势。

八角主要分布在文山、红河、德宏、保山等湿热地区，全省八角种植面积最多的是文山州。文山州种植八角已有700多年的历史，经过多年来的培育、巩固和发展，全州八角种植面积已发展到70多万亩，产量1 400万千克，主要集中在富宁、广南、麻栗坡、西畴和马关等县。近年来，文山、砚山等县也开始发展种植八角。八角是文山州的传统特色资源，是各族农民群众的“摇钱树”。

第四节　农业产业发展模式及特点

近年来，文山州着力转变农业经营方式、生产方式、资源利用方式和管理方式，走产出高效、产品安全、资源节约、环境友好的现代农业发展道路，积极发展品质优良、特色明显、附加值高的优势农产品，构建高产、优质、高效、生态、安全的现代农业产业体系。文山州建设标准化、规模化、稳定高效的农产品生产基地，打造高原特色农业产业经济带，促进农业持续健康发展；

推动农产品“产加销”一体化经营，大力发展农产品电子商务、休闲农业、乡村旅游，促进农村一、二、三产业融合发展，拓展农业发展空间，探索出一条独特的热区农业产业发展道路。

一、“驰名商标+企业+基地+农户”三七发展模式

文山州积极推进三七标准化种植，开展三七标准化种植技术培训，实施产品质量合格证管理，逐步推行GAP种植和强制认证，推进三七种植标准化发展进程，培育了一批标准化、规模化、组织化程度高的种植企业。通过整合农业项目、加大财政资金补助等方式，文山州重点扶持基地规模在1 000亩以上且通过国家GAP或者国际国内相关组织有机认证的种植企业、种植大户，重点扶持年销售收入在1亿元以上的种植企业，充分发挥种植企业、种植大户的示范带动作用，引导三七种植向规模化、组织化、公司化方向发展，提高三七种植的组织化程度。文山州用好“文山三七”驰名商标，加强三七行业协会、企业联合组织、合作社等合作组织建设，强化三七产业自主管理，推进三七标准化种植，形成“驰名商标+企业+基地+农户”的发展模式，促进三七种植企业的快速发展。

二、“景区+公司+基地+农户”农旅结合模式

文山州丘北县出台《丘北县扶贫产业小额贷款实施办法等4个文件》政策，大力引导农户通过产业小额贷款扶持发展产业；通过群众自身产业发展和入股企业或合作社参与旅游产业发展，实现户均年收入增加5 000余元的目标。文山州采取聘用群众增加就业和丰富产品发展产业的方式，带动群众增收致富。目前普者黑旅游开发公司共聘用景区周边群众季节性用工1 000余人，固定用工500余人，主要从事观光车驾驶员、导游、船工、卫生保洁员等工作，人均每月工资4 000元左右，年支付用工报酬约7 200万元；引导群众种植油菜、玫瑰、观赏花卉等，发展观光农业，增加景区群众收入，“景区+公司+基地+农户”的发展模式初见成效。玖香鲜花生物科技公司和诺香花卉农业科技开发公司在景区范围内发展食用玫瑰种植2 300余亩，年支付地租207万元，带动周边阿诺、五家寨、猫猫冲、小矣堵、八道哨、豹子坡、布宜等10余个村寨830户群众增收致富。其中，建档立卡贫困户177户700余人。2019年，文山州培育旅游扶贫示范户95户。

三、“党建+村集体+龙头企业+养殖合作社（场）+农户”肉牛养殖模式

文山州、县（市）两级每年安排9 000万元以上财政资金扶持牛产业，把

广南县列为“一县一业”打造；各县（市）出台奖励补助政策，企业和合作社可分别获得最高3 000万元的信用贷款贴息，养殖户可获得小额信贷扶持，各类养殖主体可享受60~10 000元不等的奖励补助。广南县推行“农投公司+保险公司+企业（合作社）+贫困户”模式为牛购买保险，散养贫困户的保费由政府全额补贴，经营主体的保费按100元/头予以补助，让群众敢养牛、能养牛。

广南县采取“党建+村集体+龙头企业+养殖合作社（场）+农户（贫困户）+基地”联结帮扶模式发展高峰牛养殖业，由龙头公司选育优质种公牛提供给合作社（养殖场），合作社（养殖场）负责组建基础母牛群进行扩繁，并选出优质母牛、架子牛提供给贫困户，贫困户负责养殖、繁殖母牛，将产出的犊牛或架子牛交由养殖水平更高的合作社进行强化育肥，形成“龙头企业—合作社（养殖场）—农户—龙头企业”集党组织引领、技术服务、产销对接为一体的集中服务体系。通过此模式，广南县实现各主体在选育、养殖、加工、销售产业链条上分工合作、优势互补；推行把扶持资金投向农户和带动贫困户发展的企业（合作社），实现产业发展、农户（贫困户）增收的双扶双赢，打造企业免费提供幼牛，农户负责养殖管理，企业按协议回购的管理模式，强化农户与村集体、合作社、龙头企业的利益联结，让群众养得好牛、能增加收入。

第十章　临沧市热区农业发展模式

第一节　热区农业自然资源

一、土地资源概况

1. 地形地貌

云南省临沧市位于东经98°40′~100°33′、北纬23°05′~25°02′，北回归线穿境而过。境内最高海拔为3 504米，最低海拔为450米，相对高差达3 054米。全市土地总面积为24 500万平方千米，其中热区面积为7 886.07平方千米，是云南省重要的热区之一。全市辖临翔、凤庆、云县、永德、镇康、双江、耿马和沧源8个县（区），其中沧源、耿马和镇康3个县与缅甸接壤，国境线长290.8千米，是我国面向东南亚开放的重要“桥头堡”和进出口通道之一。

临沧市属横断山系怒山山脉的南延部分，系滇西纵谷区，境内有老别山、邦马山两大山系；地势中间高，四周低，并由东北向西南逐渐倾斜；市内河流分属澜沧江、怒江两大水系，其主要支流有罗闸河、小黑江、南汀河、南棒河和永康河，具有丰富的水利资源。

2. 土壤

临沧市土壤有10个土类、19个亚类、72个土属、348个土种，呈地带性垂直分布。临沧市低海拔到高海拔的土壤分布主要有砖红壤、赤红壤、红壤、黄壤、黄棕壤和亚高山草甸土等6个土类。

二、气候

临沧市属亚热带低纬高原山地季风气候，地形地势复杂，是一个多种气候类型的地区。该市主要受印度洋暖湿气流和西南季风的影响，具有光热资源充足、四季差异不明显、夏无酷暑、冬无严寒、干湿季分明、降水充沛、立体气候显著的特点。但临沧市旱季和雨季分明，雨水较多，日照时间长，年平均日照数在 2 000 小时以上，霜期较短，部分地区终年无霜；立体气候明显，山区年平均气温为 13℃~15℃，中海拔区为 16℃~18℃，低海拔河谷地区在 19℃以上，亚热带低纬度热区面积占全市总面积的 1/3，占云南热区面积的 11.4%。南亚热带地区年均气温 17.5℃~21.7℃，年降雨量 920~1 750 毫米。

三、生物资源

临沧市植被呈垂直带状分布特征，所以植物的种类繁多，主要树种有云南松、思茅松、麻栎、椎木荷、桤木、华山松等，临沧市是云南省重点林区之一。截至 2017 年，活立木蓄积量 1.1 亿立方米，有自然保护区 5 个，其中国家级自然保护区 2 个、省级自然保护区 2 个、县级自然保护区 1 个（永德德党后山自然保护区），自然保护小区 1 个，自然保护区面积 303.36 万亩。2016 年，全市森林覆盖率 65%，有乔木 89 个科 436 个属 3 700 多种，其中商品木材树种 70 个科 271 种、常用商品木材树种 27 种、主要珍贵树种 21 种、主要经济林树种 28 种。

临沧市野生动物中有兽类 121 种、鸟类 413 种、爬行类 55 种、两栖类 35 种、鱼类 85 种，有重点保护野生动物 97 种，其中国家一级重点保护野生动物 19 种、国家二级重点保护野生动物 73 种、省级重点保护野生动物 5 种。沧源南滚河流域是中国亚洲象的第二分布区，豚鹿、黑长臂猿滇西亚种、白掌长臂猿在中国仅分布于临沧。

四、旅游资源

临沧旅游资源有着自己独特的“个性”。澜沧江流经临沧市境内两百多千米，在此段流域上建成的三座百万级千瓦大电站——漫湾、大朝山、小湾电站，三大电站形成了气势磅礴，雄伟壮丽的澜沧江高峡百里长湖景观。临沧大雪山由大雪山的雪山洞、主峰石、杜鹃林、桫椤群、黄草坝等 18 个景点组成，山顶白雪皑皑，云海日出，赏心悦目。中国八大古崖画之一的沧源崖画是中国目前为止发现的最古老的崖画之一。图像多为狩猎和采集场面，也有舞蹈、战争等内容。据测定，崖画产生于三千多年前的新石器时代晚期。沧源古崖画群历经三千多年风雨而原貌依然，讲述给世人的是人类从起源到发展的全部奥秘，被中外史学家誉为“滇西南人文史诗”。沧源佤山风景名胜区是国内典型的佤族自然山水风情区，佤族风情浓郁独特，服饰工艺丰富多彩。历史文化古朴丰厚，崖画文物闻名遐迩。自然环境优美，佤山碧绿苍翠，热带雨林茫茫，珍稀生物荟萃。

五、矿产资源

临沧地处“三江成矿带”（金沙江、澜沧江、怒江）南段，境内属山区高原地貌，有独特的成矿地质条件。市内矿产资源具有产地多、矿种全、品位富、开发条件好的特点。至2017年，全市共发现矿产42种，占国家已发现矿产171种的25%，其中能源矿产4种，金属矿产15种，非金属矿产21种，水气矿产2种。

第二节　热区社会经济发展情况

一、基础设施

1. 交通

临沧是云南滇西南地区重要的交通中心，为通往缅甸仰光的最便捷陆上通道。全区有沧源、耿马、镇康3个县与缅甸接壤，国境线长290.791千米，有3个国家二类口岸和17条通道，有5条公路与缅甸公路相连，素有“黄金口岸”之称，被誉为“南方丝绸之路”“西南丝茶古道”。其中孟定口岸以秀美的亚热带风光被誉为“黄金边城”。从孟定口岸清水河到缅北重镇腊戍仅187千米，距缅甸第二大城市曼德勒457千米，昆明经临沧出境至缅甸仰光公路里程仅1 892千米。

2018年年末临沧市通公路里程17 110.5千米，比上年增加549.1千米；年末机动车保有量89.53万辆（不含拖拉机），比上年增长6.7%，其中，汽车保有量19.7万辆，增长11.9%，完成公路客运量1 065万人，比上年增长3.0%，旅客周转量98 874万人千米，下降3.0%；货运量4 291万吨，比上年增长16.6%，货物周转量317 311万吨千米，增长18.8%。完成航空客运量60.56万人次（含沧源机场），比上年增长25.8%。表10-1所示为临沧内河、湖泊主要港口吞吐量和码头泊位数。

表 10-1　临沧内河、湖泊主要港口吞吐量和码头泊位数

年份	旅客吞吐量/万人	出港量/万人	货物吞吐量/万吨	出港量/万吨	码头长度/米	泊位数/个
2017	79.52	39.76	89.60	44.80	706	16
2016	88.43	44.22	26.00	13.00	706	16
2015	71.70	35.85	9.36	2.45	706	16
2014	66.00	33.00	1.37	0.36	706	16
2013	66.00	33.00	0.57	0.15	706	16

2. 农业基础设施

2018 年耕地有效灌溉面积 1 410.3 平方千米，比上年增加 72.8 平方千米；有效灌溉率达 52.96%，提高 3.03 个百分点；全年累计治理水土流失面积 4 837.1 平方千米，增加 291.3 平方千米；水利工程供水量 83 480 万立方米，增加 2 759 万立方米，其中：农业灌溉 61 611 万立方米，增加 2 020 万立方米。

全市农机总动力 107.03 万千瓦，耕种收综合农业机械化水平达 46.1%，较上年提高 2.0 个百分点，完成农机作业面积 420 万亩次，比上年增加 1.2 万亩次。拖拉机的上牌率、检验率、持证率分别为 98%、86%、98%。表 10-2 为临沧市农田水利情况。

表 10-2　临沧市农田水利情况

年份	水库数/座	水库总库容/亿立方米	耕地灌溉面积/平方千米
2017	260	5.05	1 337
2016	254	4.81	1 282
2015	247	4.72	1 215
2014	241	4.29	1 101
2013	235	3.91	1 014

二、人口

2018 年年末全市常住人口 253.6 万人，比上年增长 0.4%，其中，城镇人口 106.31 万人，占总人口比重为 41.92%，比上年提高 1.17 个百分点。全年出生人口 3.28 万人，出生率 12.92‰；死亡人口 1.56 万人，死亡率 6.15‰；自然增长率 6.77‰；符合政策生育率 84.53%；综合节育率 83.23%。

临沧市就业人员持续增加。2018 年年末城镇新增就业人员 2.77 万人，比上年增长 3.0%；城镇登记失业率 3.47%，比上年降低 0.2 个百分点。

临沧市第六次人口普查实际登记的人口中，0~14 岁的人口为 48.75 万人，占总人口的 20.07%；15~59 岁的人口为 168.66 万人，占总人口的 69.42%；60 岁及以上的人口为 25.54 万人，占总人口的 10.51%，其中 65 岁及以上的人口为 17.26 万人，占总人口的 7.10%。临沧市人口老龄化进程逐步加快，对临沧市老龄人口事业的发展，对老有所养、老有所医、老有所乐提出了新的要求和挑战。在全市 6 周岁以上人口中，具有大学文化（指大专以上）程度的 87 903 人；具有高中文化（含中专）程度的 138 594 人；具有初中文化程度的 520 601 人；具有小学文化程度的 1 275 412 人。

三、经济

1. 经济总体情况

2018 年临沧市完成地区生产总值 630.02 亿元，比上年增长 9.3%。其中，第一产业增加值 172.11 亿元，增长 6.2%；第二产业增加值 205.39 亿元，增长 11.4%；第三产业增加值 252.52 亿元，增长 9.4%。人均 GDP 为 24 892 元，增长 8.9%。临沧市非公有制经济发展加快，非公有制经济实现增加值 280.19 亿元，比上年增长 10.4%，占全市生产总值的 44.5%。

2. 居民收入

2018 年临沧市城镇常住居民人均可支配收入 27 161 元，比上年增长 8.4%（扣除价格因素，实际增长 6.4%）；农村常住居民人均可支配收入 10 756 元，比上年增长 9.6%（扣除价格因素，实际增长 7.6%）。临沧市农民收入构成以家庭经营为主，工资性收入、转移性收入及财产性收入为辅。未来，农民收入结构会发生变化，家庭经营性收入占比会逐渐降低，工资性收入水平会逐渐增加，农民收入结构会呈现多元化发展，其中农民在乡村休闲旅游、电子商务方面的收入潜力会得到显现。

2016 年，临沧市农村常住居民人均可支配收入 8 814 元，其中，家庭经营性收入 5 324 元，占可支配收入的 60.40%；工资性收入 2 649 元，占可支配收入的 30.05%；转移性收入 826 元，占可支配收入的 9.37%；财产性收入 15 元，占可支配收入的 1.70%。由此可以看出，家庭经营性收入在临沧市农村常住居民收入中占绝对主要地位；工资性收入占可支配收入的 30.05%，占比在 30%左右。

3. 财政收入

2018 年，临沧市完成地方财政总收入 71.48 亿元，比上年增长 15.6%；完成一般公共预算收入 44. 17 亿元，增长 10. 3%，其中税收收入 23. 71 亿元，比上年增加 4. 57 亿元，增长 23. 9%；完成一般公共预算支出 267. 3 亿元，增长 10. 0%。2018 年，临沧市完成地方财政总收入 71. 48 亿元，比上年增长 15. 6%。一般公共预算收入 44. 17 亿元，增长 10. 3%，其中税收收入 23. 71 亿元，比上年增加 4. 57 亿元，增长 23. 9%；完成一般公共预算支出 267. 3 亿元，增长 10. 0%。

4. 固定资产投资

临沧市固定资产投资持续较快增长。2018 年，临沧市完成固定资产投资比上年增长 24. 5%。其中，第一产业投资下降 70. 9%；第二产业投资增长 27. 4%；第三产业投资增长 30. 6%。房地产开发投资比上年增长 37. 4%；房屋施工面积 475. 63 万平方米，比上年下降 23. 5%，商品房销售面积 98. 12 万平方米，增长 12. 0%。

5. 国内贸易

2018 年临沧市社会消费品零售总额 203. 4 亿元，比上年增长 12. 0%。按经营地统计，城镇消费品零售额 122. 11 亿元，增长 13. 4%；乡村消费品零售额 81. 29 亿元，增长 9. 9%。按消费类型统计，餐饮收入 26. 94 亿元，增长 11. 2%；商品零售 176. 46 亿元，增长 12. 1%。

四、民族

临沧市有 23 个少数民族。临沧市少数民族人口总数为 90. 58 万人，占总人口的 37. 28%。其中，少数民族人口超过 10 万的有彝族，人口为 35. 523 万人，占总人口的 14. 62%；佤族人口为 23. 52 万人，占总人口的 9. 68%；傣族人口为 11. 43 万人，占总人口的 4. 71%。

五、传统文化

临沧被誉为“世界佤乡”。临沧是佤族文化的荟萃之地，全国有 39 万多佤族人，临沧有 22 万多佤族人，占全国佤族人口的比例接近 60%。佤族是我国南方的一个古老民族，自古以来就繁衍生息在临沧这块古老的土地上，并创造了独具特色的文化。据文献记载和考古、历史学家考证，距今数千年的云县忙怀、耿马石佛洞、南碧桥等新石器文化和距今 3 000 多年的沧源崖画等，都是以佤族先民为主体创造和建立的。在临沧，“巴饶”“佤”和“勒佤”佤族三大支系都有分布，佤族文化形态齐全，特点鲜明。佤族是一个纯朴、热情、奔放的民族，他们粗犷豪放的性格，造就了佤族人会说话就会唱歌，能走路就能跳舞的本能，手能舞蹈，足能舞蹈，连头发也能舞蹈。歌、舞便理所当然地成了佤文化表现形式的载体之一。黑皮肤、黑头发、木鼓舞、甩发舞、剽牛、牛头图腾、祭祀活动、摸你黑等都是人们脑海里佤族的印记，这种不可复制性将使佤文化更具有原生态性、民族性，而民族的就是世界的，《风舞佤山》就是一条临沧通往外界的途径，也是提高和扩大“世界佤乡·中国临沧”知名度和影响力的载体之一。在临沧打造佤文化的铿锵有力的步伐下，“世界佤乡·中国临沧”会更清晰地呈现在世人面前，当人们记起临沧时，也会想起甩发舞、佤族酒歌，《风舞佤山》《司岗里的天空下》等。

第三节　热区农业生产结构

一、农林牧渔结构

临沧市 2018 年实现农林牧渔业总产值 270.6 亿元，按可比价格计算，比上年增长 6.2%。其中，农业产值为 173.15 亿元，增长 6.4%；林业产值为 15.63 亿元，增长 4.1%；牧业产值为 69.1 亿元，增长 5.8%；渔业产值为 7.3 亿元，增长 10.0%；农林牧渔业服务业产值为 5.41 亿元，增长 5.1%。

二、种植业生产结构

临沧市根据地理环境，考察市场需求，科学合理、因地制宜地规划产业，努力发展农业生产。临沧市抓好甘蔗、茶叶、烤烟、核桃、蔬菜、橡胶和水果等传统产业的发展，也引进咖啡、澳洲坚果、生物药材的种植，千方百计发展农业，增加农民收入。

第一，传统产业发展情况。2018 年临沧粮食产量为 101.46 万吨，比上年增产 0.6%。其中：夏粮产量为 13.32 万吨，增产 2.1%；秋粮产量为 88.13 万吨，增产 0.4%。主要粮食品种中，稻谷产量为 23.73 万吨，减产 2.8%；小麦产量为 5.16 万吨，减产 1.4%；玉米产量为 61.45 万吨，增产 1.8%。此外，蔬菜、橡胶、水果、蚕桑和木薯等产业都得到了较好的发展，为农村经济发展、农民增收打下坚实的基础。

第二，新兴产业发展情况。2018 年油料产量为 2.47 万吨，比上年增产 8.6%；甘蔗产量为 517.87 万吨，增产 16.4%；烤烟产量为 3.79 万吨，减产 8.6%；蔬菜产量为 73.2 万吨，增产 6.5%；茶叶产量为 13.3 万吨，增产 7.4%；核桃产量为 23.84 万吨，增产 12.3%；水果产量为 19.27 万吨，减产

6.6%；澳洲坚果产量为1.44万吨，增长90.2%；咖啡产量为19.8万吨，减产3.3%；橡胶产量为4.65万吨，增长5.7%。种植业的健康发展拓宽了农民致富的渠道。

三、林业生产结构

临沧市坚持把植树造林和土地绿化作为生态文明建设的重要举措，加快实施生态保护修复重大工程项目，不断加大生态保护修复力度，完成新一轮退耕还林17.63万亩、退耕还草0.99万亩、陡坡地生态治理1.2万亩。临沧坚持以专业队伍造林为主，加强造林质量和进度的督促、监管和指导，高标准完成新造林50万亩；突出抓好核桃、临沧坚果种植基地提质增效，完成木本油料提质增效30万亩；积极开展林、农、牧等多种项目的复合经营，探索“林空”经济发展模式，打造一批规模适度、特色鲜明、效益显著、环境友好、带动力强的林下经济示范基地。表10-3所示为临沧主要林产品产量。

表10-3　临沧主要林产品产量　　　　单位/万吨

年份	橡胶	松脂	油桐籽	油茶籽	核桃	板栗	紫胶
2017	4.41	0.71	0.07	0.01	20.89	0.07	0.05
2016	4.32	0.73	0.05	0.02	22.77	0.08	0.05
2015	3.77	0.80	0.08	0.02	20.01	0.07	0.05
2014	3.51	0.67	0.09	0.01	17.12	0.07	0.07
2013	3.26	0.86	0.06	0.01	13.76	0.06	0.07

四、牧业生产结构

2018年临沧肉类产量为26.64万吨，比上年增长3.8%。其中，猪肉产量为22.22万吨，增长3.2%；牛肉产量为1.76万吨，增长5.7%；禽蛋产量为0.57万吨，增长2.8%。2018年年末生猪存栏228.19万头，增长0.8%；生猪出栏270.69万头，增长3.0%。临沧市养殖业原先以家庭饲养为主，近年来养殖场、养殖专业合作社相继成立，生猪养殖和肉牛羊养殖已经初具规模。现如今，全市共有大小养殖合作社549个，其中生猪养殖合作社274个，肉牛养殖合作142个。养殖场最小的规模有几十头，规模大的有上千头，养殖业的长足发展成为农民收入的重要组成部分。表10-4所示为临沧市畜产品产量情况。

表 10-4　临沧市畜产品产量　　单位：万吨

年份	畜产品产量	猪肉	牛肉	羊肉	奶类	牛奶	禽蛋	蜂蜜
2017	26. 55	22. 73	2. 96	0. 86	0. 03	0. 03	1. 37	0. 04
2016	25. 92	22. 19	2. 89	0. 84	0. 03	0. 03	1. 31	0. 04
2015	25. 70	22. 00	2. 86	0. 84	0. 03	0. 03	1. 21	0. 04
2014	25. 44	21. 78	2. 83	0. 83	0. 04	0. 04	1. 12	0. 03
2013	24. 76	21. 53	2. 47	0. 76	0. 03	0. 03	0. 76	0. 04

五、渔业生产结构

2018 年临沧市水产品产量为 6. 8 万吨，比上年下降 6. 8%。临沧市坚持保护与开发并重，以库区渔业为开发重点，着力转变养殖发展方式，推进渔业标准化健康养殖，打造临沧高原淡水渔业品牌。全市改造中低产池塘 265 亩，亩生产能力达 1. 5 吨以上，放流各类水生动物 626. 05 万尾，繁育土著鱼四须鲃鱼苗 4 万多尾，国家二级保护动物山瑞鳖幼鳖 800 余只，引进推广名特优养殖新品种 3 060 万尾，虹鳟鱼养殖基地达 91 亩。全市新增水产养殖企业 5 户，总数达 16 户，培育了云南小湾生态渔业有限公司、天邦水产养殖有限公司等一批水产养殖龙头企业。表 10-5 所示为临沧市水产品产量及养殖面积。

表 10-5　临沧市水产品产量及养殖面积

年份	水产品产量/万吨	养殖产量/万吨	捕捞产量/万吨	鱼类/万吨	虾蟹类/万吨	贝类/万吨	其他/万吨	水产养殖面积/平方千米
2017	6. 53	5. 99	0. 54	6. 45	0. 01	0. 05	0. 02	0. 010 8
2016	8. 16	7. 34	0. 82	8. 07	0. 01	0. 05	0. 02	0. 010 8
2015	9. 91	8. 82	1. 09	9. 80	0. 02	0. 07	0. 03	0. 010 8
2014	11. 33	10. 21	1. 12	11. 19	0. 04	0. 07	0. 03	0. 011 1
2013	11. 71	10. 52	1. 19	11. 57	0. 05	0. 06	0. 03	0. 011 1

六、特色农产品

近年来，临沧市立足资源优势，大力发展高原特色农业，已经取得很大成效，农业生产条件明显改善，农业生产结构更优化，具有临沧特色的瓜果蔬菜、茶业、蔗糖业等产业快速发展起来；产业规模持续扩大，生产布局更趋合理，逐渐建立起一批特色明显、优势突出的农产品产区，并蓬勃发展起来。同时，随着农业科技的推广与应用进程的加快，农产品的质量不断提高，产量不断增加，实现了农业持续增效、农民持续增收的目标，农林畜牧渔业产值都稳步增长。

1. 茶业

临沧是世界茶树起源中心之一，古茶树资源保存量较大，是世界著名的“滇红”之乡和国内知名的“蒸绿”茶诞生地，全区有茶组植物4个系8个种。由于在气候环境、土壤、品种、资源等方面具有得天独厚的优势，临沧已成为我国18个产茶省（区）中最适宜种茶区之一。自1999年实施茶叶产业化经营以来，茶产业迅速发展起来，经过多年发展，从整体发展情况看，临沧茶业的整体生产与加工情况和效益不断提高，茶叶龙头企业逐渐培育起来，市场渠道不断拓宽，高优生态茶园规模持续扩大，较为完整的产业体系逐渐形成，在国内外市场上具有较强的竞争力。茶业已发展成为临沧市特色优势骨干产业，涉及160多万茶农的增收，是临沧农业、农村和地方经济发展的重要支撑产业，茶树是临沧不可代替的重要特色经济作物，对临沧农业产业结构调整、农民增收、农业增效、生态保护等方面具有十分重要的作用。

在加工方面，临沧有500多年的制茶历史，其加工基础条件较好。截至2011年年底，全区有茶叶初制所857个，覆盖8个县（区）77个乡镇，获得生产许可证的加工企业146户，专业茶叶交易市场5个，茶叶综合加工能力超过10万吨。主要生产的茶类有红茶、清茶、绿茶等，临沧已形成一批具有核心竞争力和带动力较强的龙头企业和知名品牌，以凤庆滇红集团股份有限公司、耿马蒸酶集团公司及双江勐库茶叶有限公司为龙头，带动茶产业快速发展和农民增收。

凤庆滇红集团股份有限公司是中国“滇红”发源地，其生产的“凤牌”红茶已被评为中国茶叶名牌；耿马蒸酶茶集团是云南省最大的绿茶加工生产经营企业，年生产能力和产品市场容量均在1 000吨以上，其生产的“回味牌”绿茶远销于四川、上海、广州、山东等地，具有比较明显的绿茶市场竞争优势；双江勐库茶叶有限公司生产的“勐库牌”茶叶，在国内和东南亚地区已成为知名的茶叶品牌，特别是“勐库牌”七子饼茶、普洱沱茶等具有边疆民族特色的产品远销我国香港地区、韩国、马来西亚等，具有比较稳定的市场份额。

总之，目前临沧的制茶业已形成一个遍布茶区的设备齐全、加工技术水平较高的制茶体系，生产的产品种类繁多，并在国内外市场具有较好的口碑，有效地将传统工艺与精深加工技术有机结合；地方特色明显，优势突出，使临沧茶叶在国外市场上具有较强的竞争力，产业整体生产水平、产品质量和效益不断提高，整个茶叶产业已逐渐走向规模化生产、产业化经营的道路。

2. 蔗糖

热区是发展糖料甘蔗种植的优势区域，临沧热区面积占临沧土地总面积的三分之一，临沧光资源充足、降水充沛、昼夜温差大的气候特点适宜甘蔗的生长和蔗糖糖分积累。同时，云南是我国重要的甘蔗生产基地，临沧又是云南省主要的生产基地，种植甘蔗历史悠久，具有比较明显的优势，已经成为临沧农业重要的支柱产业和优势产业。截至2017年年底，全市甘蔗种植面积达143.7万亩（含境外替代种植），甘蔗总产量达507.57万吨，生产食糖56.82万吨，同比增长69.7%。全市建成高优蔗园98.3万亩，占甘蔗种植总面积的68.4%。全市建成甘蔗专业村58个，覆盖面积为47.3万亩；合作社、互助组有577个，覆盖面积为35.4万亩；种植面积达100亩以上的种植大户466户。

一批核心竞争力较强的龙头企业和知名品牌逐渐形成，蔗糖产加工销贸工农一体化的生产经营格局渐趋完善。目前，临沧拥有15座有机制糖厂，其中综合实力、带动力强的龙头企业有三家，分别是南华、永德、凤庆糖业集团，其主要生产的产品是白砂糖和红糖，已远销上海、四川、重庆、广东和缅甸、泰国等地，其中“晶莹”白砂糖和“晶菱”白砂糖被列为云南特色名牌产品，在国内外蔗糖市场具有较大的市场份额和比较明显的竞争力优势，同时拉动制糖、造纸、酒精、运输业、服务业等行业快速发展，综合效益更高，惠及50多万农民，蔗农人均收入达4 000元以上。

3. 澳洲坚果

临沧坚果的生产区域范围为临沧市所辖临翔区、云县、凤庆县、永德县、镇康县、耿马傣族佤族自治县、沧源佤族自治县、双江拉祜族佤族布朗族傣族自治县共计8个县（区）77个乡镇（街道）。截至2017年，全市澳洲坚果种植面积达227.89万亩，挂果面积26.1万亩，产量1.2万吨，产值6亿元，带动建档立卡贫困户5万多户，15万人实现脱贫；全球澳洲坚果种植面积约为436万亩，临沧就达227.89万亩，约占全球种植面积的52%。

临沧不断加大对现有的云南云澳达坚果开发有限公司的培育力度，鼓励和扶持企业依靠创新或引入战略合作伙伴，利用新技术、新工艺开发生产坚果仁食品、油、饮品、化妆品等精深加工产品，利用坚果壳生产生物塑料、建材等新型环保产品。云南云澳达坚果开发有限公司是集澳洲坚果种苗培育和供应、高效种植、生产加工、科研与技术服务、进出口贸易为一体的综合性龙头企业。其主要经济林产品为澳洲坚果优质种苗、种子、壳果、果仁及其系列加工产品，其中果仁系列产品市场占有率达30%，优质种苗市场占有率达50%以上。公司现已拥有1个坚果研究所、2个出口加工厂、3个丰产栽培种植基地、4个优质种苗繁育基地、5个技术支撑体系、6个林木良种审定、7个注册商标、8个名牌名品及奖状、9个认证及标准制定。公司还建立了从良种选育、丰产栽培、产品加工、市场营销、技术研究及培训推广服务全产业链完善的产业体系。

4. 核桃

临沧优越的自然条件，十分有利于核桃生长，根据林业部门测算，适宜种植泡核桃的土地面积有2 700多万亩，占全市土地面积的77.3%，2018年，临沧核桃面积800.39万亩，投产面积为550万亩，产量为33万吨、产值为46.39亿元。同时，临沧具有云南省乃至全国最优质的铁核桃种苗，这为临沧发展核桃产业提供了有利的条件。近年来，临沧核桃产业逐渐向区域优势集中、产业布局更趋合理的方向发展。

围绕核桃产业的发展，临沧逐渐形成一批核心竞争力强的核桃加工企业和知名品牌。全市共投入核桃产业发展资金6.4亿元，建成核桃基地800.39万亩，相对集中连片的高产核桃园面积300余万亩，占总面积的37%。目前，临沧拥有凤庆巨达食品工业有限责任公司、云县鑫达生物食品有限责任公司和云南智汇源食品有限公司三家核桃加工企业，其中凤庆巨达食品工业有限责任公司已经成为我国首批40家经济林龙头企业之一，主要加工的核桃乳、核桃油、核桃粉等产品远销往广东、上海、四川、缅甸等地，在国内外市场都具有较好的口碑。临沧核桃产业经过区域化布局、专业化生产和商品化经营，市场份额进一步增加，在国内外具有一定的竞争力。

七、农产品贸易及特点

清水河口岸是中国与缅甸的一处口岸，位于临沧市耿马县。中缅之间的边境口岸在中缅两国社会经济发展过程当中一直发挥着重要的作用。目前，清水河口岸是中缅间仅次于瑞丽口岸（中国叫瑞丽口岸，缅甸叫木姐口岸）的第二大边境贸易口岸，位居缅甸十大边境贸易口岸中的第三位，清水河口岸的贸易交易额约为瑞丽口岸的1/14、缅泰边境的妙瓦底口岸的1/2。

第四节 农业产业发展模式及特点

一、“庄园+咖啡”庄园经济发展模式

临沧坚持“政府主导、企业主体、部门联动、群众参与”的原则，以庄园经济引领咖啡产业发展、工厂化推进咖啡苗圃基地建设、庄园化推进咖啡产业发展、国际化推进咖啡品牌创建、社会化推进咖啡科技服务体系建设，实现咖啡规模化开发、标准化生产、科学化管理、产业化发展和集约化经营，把咖啡培育成临沧农业产业结构调整的标志性产业，把临沧建成全国乃至世界重要的咖啡生产基地。

临沧市咖啡产业主要由凌丰、后谷、隆昌等龙头企业带动发展，农户自主种植的不多，组织化水平较高。其中临沧凌丰咖啡公司种植面积 22.03 万亩，种植范围涉及 7 个县（区）、46 个乡（镇）、319 个村委会、1 742 个村民小组、种植户达 4.42 万户，辐射带动人口达 20 多万人，已成为我国咖啡种植面积最大的龙头企业之一。其发展主要采取“租赁返包、保底价收购、贴息担保贷款和办理林权证”的开发模式，即公司与农户签订土地租赁协议，向农民租赁土地；公司与农户再签订咖啡园管护协议，将咖啡园无偿承包给农户管理，公司按保护价格收购，价格高于保护价时按市场价收购；此外，公司免费提供种苗，其他所需农药、肥料等由公司贴息担保贷款，以解决投产之前的农户生产、生活费用；同时公司还办理咖啡林权证。这一开发模式是咖啡产业制度和机制的一次重大创新，它盘活了土地资源和农业生物资产，从而实现了政治、经济、财政、金融、科技等诸多要素的有机统一，极大地促进了临沧咖啡产业的发展。

二、“口岸+边民互市+落地加工”开放农业发展模式

从国际经验看，成熟的市场经济都是开放型经济，市场化程度越高，经济开放的程度也越高。临沧地处西南与缅甸交界，是昆明通往缅甸仰光的陆上捷径，利用与缅甸接壤、有 3 个国家口岸和 17 条通道的天然的地理优势发展边地开放农业，即充分利用陆路优势、沿边开放优势，加强与周边国家开展农业生产合作，构建跨境农业合作区、边境农业合作区、境外农业合作区。此外，独特的地理条件为其通道开放农业模式提供了得天独厚的比较优势：通道农业模式就是基于其天然枢纽的地缘地位，通过发展便捷化的交通网络，致力于构

建面向东南亚、南亚和转口国内的耿马农产品交易中心，建立服务西南、面向全国乃至东南亚、南亚的粮食和特色优势作物品种选育基地和种子种苗繁育生产基地。目前，农产品为云南的第二大出口产品，东盟是云南农产品出口的第一大市场。国际合作交流开放农业也是云南地缘优势下的新型农业模式业态，它以项目合作为支撑、农业产业园为载体，实施积极的走出去发展战略，同时引进外向型企业，打造集“生产-技术-科研”三位一体的国际合作示范园，致力于把云南打造成农业发展的总部经济。

三、“坚果+咖啡+山地鸡”山地立体生态发展模式

临沧市永德县崇岗乡大红山坚咖生态文化产业园区按照“扩规模、保质量、稳市场、打品牌”的工作思路，围绕“坚果+咖啡+山地鸡”山地立体生态发展模式，通过成立专业合作社，大红山园区坚咖鸡产业网格管理不断完善，运行逐步规范，园区效益日益提升，涉及的种养殖户、村级集体经济、合作社、企业等利益主体切实得到创收，园区的经济效益、社会效益、生态效益得到充分体现。园区共种植坚果 1.5 万亩，套种咖啡 1.01 万亩，套养山地鸡 2 万余羽。2017 年，园区总产值达到 540.4 万元，园内户均收入达 0.9 万元。园区进入盛产期后，单种坚果区域亩产值可达 1 万元，坚果套种咖啡区域亩产值可增加 1 250 元，套养山地鸡区域亩产值可再增加 2 025 元，合作社收入可达 50 万元以上，村级集体经济收入达 10 万元以上，大红山坚咖鸡产业真正成为老百姓增收致富的支柱产业。届时，大红山“坚果+咖啡”生态文化产业园将建设成为“支部引领—产业发展—生态宜居—旅游观光—农家休闲”为一体的绿色发展示范园区和一、二、三产业融合发展的乡村振兴示范点。

第十一章　元谋县热区农业发展模式

第一节　热区农业自然资源

一、土地资源概况

1. 地形地貌

元谋县位于云南省楚雄彝族自治州北部，海拔最低 898 米，最高 2 835.9 米，东经 101°35′~102°06′、北纬 25°2′~26°06′。元谋县东倚武定县，南接禄丰县，西邻大姚县，北越金沙江与四川省理县交界，西南与牟定县接壤，西北与永仁县毗连。驻元马镇为元谋县人民政府所在地，海拔 1 078 米。

元谋县地貌呈肾形。山脉分属三台山、白草岭、鲁南山三个山系。三台山层峦叠嶂，余脉自南而北；白草岭逶迤连绵，余脉由西北向东南；鲁南山蜿蜒起伏，余脉由北向南转东。元谋县有河流 57 条，分属金沙江、红河两个水系，县域呈东南高、西北低，四周高、中间低的"宵箕凹"势态。

2. 土壤

元谋县土地面积 2 025.55 平方千米，实有耕地面积 142.22 平方千米，森林面积 1 423.38 平方千米，全年新增造林面积 12.667 平方千米，森林综合覆盖率 43.1%。元谋县自然土壤占总面积的 85%，农业土壤占总面积的 15%。元谋干热河谷土壤以燥红土和红壤土为主，其肥力一般偏低，表土有机质含量 0.83%~1.76%，全氮含量 0.078%~0.14%，全磷含量 0.054%~0.16%。海拔 2 300~2 400 米的阳坡为紫色土，冲积土分布在河流两岸，水稻土多分布于低海拔地带。

二、气候

元谋县地处滇中高原北部。年平均气温21.9℃，年平均降雨量613.8毫米，全年山区无霜期305~314天，半山区无霜期302~331天，坝区平均霜期2天，日照时数2 670.4小时，属南亚热带干燥季风气候，干湿分明，光照充足。

1. 降水

元谋县降水量表现的特征是干湿分明。其年平均降雨量613.8毫米，最多年906.7毫米（1966年），最少年287.4毫米（1960年）。雨季开始一般在5月29日（最早为5月6日），结束一般在10月11日（最迟10月29日）。7月降雨最多，平均为137.8毫米；1月份最少，平均为3.1毫米。冬春雨少，3月~5月不足60.6毫米，12月~次年2月不足20毫米。年蒸发量为降水量的6.4倍。年平均相对湿度为53%。

2. 气温

元谋县属南亚热带干热季风气候，河谷、平坝干燥少雨，光照足；半山区温热；山区冷寒。元谋县年日照数2 670.4小时，年平均日照时数7.3小时/天，日照百分率60%。年均积温7 378℃~8 418℃，大于10℃的活动积温7 996.1℃。年平均气温21.9℃，极端最高温度42℃，最低温度零下0.1℃。地处金沙江河谷的江边乡年平均气温达23.1℃；地处山区的花同乡年平均气温仅13.4℃。元谋县多东南风，年平均风速2.5米/秒。由于高山低谷，海拔高差大，其地势可分为山区、半山区、坝区，呈立体气候。

三、生物资源

元谋境内植物共有123个科462种，以禾本科和菊科居多。热区特色的植物有攀枝花、车桑子、羊蹄甲、凤凰树、西果树、霸王鞭、仙人掌、金合欢等。

木棉（又称攀枝花）树形高大雄伟，树冠整齐，多呈伞形。攀枝花于冬末春初开放，2月采收。花朵有红色、橙色两种，一般有5个花瓣。花开时树无绿叶，枝干挺拔，千枝万朵，一树红花，蔚为壮观，故又称“英雄花”。在盛夏时，其枝繁叶茂，树冠大，是乘凉的一把大伞。木棉是耐高温、耐干旱的强阳性树种，木材轻软，全身都是宝。

车桑子又称坡柳、铁扫把，元谋人称它明油枝，因为车桑子含油量高，枝叶表面覆有反光性油脂，是极好的燃料。元谋的车桑子叶色丰富，红、黄、绿等色自然过渡，叶和花干时也会在枝上停留很长时间，不会及时坠落，是极好的观叶植物。它生命力极强，在表土流失、岩石裸露的石砾土壤或石头缝隙都能生长。

元谋常见的羊蹄甲有红花羊蹄甲、白花羊蹄甲以及紫花羊蹄甲。羊蹄甲树冠开展，枝干低垂，花大美丽，秋冬时开放，叶片形如牛羊的蹄甲，是很有特色的树种，可以作城市行道树及庭院风景树。

境内还盛产龙须草（又名山草）、霸王鞭、仙人掌、金合欢等。珍稀植物有酸角、红椿、龙眼、苦楝树。

元谋已发现的野生动物主要有70多种，较为名贵的有香獐、豪猪、猴、黄鼠狼、穿山甲、箐鸡、猫头鹰。

四、乡村旅游资源

元谋旅游资源非常丰富。主要景点有元谋人遗址、云南“三林”之一的土林奇观及具有一定规模的大菜园、大果园、大花园等一批自然景点、景观。其国家4A级旅游景区元谋土林，被人们传说是“疯神捏造的世界”，可就是这片原始、粗犷而又景观独具的土林，既养育了400万年前的古猿和170万年前的元谋人，也孕育了灿烂的中华文明，神奇壮丽的土林景观美轮美奂、鬼斧神工，堪称国内土林奇观之首，被人们誉为“世界地质奇观”。

元谋有多姿多彩的小凉山彝族风情和独具特色的热坝田园风光。彝族风情及彝族文化蜚声海内外，彝族民风淳厚、风情浓郁、服饰艳丽、刺绣精美；热坝山谷田园休闲区（包括七彩花山、冬早蔬园、极限运动大本营、生态公园、红果乐园、远古狩猎场、中华小当家、热坝农庄、七彩工坊、松竹园艺10个项目）集文化体验、科普探奇、温泉度假、养生度假、避寒度假、运动休闲、农业观光、商务会务、生态居住等功能于一体。

五、矿产资源

元谋县已探明的贵金属有黄金、铂、钯、铑等。黑色金属有磁铁矿、褐铁矿、菱铁矿、镜铁矿等。非金属矿有云母、石英、石墨、石膏、蓝晶石等。砂矿有金沙江的沙金，龙川江的石英河沙则尤为丰富。

第二节　热区社会经济发展情况

一、基础设施

元谋县拥有便利的交通条件及良好的农业基础设施。

1. 交通

元谋地处昆明—攀枝花经济圈的重要结合部，是楚雄北部经济发展的核心，与昆明、大理、丽江、香格里拉等世界著名旅游区一同构成香格里拉大旅游环线圈，具备公路、铁路、水上航运的立体交通运输网络。元谋县城距州府楚雄 134 千米、省城昆明 156 千米。

元谋县实现了乡乡通车、村村通路的目标。全县共拥有各级公路 122 条。其中：国道 1 条、省道 1 条、县道 5 条、乡道 40 条、村道 66 条、乡村驿道 5 条、专用公路 4 条；元谋县有永武高速公路、G5 京昆高速公路。

成昆铁路纵贯县境，成昆铁路永广段扩能改造（元谋段）项目在 2019 年下半年即将完工，元谋县即将跨入“高铁时代”，昆明到元谋仅需 1 个小时。

全年客运量 167.15 万人，客运周转量 11 211.61 万人千米，全年货运量 255.85 万吨，货运周转量 39 813.61 万吨千米。

2. 农业基础设施

元谋县有效灌溉面积达到 143.4 平方千米，农业机械总动力 308 610 千瓦，农用排灌动力机械 15 355 台。元谋县有水库、坝塘 1 627 座，其中：中型水库 4 座，小（一）型水库 7 座，小（二）型水库 58 座，坝塘 1 558 座，总库容量 10 848 万立方米，蓄水总量 6 959 万立方米，有效灌溉面积 106 平方千米，水利化程度达 54%，建成高产农田 7 000 多亩。元谋县被列入国家西部大开发投资 3.5 亿元的 30 万亩大型灌区和投资 1 亿元的省级重点项目丙巷河水库正在建设，届时将彻底解决元谋的灌溉用水问题。

二、人口

元谋县共辖 7 个乡、3 个镇、78 个村（居）委会，其中：68 个村委会、10 个居委会。2018 年元谋县总户数为 76 133 户，户籍总人口 21.75 万人，常住人口 22.13 万人，其中：乡村人口 16.86 万人，城镇人口 4.89 万人。女性人口 10.66 万人，男性人口 11.09 万人。人口出生率 11.85‰，死亡率 7.05‰，人口自然增长率 4.80‰。

元谋县从业人员 13.96 万人，其中：从事农业产业的 8.79 万人，占全部从业人员的63%；从事非农产业的 5.17 万人，占全部从业人员的 37%。全年就业服务中心安置就业 25 116 人，其中：失业人员再就业 1 996 人；年内组织就业及再就业培训 25 次，参加培训 1 668 人。2018 年年末城镇登记失业率为 3.12%。城镇化水平（城镇化率）为 37.94%。

三、经济

1. 经济总体情况

2018 年元谋县全年实现国内生产总值66.87 亿元，增长 11.8%；第一产业增加值 17.11 亿元，对 GDP 增长的贡献率为 25.6%；第二产业增加值 20.62 亿元，对 GDP 增长的贡献率为 30.8%；第三产业增加值 29.14 亿元，对 GDP 增长的贡献率为 43.6%。三次产业结构进一步得到优化，第一、二、三产业增加值占生产总值的比重如图 11-1 所示。

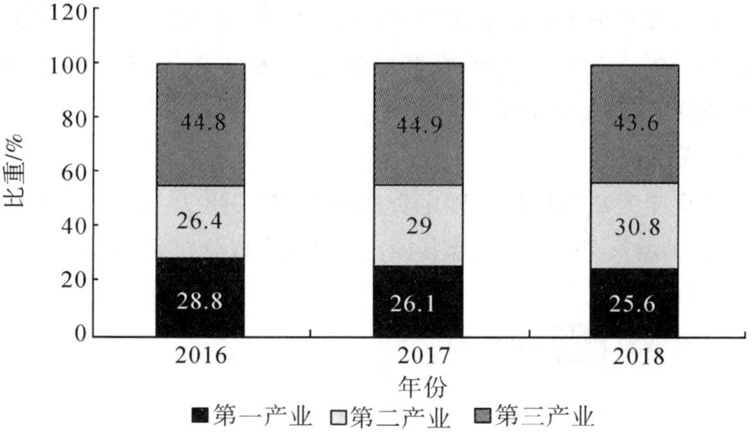

图 11-1　2016—2018 年三次产业增加值占国内生产总值的比重

2. 居民收入

2018 年元谋县人均生产总值 30 232 元，增长 11.6%；全县城镇常住居民人均可支配收入达 35 336 元，增长 7.9%，农村常住居民人均可支配收入达 12 579 元，增长 9.1%。图 11-2 所示为 2016—2018 年城乡居民收入及其增长速度。

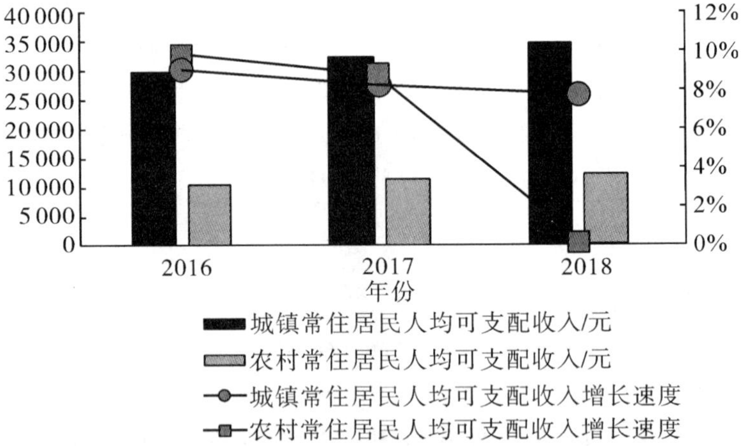

图 11-2　2016—2018 年城乡居民收入及其增长速度

3. 财政收入

2018 年元谋县全年完成地方财政总收入 5.53 亿元，比上年增加 0.65 亿元，增长 13.3%。其中：一般公共预算收入 3.46 亿元；上划收入 2.07 亿元。一般公共预算支出 19.57 亿元。

4. 固定资产投资

元谋县全年完成规模以上固定资产投资 769 348 万元，比上年同期增加 218 049 万元，增长 39.6%。元谋县固定资产投资成分如图 11-3 所示。

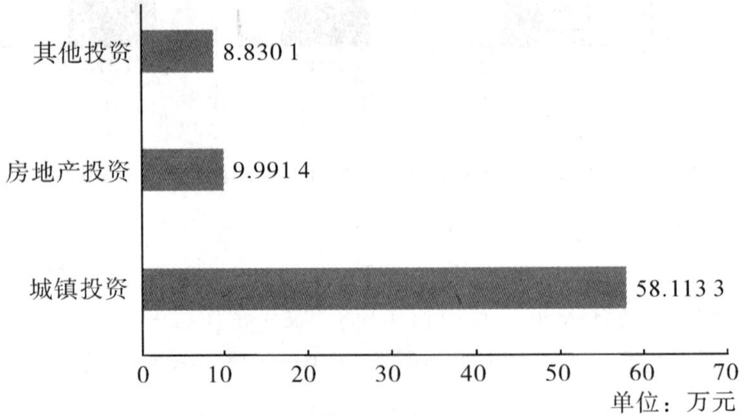

图 11-3　元谋县固定资产投资成分

全年新增固定资产 456 734 万元，全年施工项目 156 个；其中：本年新开工 116 个；竣工项目 108 个。

5. 支柱产业

反季节蔬菜产业、热带水果产业已成为元谋县不可替代的支柱产业，是元谋县农村经济的重要组成部分。元谋县凭借优越的地理气候条件，在反季节蔬菜产业和热带水果产业的发展上具有独特的优势。

其绿色蔬菜种植获得无公害农产品认证、绿色食品 A 级认证、有机食品认证以及云南名牌产品称号。元谋县先后被评为全国 100 个无公害蔬菜试验基地县、全国首批农产品质量安全县、首批中国特色农产品优势区、云南省首批高原特色农业示范县等诸多称号，又因为这些绿色蔬菜在该县可反季节种植，所以元谋也是全国有名的“冬早蔬菜之乡”。

元谋水果在热区农业中具有特色。由于元谋独特的气候资源优势，种植的葡萄、小枣、青枣、酸角等水果具有上市早、品质佳、口感好等特点，种植效益可观。据调查，元谋种植葡萄每亩最高产值可达 9 万元，吸引了大量的外地客商到元谋投资开发土地，种植葡萄、小枣等特色经济水果。这一方面加快了元谋县的土地流转；另一方面，促进了元谋县的热带水果产业的快速发展。

6. 龙头企业

元谋县知名龙头企业有云南元谋闽中食品有限公司、元谋利明脱水蔬菜有限责任公司等。

云南元谋闽中食品有限公司是一家以生产加工为主的企业，公司办公地址位于云南省楚雄州元谋县元马镇能禹进站路。公司经营范围包括蔬菜及其制品、果蔬饮料、水产品及其制品、肉类及其制品的生产等。云南元谋闽中食品有限公司秉承“诚信、专业”的经营理念，坚持用户至上、质量第一，经过不断的努力，已经成为一家在云南省行业内具有相当规模、影响力较大、发展迅速的企业之一。

元谋利明脱水蔬菜有限责任公司为保证原料供应，促进项目区农村经济的发展，积极在楚雄州的蔬菜主产县按“公司+农户+基地”的模式发展自己的原料基地。此举得到了州、县两级政府的充分肯定，受到了农民的广泛欢迎。

元谋利明脱水蔬菜有限责任公司的产品出口到美国、德国、韩国、荷兰等国，出口率在 90%左右，且产品供不应求。公司坚持以质量求信誉、信誉求发展为经营方针；以知心贴心、诚实守信为服务宗旨。公司生产的“奉氏”牌脱水蔬菜被评为云南省名牌产品，享有较高的知名度。

四、民族

元谋县的主要民族有汉族、彝族、傈僳族、苗族、回族、傣族等 21 个民族。其中，汉族 128 670 人，比上年下降 0. 27%，占总人口的 59. 2%；少数民族人口 88 858 人，比上年增长 1. 3%，占总人口的 40. 8%。千人以上少数民族人口数如图 11-4 所示。

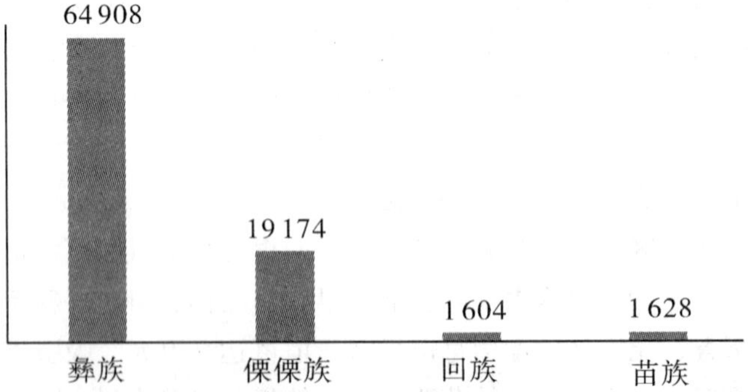

图 11-4　元谋县千人以上少数民族人口数（人）

1. 彝族

元谋小凉山彝族住房主要有瓦房、草房、土掌房和垛坊，多数为瓦房，居住分散。

小凉山彝族服饰分男女装，彝族男子穿对襟衣裳，外罩无袖领羊皮褂，黑布包头，身披百折羊毛毡，脚穿剪口布鞋；老年妇女头戴包高筒帽，身穿对襟窄袖短衣和着花脚边宽大筒裤；青年妇女身穿白色或粉红色衬衣和天蓝色长裤，外套色彩艳丽的对襟短衣，前胸和肩部镶嵌马樱花图案，脚穿浅帮绣花鞋，常戴耳环、手镯和戒指。

小凉山彝族传统的饮食有火塘酒、筛子酒、牛角酒、羊角酒、转转酒、松毛席、猪膀宴、羊膀宴、鸡头宴、猪头宴、猪肚宴等。

2. 傈僳族

历史上傈僳族男子蓄发辫盘在头上，系花麻布腰带、裹腿、挎大刀，如今男子服饰已与汉族无异。妇女过去穿麻布衣大筒裙，头戴无顶花帽，帽檐钉贝壳，右衽大襟衣，在大襟边、袖口、裤脚各镶花边三条，如今妇女已改穿棉布、化纤布服装，并同彝族一样镶花边、绣花，但所绣之花多为手拉手的人物图案，不绣马樱花。妇女上街时喜欢挎一个花“亚衣”（挎包），过去的无顶花帽现已改成鸡冠帽。

五、传统文化

元谋民族文化多姿多彩。赛衣节、插花节以及一年一度的火把节都是彝族人民的传统节日；花山节是苗族人民的传统节日，最为有名的是元谋花灯。

云南的花灯戏共有九大支系，而元谋花灯就是其中之一。元谋花灯形成于明朝洪武年间，成熟于明末清初，而元谋民间最为流行的说法是“灯从唐王起，戏从唐朝来”。元谋花灯戏流行于元谋县广大汉族地区，是一个以民间歌、舞、乐为基础，吸收外来剧种、剧目、音乐、表演形式，融合地方山歌、小调和民间舞蹈而逐渐形成的地方剧种。元谋花灯有传统剧目 72 个，花灯曲谱 151 首，因为剧目、曲目众多，剧目观赏性较强，曲调优美动听，具有广泛的群众基础。作为元谋最为传统的民间艺术，广场上、路边、婚丧嫁娶的仪式上，花灯戏以曲调、戏剧、舞蹈等不同形式呈现，极具浓郁的民族特色。

元谋花灯的传统剧目丰富，有对劳动的歌颂，有对爱情的追求，还有对剥削阶级的怨恨和反抗，如《包二回门》《闹渡》《三访亲》等。在没有任何娱乐设施的 19 世纪 50 年代，花灯戏便成了最时尚的娱乐方式。时代日新月异，新的娱乐方式冲击着人们的生活，传统文化遭受到不可磨灭的影响，但在元谋这座小城，民间艺术的味道依旧很浓，很多大叔大妈都是能歌善舞的好手，花灯小调，张口即来，按照现在的名词来说，他们个个都是非物质文化的传承人。连枯燥的普法宣传都能改编成花灯，广大人民群众创作了《依法治县见成效》《元谋是个好地方》《移民的丰收》《元谋花灯元谋人》《临江打渡》等本土花灯法治文艺作品，颇受观众喜爱。

第三节　热区农业生产结构

一、农林牧渔结构

元谋县 2018 年全年完成农林牧渔业总产值 28. 27 亿元。其中：农业产值 20 亿元；林业产值 0. 42 亿元；畜牧业产值 7. 05 亿元；渔业产值 0. 4 亿元；服务业产值 0. 4 亿万元。

二、种植业生产结构

元谋县农作物总播种面积为 470 576 亩。其中：粮食作物播种面积 250 712 亩；经济作物播种面积 219 864 亩。全县蔬菜种植面积为 154 977 亩；水果种植面积 103 853 亩；烟叶种植面积为 18 746 亩；油料种植面积 11 669 亩。全县粮食作物与经济作物种植结构为 53. 3 ∶ 46. 7，粮食作物种植比重与上年持平。全年粮食总产量 92 973 吨，其中：秋粮 86 455 吨；夏粮 6 518 吨。表 11-1 为元谋县主要农产品产量。

表 11-1　元谋县主要农产品产量

产品名称	2018 年/万吨	2017 年/万吨	增减/%
粮食	8. 96	8. 86	1. 1%
蔬菜	44. 57	42. 38	5. 2%
油料	0. 21	0. 18	16. 7%
烤烟	0. 25	0. 26	-3. 8%
水果	18. 9	17. 68	6. 9%

三、林业生产结构

元谋县森林面积 1 423. 38 平方千米，全年新增造林面积 12. 667 平方千米，森林综合覆盖率 43. 1%。全年治理水土流失面积 52. 1 平方千米。

四、畜牧业生产结构

元谋县肉类总产量达 26 849 吨，禽蛋产量 506 吨；水产品产量 3 100 吨。大牲畜年末存栏 98 620 头，比年初增长 3. 7%；生猪年末存栏 211 500 头，比年初增长 3. 9%；羊年末存栏 195 671 只，比年初增长 5. 6%。表 11-2 所示为元谋县主要畜产品产量及牲畜存栏情况。

表 11-2　元谋县主要畜产品产量及牲畜存栏情况

指标	本年数	比上年增减量	增减/%
肉类总产量/吨	26 849	1 708	6. 8
猪牛羊肉/吨	25 089	1 607	6. 4
年内生猪出栏/头	229 243	14 243	6. 6
年内牛出栏/头	22 590	1 533	7. 3
年内羊出栏/只	105 511	8 164	8. 4
大牲畜年末存栏/头	98 620	3 534	3. 7
生猪年末存栏/头	211 500	8 109	3. 9
羊年末存栏/只	195 671	10 385	5. 6

五、渔业生产结构

2018年全县水产品产量2 730吨，其中：池坝塘养殖产量1 750吨、水库养殖产量930吨、内陆捕捞产量50吨。全县渔业总产值3 494万元。2017年，渔业的工作重点和核心是加大水产养殖品种的结构调整，推广名优水产品种养殖，提高水产品品质，改变传统养殖结构。元谋县在稳步发展草鱼、鲢鱼、鲤鱼、单性罗非鱼的基础上，大力引进、推广以淡水白鲨、斑点叉尾鮰、大口鲶、银鱼、鳝鱼、泥鳅、罗氏沼虾等为主的名优水产品养殖，发展特色水产品，形成科学化、集约化养殖，打造具有元谋特色的品牌鱼，优化养殖品种结构，带动渔业结构的不断调整和优化，促进渔业发展。

六、特色农产品

1. 元谋蔬菜

在县委、县政府的支持领导下，元谋凭借其独特的气候和光热优势，开始种植冬春反季蔬菜，品种以番茄、黄瓜、菜豆、洋葱为主。数十年间，元谋的冬春反季蔬菜产业迅速壮大起来。元谋县政府抓住云南省重点打造“绿色能源”“绿色食品”“健康生活目的地”三张牌的机遇，聚力打造绿色品牌。元谋县深化农业供给侧结构性改革，认真贯彻落实中央实施乡村振兴战略的举措，突出冬早优势，坚持质量兴农、品牌强农和绿色发展导向，进一步调整品种结构，优化区域布局，引导农民发展精细蔬菜生产和特色蔬菜种植，龙头企业进行加工、销售，带动元谋蔬菜产业的发展。元谋反季蔬菜形成了规模化种植、商品化生产、产业化经营的格局，已成为元谋县最重要、不可替代的富民产业，并带动加工、运输、餐饮、酒店等第三产业迅速发展。

随着市场需求的日益增长和加工技术的不断进步，蔬菜加工的产品越来越多。按大类划分，产品可分为一般加工产品和深加工产品。一般加工产品包括鲜制品、速冻制品、干制品、糖渍制品、盐腌制品、罐头制品等；深加工产品有蔬菜汁、浓缩蔬菜汁、复合果蔬汁以及果蔬饮料、固体果蔬饮料等。此外，元谋还有通过高科技提取蔬菜功能性成分的特殊产品，例如利用番茄提取具有抗氧化作用的番茄红素，用柑橘提取胡萝卜素和柠檬苦素，从南瓜、苦瓜中提取降糖因子等。从蔬菜中分离、提取、浓缩的这些成分可添加到食品中，制成功能食品，或者制成胶囊、片剂类的保健品。元谋蔬菜产业的发展又带动了食品产业以及保健业的发展。

元谋充分利用元谋蔬菜中国特色农产品优势区品牌影响力，以种业博览会、元谋果蔬节为平台，提升产品竞争力，提高市场占有率，让元谋蔬菜畅销全国，走向世界。其产品畅销国内 24 个省（市、区）的 140 多个城市。部分产品还通过转口贸易的形式出口到韩国、俄罗斯、日本等国家。全县无公害农产品产地认定面积达 20.28 万亩，绿色食品产地达标面积 15.6 万亩；共培育发展农业产业化经营重点企业 62 户；已累计获得无公害农产品认证 27 个、绿色食品 A 级认证 51 个、有机转换认证 10 个，元谋番茄、元谋青枣获国家地理标识商标，元谋蔬菜、元谋水果集体商标获国家工商总局注册，共有 88 个农产品取得商标注册。2018 年，全县绿色冬早蔬菜种植面积稳定在 21 万亩，产量 70 万吨，预计可实现产值 16.5 亿元，进一步提升了元谋县农产品的市场竞争力和质量，促进了农民增收、农业增效、财政增长和农村经济发展。

元谋蔬菜批发交易市场是云南省最大的冬早蔬菜批发市场，是云南少有的铁路直接进入的市场，物流设施完备，设有钢结构交易大棚、蔬菜交易区、水果交易区冰厂、冷库、展示大厅、信息大楼，配备有技术先进的农产品检验检测系统、电子结算系统、农产品质量安全可追溯系统，已成为功能基本配套、以蔬菜批发为主的综合性批发市场，被列为农业部定点市场、全国百强蔬菜批发交易市场、中国蔬菜流通协会定点市场、双百市场工程农产品批发市场、省级市场。

元谋通过电商平台推广使用元谋蔬菜、元谋水果集体商标和元谋番茄地理标志证明商标，加快元谋洋葱、元谋葡萄、元谋青枣、元谋菜豆、元谋黄瓜等地理标志证明商标申请注册；建立全县 63 个“三品一标”质量认证商标和质量安全监管可追溯二维码管理使用档案。同时，元谋制定了元谋无公害绿色农产品生产标准，建立农业龙头企业标准化示范基地，制定果蔬标准化生产操作技术规范，实现元谋果蔬标准化生产、品牌化营销，促进元谋农业提质增效。

紧跟当前互联网产业发展千帆竞发的新业态，元谋的农业电商着眼推动元谋跨越发展的新期待起飞了，搭乘着“互联+”行动的快车，为实现元谋高原特色现代农业转型升级、提质增效、促农增收、富民强县的美好愿望不断前行。

2. 元谋热带水果

20 世纪 80 年代中期，元谋葡萄仅限于庭院栽培，且 95%以上的品种为黑虎香，味酸、品质差，果穗、果粒偏小，晚熟，经济价值低。从 1986 年开始，在没有政府引导、专家指导和没有任何补助的情况下，葡萄种植户文炳怀引进 110 个葡萄品种进行试验，并筛选出无核白鸡心、美国红提、玫瑰香、希姆劳特、红光无核、京秀、美人指、金手指、克伦生、里扎马特、金后等早熟鲜食品种。目前，全县葡萄种植面积 3.7 万多亩，2018 年的产值达 6 亿元以上。元谋现阶段的葡萄种植模式有农户分散种植和土地投资人种植，无统一模式、统一标准。一方面，农户大多采用传统的篱架（单臂篱和双臂篱）进行分散栽种。另一方面，后面引入的基地投资者采用先进的栽培架式和整形方式。元谋县露地栽培的葡萄，最早在4月中下旬上市，填补了国内市场空缺，因其价格高，经济效益非常可观。而利用设施栽培的葡萄，可以在3月中下旬上市，是目前全国葡萄最早熟的地方。由于特殊的地理位置和气候条件，元谋的鲜食葡萄具备浓甜浓香、穗大、粒大等特点。元谋县果然好农业科技有限公司“果先锋”牌葡萄位列2018年云南10佳水果品牌的第二名。该公司先后流转7 000余亩土地，完成标准化示范基地种植面积达3 000亩，年水果销售量3 000吨以上，年产值达5 000万元以上。

元谋青枣因色泽鲜亮、清脆爽口等特点，在市场上深受欢迎，畅销重庆、广东、昆明等地，部分产品还出口到缅甸、老挝、越南等国家。据农业部门测算，全县种植的11.333 3平方千米青枣2015年产值预计可达1.2亿元。近年来，依托省农科院元谋热区所科研中心和人才技术支持，元谋县积极引进热带亚热带特色经济林果进行试验示范种植，已建成3.333 3平方千米的热带经济林果种植推广试验示范基地。

元谋通过土地转让、入股、合作开发等形式集中流转土地146平方千米，以农业招商的形式引进一批实力雄厚的农业龙头企业兴办特色农庄和农业科技示范园，这些都有力地促进了经济林果种植向规模化、产业化发展。据元谋县黄瓜园镇点连村委会主任介绍，黄瓜园镇的青枣每年8月上市，在全国上市较早，可连续采摘到次年3月。点连村从2003年开始引进青枣种植，通过技术、资金和种苗扶持，引导群众规模化连片种植，目前5个村民小组共种植青枣近5.333 3平方千米，全村产鲜枣2.5万吨，产值9 000多万元，人均青枣收入1.5万元，60%以上的农户建盖了小洋楼。

第四节　农业产业发展模式及特点

（1）以农业园区为核心推动农业现代化发展。元谋加快推进高效节水灌溉、万汇果蔬博览城、现代冬早蔬菜及热带水果产业园等项目建设，推进现代种业科技园、甘塘现代农业产业园、瓦渣箐花卉园区建设，探索推进田园综合体建设，全力打造中国南方果蔬集散交易中心、中国南方种子繁育基地、中国南方热带花卉基地。

（2）通过适度规模发展提高农产品质量。元谋加快发展适度规模经营，继续抓好优质葡萄、芒果、火龙果等特色经济林果的规模连片种植，新增500亩以上种植大户2户、专业合作社20家、家庭农场20家；培育壮大果蔬精深加工企业，新增产业化龙头企业6家。

（3）利用区域优势打造特色农产品。元谋结合乡镇农业资源优势，强化农业生产区域化布局，建立具有区域特色的农业示范基地，全力打造有机蔬菜、有机水果、冬繁制种、设施农业、生态农业五类示范区，实现示范区建设与生态休闲观光旅游的高度融合。

（4）以绿色农业为基础发展特色农业。元谋始终把农产品绿色安全作为高原特色现代农业的首要任务，强化从田间到餐桌全过程的溯源监管，规范种植，加强农业绿色防控，严格监测检测，严把市场准入、准出关，全面筑牢农产品安全质量网。

（5）依托龙头企业加快农业品牌化。元谋通过龙头企业进行加工、销售、物流一体化，着力把“元谋果蔬”“元谋番茄”“元谋青枣”等品牌优势转化为经济实力、竞争实力，全力打造元谋果蔬中国知名品牌。

随着市场经济的发展，元谋依托热区自然资源优势，全力发展特色、安全的蔬菜生态产业，形成了规模化优势、区域化布局、产业化经营，产生了显著的综合效益。元谋县的“协会+公司+经纪人”三位一体的组织形式和“好品种+订单”的经营模式被称为“元谋模式”。

一、“协会+公司+经纪人”蔬菜能人发展模式

林峰脱水蔬菜生产协会以元谋县林峰绿色食品有限公司为龙头，按照“协会+公司+经纪人”三位一体的组织形式，把元谋县平田、能禹、羊街等贫困乡镇215户会员组织起来，带动3 000多户农民种植1 000多亩中国火葱和500多亩国内唯一种植的德国米葱，再依托林峰绿色食品有限公司把这些火葱和德国米葱进行脱水加工，形成具有高附加值的“林峰牌”脱水香葱，远销到韩国、欧盟、新加坡的企业。这加快了全县香葱种植业和加工业的发展，实现了香葱种植业的规模化、生产、加工和销售一体化经营，形成企业和广大种植户利益共享、风险共担的紧密型合作关系和建立合理的利益分配机制。

二、“冬春反季蔬菜+订单+技术+农户”错季发展模式

元谋蔬菜能够大规模发展并且品质优良，依托其得天独厚的自然地理条件，正是元谋独特的自然资源造就了元谋冬春反季蔬菜独特的品质，成为蔬菜

规模化发展的基础。

有县、乡、村三级科技推广队伍和云南省农科院热带亚热带经济作物研究所为生产提供技术服务，技术力量雄厚，生产技术先进。在科技人员的帮助下，农户加强了对蔬菜基地的全面管理，配套推广使用微量元素施肥、配方施肥、地膜栽培、人工授粉、滴灌设施、生物农药应用、昆虫性诱器和电子杀虫灯等多项实用技术，使元谋反季蔬菜的产量和质量得到很大提高，同时也提高了反季蔬菜的竞争力和综合效益。

龙头企业和农户签订单合同，并按市场价格收购农产品，这种模式，可以使农户种植的蔬菜销售无碍，龙头企业也可以规定农户按照自己的要求制定耕作计划、生产特定质量和数量的农产品。购买者和农户的利益都达到最大化。

三、“田园风光+品牌+农户”乡村生态旅游发展模式

元谋县有多姿多彩的小凉山彝族风情和独具特色的热坝田园风光，彝族风情及彝族文化蜚声海内外，彝族民风淳厚、风情浓郁、服饰艳丽、刺绣精美。

热坝山谷田园休闲区（包括七彩花山、冬早蔬园、极限运动大本营、生态公园、红果乐园、远古狩猎场、中华小当家、热坝农庄、七彩工坊、松竹园艺 10 个项目）将冬早蔬菜园、生态园、农庄等农业观光园与运动休闲、文化体验等功能融为一体，大力发展乡村生态旅游。“田园风光+品牌+农户”乡村生态旅游发展模式，利用元谋蔬菜这一品牌，鼓励农户种植反季蔬菜，在冬天带给游客不一样的观光体验。新华乡优化产业结构，累计种植桃李 7 400 亩，挂果面积已达 1 500 亩，产值达 1 500 万元，已成功研制桃李果脯，产业链得到进一步延伸。乡村旅游业不断发展壮大，特色彝族农家乐、特色休闲娱乐项目、特色村庄、特色林果与乡村旅游高度融合，圆满成功举办元谋·新华首届乡村旅游暨桃李节、元谋县首届垂钓大赛、彝族火把节、新华“十佳特色农家美食”评选等活动，提升了新华乡乡村旅游知名度和影响力。

第十二章　元江县热区农业发展模式

第一节　热区农业自然资源

一、土地资源概况

1. 地貌地形

元江哈尼族彝族傣族自治县（简称“元江县”）位于云南省中南部，玉溪市南部，最高海拔 2 580 米，最低海拔 327 米。地处东经 101°39′～102°22′、北纬 23°18′～23°55′。元江东倚石屏县，南接红河县，西邻墨江县，北与新平县毗连。

元江地势西北高，东南低；山脉呈南北走向，以元江河为界，西南支属哀牢山脉，东北支属横断山脉，两山脉逶迤向南延伸，使元江河谷形成了元江坝、东峨坝、甘庄坝、南洒坝等河谷盆地。

元江县土地面积为 2 858 平方千米，其中，山区面积 2 766.5 平方千米，占全县总面积的 96.8%；平原面积 91.5 平方千米，占全县总面积的 3.2%，是典型的立体型山地环境。元江县 2018 年完成中低产田地改造 2.02 万亩，2018 年年末实有常用耕地面积 276 681 亩，其中：田 73 262 亩，地 203 419 亩（含水浇地 40 851 亩）。

2. 土壤

元江自然保护区土壤水平分布差异不明显，但垂直高差超过 2 000 米，高海拔与低海拔之间存在明显的气候差异性。海拔在 1 000 米以下的区域为干热河谷区，土壤干燥，土层较薄；而高海拔区域受干热河谷气候影响小，具有地带性土壤特征。县境内主要有黄棕壤、红壤、赤红壤、燥红土和石灰土 5 个土类，元江适宜种植芒果的区域土壤类型以红壤为主，赤红壤分布范围在 1 000~1 400 米，燥红土分布范围在 400~1 000 米，同时，少量石灰土则镶嵌于低海拔的燥土区域内。

二、气候

元江属高原季风气候，四季温暖，终年无霜，年平均温度为 23.8℃；干湿季明显，雨热同季，年均降水量为 600~800 毫米，终年无霜，光照充足，热量充沛。元江哈尼族彝族傣族自治县跨五个气候类型，即热带、亚热带、北温带、南温带、寒带，形成了“一山分四季，隔里不同天”“山顶穿棉衣，山腰穿夹衣，山脚穿单衣”的独特现象。

1. 降水

元江哈尼族彝族傣族自治县地处高原，属季风气候。冬半年和夏半年各受两种不同的大气环流影响，冬半年（旱季 11 月~次年 4 月）降雨量 152.2 毫米，占全年降水量的 19%，受北非及印度北部干暖气流和北方南下的干冷气流影响，空气干燥温暖，降水量少，蒸发快，晴天多，日照充足。夏半年（雨季 5 月~10 月）降雨量 649.0 毫米，占全年降雨量的 81%，受印度洋西南暖湿气流和太平洋东南暖湿气流的影响，空气湿度大，降水量多，多阴寡照，形成了冬暖夏热的气候特征。年均蒸发量达 2 750 毫米，年平均相对湿度 68%。冬季和春季干旱风大，夏秋多雨湿润，干湿季明显，形成雨热同季的气候。

2. 气温

年日照时数 2 340 小时，年平均日照时数 6.41 小时/天。县境内各地年平均气温 12℃~24℃，最冷月平均气温 7℃~17℃，最热月平均气温 16℃~29℃，极端最低气温 -0.1℃~-7℃，极端最高气温 28℃~42.5℃。全年活动总积温（≥10℃）为 8 870℃。

三、生物资源

元江县拥有野生动物资源 100 多种，农作物资源 163 种，经济作物资源 228 种（包括芒果、火龙果、荔枝、青枣、香蕉、菠萝等经济林果），林木资源 2 000 多种，药材资源 58 科 87 属 170 多种，花卉品种资源 61 科 224 种（包括芦荟、茉莉花、热带花卉等）。元江县拥有中国唯一的一个国家级干热河谷自然保护区，面积为 223.789 平方千米。保护区建有一个 60 亩的野生稻国家级保护点，是目前发现的全世界海拔最高的普通野生稻原位保护点；野生芦荟保护范围面积为 2.7 万亩。目前已发现元江狭域特有植物 13 种（如希陶木、喜树、云南火焰兰、瘤果三宝木等)，是中国最具价值的独有物种基因库之一，已成为国际性生态研究的理想基地和重要平台。

四、乡村旅游资源

元江县位于元江沿岸，自然风光绮丽，四季温暖，被誉为天然的温室，是冬天避寒的胜地。元江县的旅游景点丰富，如高桥风景区、太阳城广场、瓦纳旅游度假村、那路、小燕、者嘎民居、白塔、古龙洞、万亩生态农业观光园、壮美的云海梯田等等。

高桥风景区，是元江县最有影响力的景点之一，是元江县一直以来高度重视的项目。它距离县城有 5 千米，临近沅江县收费站，风景优美、生态环境优越，空气清新，内有泼水场、沙滩、中国最后一战遗址等。此外，风景区附近也正在建设高桥御景和东南亚最大的水果市场，这是元江旅游业发展的助推剂。

万亩生态农业观光园有满目琳琅的热带水果和热带植物、花卉等，如芒果、荔枝、龙眼和火龙果等，品种多样。芒果节来元江游玩的游客，感受了元江人们的热情，找个休闲娱乐的地方，就会来到这里，品尝口感非常好且新鲜的水果，也欣赏着令人魂牵梦绕的美丽景色。

瓦纳旅游度假村原为红河谷瓦纳沸泉旅游休闲度假区，位于 213 国道 292 千米处，是休闲娱乐的最佳场所之一。度假区旁边还流淌着清澈的清水河，若仔细观察，游客可以看到河流中的鱼儿、蝌蚪等。每逢节假日，当地的人们和外地游客带着食物来这里野炊，吃好喝好后开车到元江县附近的农家乐品尝各民族的家常菜。那路是花腰傣村寨，距元江县城大概有 3 千米左右，誉为生态旅游村。来到那路村，游客就可以感受到浓浓的傣味。高大的树木、干净的村寨，村口的大门是用竹子编制的，上面画有花腰傣人劳作、唱歌的图案，来到乡村大舞，这里每逢过节在政府和社区领导的支持下会歌舞表演，即使天公不作美下雨了，但是演员们不会受影响，把精彩的节目呈现给观众。看完歌唱表演，村民们到农家乐品尝叶子粑粑、干黄鳝、腌肉和竹筒饭。

者嘎位于县城东南边，距县城 8 千米，是一个水傣村寨，这里的水傣居住的是土掌房，大概有上百年的历史，是保留得较为完整的傣族村寨。者嘎的水库和白塔在元江也是出了名的，在这里可感受到水傣人的热情好客，可以与猪、鸡、鸭、鸟等动物一起生活，近距离与大自然接触。者嘎湖环湖农家乐，将成为一年四季的旅游度假胜地。

五、矿产资源

元江哈尼族彝族傣族自治县现已查明的矿产有金、银、铜、钴、镍、石膏、蛇纹石等，其中镍矿蕴藏量约53.3万吨，位居全国第二，开发前景巨大。

第二节 热区社会经济发展情况

一、基础设施

1. 交通

元江县城坐落在元江两岸，在国道213线（高速）、国道323线与红河经济干线交叉处，是云南省通往南亚、东南亚的陆路的必经之地。元江县是距省城昆明最近的热区。

昆曼国际大通道、楚河经济干线、泛亚铁路中线穿境而过，随着玉磨铁路S35永金高速和境内通用机场的建设完成，将与国道G8511、国道213线、石红高速形成“四纵一横一点”主干交通网，昆曼高速公路、楚河经济干线、泛亚铁路西线等区域性国际大通道在元江交汇，北上通过省会昆明可与我国内陆各省区沟通，南下可直达边境通往东南亚和南亚各国，是云南“国际大通道”的重要枢纽，是云南省面向南亚、东南亚实施“走出去”战略的集散、加工腹地，交通区位优势明显。

2018年全县拥有机动车80 467辆，其中：大型汽车982辆，小型汽车17 831辆，摩托车61 405辆，农用运输车（三轮汽车、低速货车）42辆，挂车133辆，教练车、教练摩托车74辆。2018年全县拥有营运客车240辆，其中，客运公交车26辆（城市公交车9辆，城乡公交车17辆），客运大中巴车90辆，客运微型面包车53辆，客运出租车31辆，城市客运观光电瓶车40辆。2018年年末，全县公路通车里程2 815.1千米；公路运输客运量完成59.72万人；旅客运输周转量5 874.21万人千米。完成货运量2 988.6万吨；完成公路运输货物周转量98 247.2万吨千米。

2. 农业基础设施

元江县境内有红河（元江）、清水河、南溪河等河流25条，红河是云南省六大水系之一，是一条国际河流，在元江境内长为79千米。全县水电资源蕴藏量为41.39万千瓦，多年平均水资源总量为11.34亿立方米，其中，地表水资源量为8.41亿立方米，地下水资源量为2.94亿立方米。

全县完成农田水利化建设项目 65 项（不含小水窖），新增有效灌溉面积 600 亩，有效灌溉面积 181 050 亩，水利化程度达 64.27%。全县实有水库 48 座，其中：中型水库 4 座，小型水库 44 座，水库总库容 10 928.8 万立方米；小坝塘 170 座，总库容 294.05 万立方米。全年完成供水量 13 670 万立方米，其中：农业供水 10 765 万立方米；工业供水 1 993 万立方米；城镇生活供水 453 万立方米；农村生活供水 399 万立方米。

二、人口

元江县共辖 5 个乡、2 个镇、3 个街道办事处，81 个村（居）委会，包括 57 个村委会、24 个居委会。元江县共有 763 个村（居）民小组，其中：537 个村民小组、226 个居民小组，682 个自然村。

2018 年，全县户籍总户数 67 580 户，户籍总人口 210 160 人，常住人口 22.45 万人，其中：城镇人口 9.24 万人，城镇化率 41.2%。人口出生率 11.91‰，死亡率 5.82‰，人口自然增长率 6.09‰。

2018 年年末，元江哈尼族彝族傣族自治县共有普通中小学校 68 所，其中：高中 2 所，初中 9 所，小学 57 所；元江哈尼族彝族傣族自治县共有在校学生 26 427 人，其中：高中 3 236 人，初中 7 465 人，小学 15 726 人。

全县农村劳动力 132 413 人；全县在岗职工 15 501 人。在岗职工工资总额 115 184 万元。全县在岗职工年平均工资 76 847 元。图 12-1 为在岗职工年平均工资。

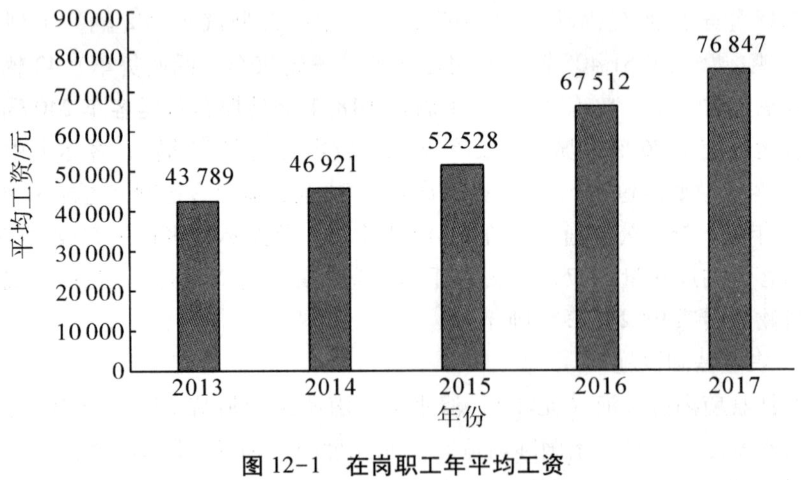

图 12-1　在岗职工年平均工资

三、经济

1. 经济总体情况

2018 年，全县完成国内生产总值 85.92 亿元，比上年增加 4.59 亿元，增长 8.8%。

2018 年元江县第一产业增加值 20.84 亿元，对 GDP 贡献率为 13.1%；第二产业增加值 20.63 亿元，对 GDP 贡献率为 33.5%。在第二产业中，工业增加值 14.83 亿元；第三产业增加值 44.45 元，对 GDP 贡献率为 53.5%。三次产业在生产总值中的比重分别为 24.3%、24%、51.7%。图 12-2 为元江县 2013—2017 年三次产业占地区生产总值的比重。

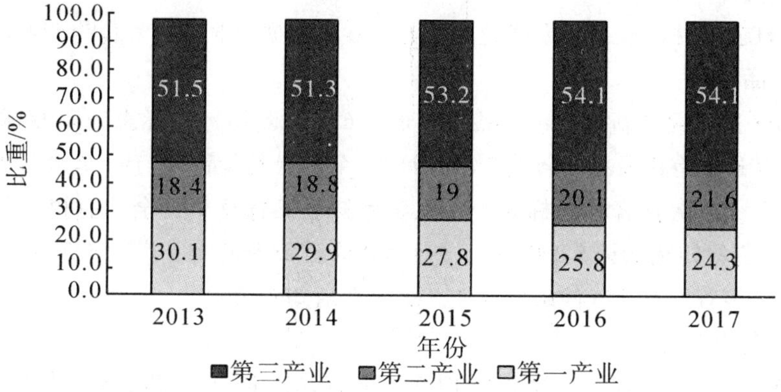

图 12-2　元江县 2013—2017 年三次产业占地区生产总值的比重

2. 居民收入

2018 年元江县城乡居民生活水平进一步提高。城镇居民人均可支配收入 36 757 元，增长 7.9%；农村居民人均可支配收入 12 806 元，增长 9.4%。在商区居民收入主要来源于烤烟和粮食种植；热区居民收入主要来源于水果种植。

3. 财政收入

2018 年人均地区生产总值 38 270 元，比上年增加 2 029 元。2018 年全县累计完成辖区内财政总收入 7.34 亿元，完成上划中央“两税”收入 1.17 亿元。地方财政收入 6.55 亿元。其中，地方一般公共财政预算收入 4.36 亿元。地方一般公共财政预算支出 17.62 亿元。全县两税系统共组织各项税收入库 52 213 万元，比上年增加 7 743 万元。其中，国税系统组织收入 27 760 万元，比上年增加 8 190 元；地税系统组织收入 24 453 万元，比上年减少 447 万元。

4. 固定资产投资

2018 年，全县完成固定资产投资 1 269 977 万元，增长 31%，增速分别高于全省水平 14. 8 个百分点和全市水平 11. 9 个百分点。其中，城镇投资完成 1 091 975 万元；房地产开发投资完成 178 002 万元。按三次产业划分，第一产业完成投资 116 771 万元；第二产业完成投资 63 682 万元；第三产业完成投资 1 089 524 万元。一、二、三产业投资占总投资的比重分别为 9. 2%、5%、85. 8%。全年 500 万元以上固定资产投资在库项目 220 个，其中，城镇投资项目 211 个，房地产开发投资项目 9 个。竣工项目 191 个，本年新增固定资产投资 300 529 万元。

5. 支柱产业

元江县支柱产业有芒果产业、芦荟产业、蔗糖产业以及茉莉花产业。

6. 品牌

2018 年，元江新增绿色食品认证企业 6 家，新增地理标志证明商标 4 个。全县累计通过有机及有机转换产品认证 11 个、绿色食品 12 个、地理标志证明商标 7 个，云南省著名商标 8 个、玉溪市知名商标 9 个。全县有机产品认证 896 亩，有机转化认证 5 340 亩；绿色食品认证 23 960 亩，产量 3. 3 万吨；1 家企业获云南省农产品气候品质认证，实现产值 2. 4 亿元。

7. 龙头企业

2018 年新增农民专业合作社 19 个，家庭农场 16 个，累计注册专业合作社 193 个，家庭农场 113 个；全县市级以上龙头企业达 10 个，农业产业化龙头企业销售收入 5. 7 亿元，增长 8. 2%；农产品加工产值达 15. 2 亿元，比上年增长 10. 1%，元江万绿生物股份有限公司获云南二十佳创新企业。

元江万绿生物股份有限公司，是亚洲最大的芦荟工业原料生产基地，是集种植、研发、销售为一体的国内最早专业从事芦荟产业开发的领军企业。公司成立于 1999 年 8 月，总部设在“中国芦荟之乡”——云南省元江县。公司拥有上万亩现代化灌溉设施的优质芦荟种植基地，10 余条现代化芦荟高级工业原料加工生产线，通过 ISO9001、ISO14001、ISO22000 等认证及美国、欧盟有机认证。

元江万绿生物股份有限公司扎根云南、着眼全球，在经济全球化低迷大背景下，该公司清醒地认识到新形势下面临的机遇和挑战，借助芦荟特色产业优势，以“世界芦荟高级工业原料生产基地、国际知名生物资源开发企业”为发展目标，坚持诚信正直、追求完美，发扬“勤奋、敬业、忠诚、主动”的企业精神，倡导“品质第一、客户至上”的核心理念，始终致力于实现运用高新技术开发生物资源，创造绿色健康精品，提高人类生活质量。

四、民族

元江县居住着哈尼、彝、傣、白、苗、拉祜、汉族等 15 个民族，少数民族人口 172 019 人，占总人口的 81.9%。元江是以哈尼族、彝族、傣族为主的少数民族自治县，各民族之间相互影响、不断融合。

1. 哈尼族

哈尼族男性的服饰比较单一，多短衣、长裤、对襟、黑布包头。哈尼族女性服饰因为支系的不同而款式多样，多穿右襟无领上衣，下身或穿长裤或穿裙子，襟沿、袖子等处缀绣五彩花边，系绣花围腰，胸佩各色款式的银饰。婚后女子则需在臀部系上一块棉布特制“屁甲”。

1949 年以前哈尼族没有自己专有的文字，流传的历史都是靠他们自己口述而历代传承下来的。

2. 傣族

居住在元江的傣族人约 25 000 余人，占元江总人口的 12.27%。秦汉以后，百越民族大多因生活困难或者战争混乱而从广西一带迁居而来。花腰傣的称呼主要来源于傣族服饰上一种独有的特征，妇女的腰带是使用一条长长的彩色布带围成，因此称“花腰傣”。

五、传统文化

元江有悠久的历史文化、丰富多彩的民族文化。譬如自 2004 年开始，每年一届的元江金芒果节，具体节日时间由县政府根据当年芒果成熟的时间拟定后向社会公布，一般在每年公历的 6 月上旬或中旬；哈尼族的十月年、苦扎扎节、每年阳春三月的第一个属羊日，是哈尼族欢庆“开秧日”的黄饭节；彝族的火把节、傣族的花街节和芒果节等民族节日，各族同胞都会欢聚在一起，庆祝节日的到来，这些都蕴涵着浓厚的民族文化。

第三节　热区农业生产结构

一、农林牧渔结构

2018 年全县实现农林牧渔业总产值 356 797 万元，同比增长 7%，其中，农业产值 277 900 万元，同比增长 6.4%；林业产值 7 810 万元，同比增长

3.9%；畜牧业产值66 700万元，同比增长10.1%；渔业产值3 267万元，同比增长9.3%；农牧渔业服务业产值1 120万元，同比增长2.6%。全县实现农林牧渔业增加值212 794万元，同比增长7%。图12-3为元江县农林牧渔结构。

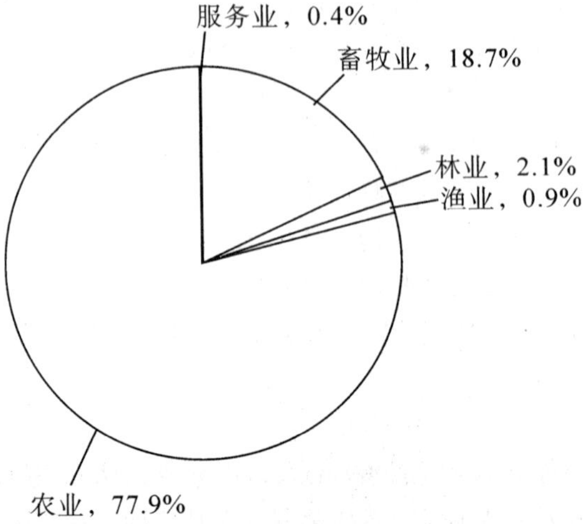

图12-3　元江县农林牧渔结构

二、种植业生产结构

2018年，全县粮食种植28.45万亩，粮食总产量9 968万千克。全县种植烤烟6.01万亩，收购烟叶757.5万千克，烟农售烟收入达2.274 3亿元以上。全县种植甘蔗5.9万亩，完成2017—2018年度甘蔗产量20万吨，入榨甘蔗14.29万吨，实现蔗农收入8 900万元，企业收入1.61亿元。全年蔬菜种植5.6万亩，蔬菜总产量5 800万千克；种植油料2.18万亩，产量294万千克。全县种植芦荟10 000亩、茉莉花4 500亩、热带花卉4 938万亩、中药材10 385亩，实现农业产值3亿元以上。全县新增芒果、柑橘等水果种植面积1.5万亩，水果种植面积达35万亩以上。水果产量30万吨，水果产值15亿元。全县渔业养殖19 595亩，其中池坝养殖2 502亩、水库养殖6 895亩、稻田养鱼10 200亩，全县鱼产量1 871吨，比上年增加32吨。

三、林业生产结构

全县完成造林面积（人工造林）4.44万亩，义务植树60.09万株；森林覆盖率54.63%；林木绿化率66.63%，其中国家特别规定的灌木林面积为

25.769 平方千米。生态环境良好，负氧离子浓度 2 380 个/立方厘米，县城环境空气质量一级天数年均 270 天。

四、畜牧业生产结构

2018 年，全县共有生猪标准化规模养殖场 30 个。全年出栏肥猪 50 头以上的规模户 76 户，其中 500 头以上的 9 户，1 000 头以上的 6 户；饲养肉牛 20 头以上的规模户 202 户，其中 100 头以上的 3 户；饲养羊 50 只以上的规模户 121 户，其中：年出栏 50 只以上的规模户 3 户，年出栏 100 只以上的 3 户；年出栏肉鸡 1 000 只以上的规模户 9 户，其中 1 万只以上的 4 户，5 万只以上的 1 户；年饲养蛋鸡 1 000 只以上的 1 户，其中 5 万只以上的 1 户；年出栏水禽 500 只以上的 8 户。表 12-1 为元江县 2018 年园林水果生产情况，表 12-2 为元江县主要畜产品产量及牲畜存栏情况。

表 12-1　元江县 2018 年园林水果生产情况

项目	计量单位	2018 年	2017 年	2018 年比 2017 年增加	增长 /%
一、果园面积	亩	399 331	352 561	46 770	13.3
其中：1. 柑橘面积	亩	58 912	57 932	980	1.7
2. 香蕉面积	亩	9 355	6 765	2 590	38.3
3. 荔枝面积	亩	7 003	6 955	48	0.7
4. 芒果面积	亩	143 660	133 439	10 221	7.7
5. 桃子面积	亩	48 788	44 928	3 860	8.6
6. 葡萄面积	亩	1 738	2 249	-511	-22.7
7. 火龙果面积	亩	11 461	11 169	292	2.6
8. 青枣面积	亩	16 542	16 415	127	0.8
二、园林水果产量	百千克	3 734 828	2 973 679	761 149	25.6
其中：1. 柑橘	百千克	609 933	519 592	90 341	17.4
2. 香蕉	百千克	293 611	207 621	85 990	41.4
3. 荔枝	百千克	68 099	68 292	-193	-0.3
4. 芒果	百千克	1 020 185	932 545	87 640	9.4
5. 桃子	百千克	210 232	190 672	19 560	10.3
6. 葡萄	百千克	23 639	34 500	-10 861	-31.5

表12-1(续)

项目	计量单位	2018年	2017年	2018年比2017年增加	增长/%
7. 火龙果	百千克	173 933	168 746	5 187	3.1
8. 青枣	百千克	511 298	504 840	6 458	1.3
三、园林水果产值	万元	158 712	151 579	7 133	4.7
其中：1. 柑橘	万元	27 466	26 861	605	2.3
2. 香蕉	万元	6 704	5 214	1 490	28.6
3. 荔枝	万元	6 323	6 648	-325	-4.9
4. 芒果	万元	47 170	46 095	1 075	2.3
5. 桃子	万元	9 776	9 729	47	0.5
6. 葡萄	万元	2 044	3 331	-1 287	-38.6
7. 青枣	万元	24 227	22 438	1 789	8.0

表12-2 元江县主要畜产品产量及牲畜存栏情况

指标	单位	绝对数	比上年增减量	增减/%
肉类总产量	吨	23 715.9	1 777	8.1
猪牛羊肉	吨	21 989.2	1 615.1	7.9
年内生猪出栏	头	209 620	13 193	6.7
年内牛出栏	头	25 465	1 239	5.1
年内羊出栏	只	28 063	1 824	7.0
大牲畜年末存栏	头	53 217	1 346	2.6
生猪年末存栏	头	173 219	6 650	4.0
羊年末存栏	只	46 096	1 144	2.5

五、渔业生产结构

2018年，全县水产养殖面积19 537亩，其中，池塘2 442亩，水库6 895亩，稻田10 200亩，全年水产品产量1 824吨。

六、特色农产品

1. 芒果产业

芒果产业已成为元江助农增收的支柱产业，元江县芒果种植有400多年历史，是我国芒果优势区域布局规划的滇中元江流域芒果优势区。元江流域属典型的低海拔干热河谷气候，其光照、热量、温度、水分、土壤等资源独具特色，最适宜芒果种植生产。元江县芒果种植品种以本地大核芒为主，于20世纪60年代引种三年芒、大头芒、马切苏、象牙芒等品种并开始商品化栽培，于20世纪90年代大面积推广山地芒果栽培，种植面积逐年扩大，产量逐年提高。元江已种植过的芒果品种142个，大面积种植的有台农1号、贵妃（金凤凰）、帕拉英达、三年芒、凯特等芒果品种，芒果种植面积占全县水果面积的35%以上，芒果产业为当地发展农村经济、增加农民收入、保护生态等方面发挥着重要的作用。

据统计部门统计，截至2018年年底，元江县芒果种植面积已达143 660亩，占全市园林水果总面积399 331亩的35.97%，芒果产量102 018 500千克，占全市园林水果总产量373 482 800千克的27.32%；芒果产值47 170万元，占全市园林水果总产值158 712万元的29.72%。

芒果种植主要分布在甘庄街道（甘庄社区、干坝社区、红新社区、青龙厂、假莫代、路通、西拉河）、澧江街道（澧江社区、玉河社区、江东社区、红桥社区、那整社区、龙潭社区、南昏、莫朗）、红河街道（红河社区、凤凰社区、兴元社区、大水平社区、桥头社区）、曼来镇（曼来社区、东峨、农场田、大田房、新光、红旗、阿龙甫、平昌、南溪）等区域。

元江芒果品种资源较多，经过品种结构调整，芒果品种结构日趋合理，早熟优势突出。目前，元江芒果成熟期为每年的5~9月份。芒果种植以早熟芒果为主，主栽品种为台农1号、贵妃（金凤凰），占元江芒果种植面积的65%，成熟期为每年5~6月；中熟芒果以帕拉英达为主，占元江芒果的20%，成熟期为每年7~8月；晚熟芒果以凯特、金煌、热农1号为主，占元江芒果的15%，成熟期为每年8~9月。元江因为昼夜温差大，自然灾害发生的概率小，芒果具有品质优，上市早，供货期长，价格好等优势。元江芒果比省内其他芒果主产区提早上市近30天，可主动占领市场，销售价格高，市场竞争优势明显。

元江芒果种植资源集中分布在海拔1 300米以下热区，该区域可用地达41万亩，是元江县热量资源最好和水利设施保障性较好的农业生产区域，也是玉溪市芒果产业发展的重点区域。元江推进“三品一标”认证，鼓励支持企业培育特色品牌和提高产品品质，打造热带水果、生物资源等色品牌，重点打造“元江芒果”为主的农产品品牌。

元江芒果现代农业产业园已被列为2018年省级现代农业产业园创建项目。有机产品认证面积896亩，有机转化认证面积5 340亩；绿色食品认证23 960亩，产量3.3万吨；绿色有机产品实现产值2.4亿元。

2. 芦荟产业

芦荟，在元江本地又叫火炼丹，可入药，对烧伤、烫伤有特效；同时，又有保健、美容作用，可食用。1992年开始，元江县科委组织人力将芦荟从野生状态转入人工栽培。元江芦荟是全国最大的种植加工基地，种植面积1.1万亩，总产值2.5亿元，拥有“中国芦荟之乡”美誉。

人类认识和使用芦荟已有上千年的历史，关于它的药理作用，中外闻名药典中都有详细记载，如中国的《本草纲目》、欧洲的《希腊本草》等。自古芦荟就有“神奇的天然植物，伟大的自然医生”之美称。

元江万绿生物股份有限公司作为元江芦荟产业的龙头企业，该公司严格按照生产质量管理规范（GMP）要求建设标准厂房。10万级空气净化系统确保整个生产过程在洁净环境下进行，车间完全实行卫生标准操作程序（SSOP）管理，整个生产过程全部按1S022000、1S09001、ISO14001和危害分析的关键控制点（HACCP）等体系规范进行控制，采用膜分离浓缩、冻干和喷干生产技术实现智能化控制。公司拥有价值数千万元的现代化芦荟高级原料加工生产线：年产量30吨的库拉索芦荟喷干粉、年产量80吨的库拉索芦荟冻干粉、年产量120吨的库拉索芦荟烘干粉、年产量1 500吨的库拉索芦荟浓缩液、年产量10 000吨的库拉索芦荟凝胶丁生产线等。

公司承担的元江芦荟产业综合开发项目被国家发展和改革委员会授予了“国家农产品深加工专项工程示范项目”的荣誉称号，同时被认定为国家火炬计划重点高新技术企业和云南省省级高新技术企业，是中华人民共和国农业农村部认定的农产品加工技术创新企业和云南省农业产业经营重点龙头企业。“万绿”牌商标于2007年被云南省著名商标认定委员会认定为云南省著名商标，于2009年 被知名商标认定委员会认定为玉溪市知名商标。公司拥有专门的技术研发中心和分析检测中心。2011年，公司和两大中心被认定为玉溪市芦荟加工工程技术研究中心，2015年被认定为云南省芦荟加工工程技术研究中心。公司拥有原子荧光仪、原子吸收仪、高效液相色谱仪、反射测定仪等精密仪器，按照感官、理化、卫生指标，完成芦荟制品中功效成分、重金属、无机盐等的检测。

元江万绿生物股份有限公司不断提升科研技术，率先采用世界领先的膜分离浓缩技术，在常温下对芦荟的有效成分进行分离、提纯、浓缩、除菌等，充分保留了芦荟的生物活性成分。经提取的芦荟乙酰化多糖含量可在80%以上，远高于国际标准10%；先进的芦荟苷提取工艺使得芦荟苷含量达90%以上，增强了芦荟的综合利用价值，使得库拉索芦荟在保健食品、化妆品、药品行业中得到规模应用。

“万绿”牌芦荟高级工业原料，在食品、保健品、化妆品、药品等各领域广泛应用。由于万绿牌芦荟信誉良好、服务到位、品质有保证，使用万绿芦荟工业原料的企业遍及全国30多个省、直辖市、自治区并出口至欧美、日本、韩国、东南亚等40多个国家和地区，与众多的国际、国内知名企业建立了长期稳定的合作关系，并与伊利、蒙牛、完美、云南白药、屈臣氏、雅丽洁、汤臣倍健等知名企业合作。主要系列产品有好体面、荟逸、芦荟凝胶丁、芦荟猕猴桃果酱、库拉索芦荟干粉、芦荟凝胶液等150多种产品。

回报社会是企业的使命，也是万绿人的责任。修路建桥、筑渠引水、扶贫帮扶、设立奖学金、积极参与慈善公益活动，为社会解决就业岗位，彰显了企业的德善胸怀。兴国必先兴教，治穷必先治愚。2012年开始，万绿生物股份有限公司在元江一中、元江民族中学、湖南永兴一中设立“万绿奖学金”，以“汇聚爱心、助学育才、关爱社会”为宗旨，为学子们撑起一片希望的天空！

3. 茉莉花产业

元江县于1998年引种茉莉花，当年种植面积0.71平方千米，目前全县茉莉花种植面积达5.2平方千米，从事茉莉花鲜花加工的有元江农场、岳氏茶厂、南疆茶厂、新和茶厂、宏欣茶厂、红河茶厂、兴亚茶厂、飘香公司、凤凰茶厂、民利茶厂共11家县级龙头企业，年加工花茶能力达1万吨，带动了2个乡镇2个农场的4 500多户农户种植茉莉花，加工业的从业人员达1 500多人。2017年11月，鲜花交易总量4 544吨，同比增加744吨；鲜花交易值7 961万元，同比增加1 318万元；加工花茶量5 667吨，同比增加1 417吨；加工产值达841.5万元，同比增加104.5万元，茉莉花产业总产值达8 802万元，全年茉莉花鲜花平均价格17.52元。

4. 蔗糖产业

糖料甘蔗在热区作物中种植面积最大，是元江县传统的经济支柱产业之一，至今已有50多年的历史。蔗糖产业带动着生产、加工、销售、运输等相关产业的发展，关系到9万多农民和1 000多名产业工人的经济来源和就业。

2003年起，县委、县政府针对蔗农收入不高、企业效益下滑等问题，进一步整合甘蔗生产布局，重组蔗糖加工企业，组建市级龙头企业——金珂糖业有限责任公司，公司拥有4座白糖加工厂，年加工甘蔗能力100万吨，在连续4年严重干旱影响的情况下，2012—2013年榨季蔗糖产业实现恢复性增长，甘蔗种植面积保持在66.67平方千米，农业产量达36万吨，工业入榨量29万吨，农民直接经济收入1.58亿元，增加财政收入3 000多万元。

第四节　农业产业发展模式及特点

元江紧紧围绕“山坝”结合产业布局，抓好山区传统产业优化升级，加快林下种养殖产业发展；抓好热坝区产业结构调整，加大品牌创建工作力度，加快龙头企业、农民专业合作经济组织的扶持培育力度，健全完善农村市场物流网，拓宽农产品销售渠道，提高农业专业化经营水平。农业产业化是以市场为导向，以经济效益为中心，以主导产业、产品为重点，优化组合各种生产要素，实行区域化布局、专业化生产、规模化建设的现代化经营方式和产业组织形式，是现代农业的主流和生产模式。元江的农业产业化发展模式如下。

一、“一品牌+四中心+一基地”芒果发展模式

元江以元江金芒果节的品牌效应为契机，带动芒果产业发展，通过建设和完善芒果园区水利灌溉设施，改造嫁接高产、高效芒果品种，推广应用绿色防控技术等举措；以创建芒果庄园为突破口，打造元江高产优质芒果标准化示范区和无公害芒果科技示范区，引领芒果产业提质增效。元江打造全国优质芒果种植加工基地，农户以台农1号、金凤凰芒果为重点，积极推广优良品种进行规模化种植和改良。

“一品牌”即提升和打造元江芒果知名品牌：通过元江芒果品牌建设，全面提高元江芒果产量、质量和价格，达到提质增效的目标，增加果农收入。

“四中心”即形成生产加工中心、科技研发中心、创新创业中心和交易流通中心。元江主要依托龙头企业，提升芒果初加工水平，大力发展精深加工，丰富产品种类，提高科技含量，打造产品多、质量优的芒果生产加工中心；积极与国内外科研机构合作，搭建农科教结合、产学研协作平台，依托元江芒果专家基层工作站，针对芒果产业发展的关键领域，开展新品种、新技术、新装备和新模式的研究、示范和推广；围绕芒果产业，培育家庭农场、合作社和中

小微企业，不断壮大新型经营主体队伍，力争孵化数家芒果“领头雁”企业，打造芒果创新创业热土；加快建设元江红河谷农产品物流交易园区，以区域批发市场和田头市场为重点，完善元江芒果产地批发市场体系建设。

“一基地”即打造绿色农业与乡村旅游基地。元江依托元江芒果品种资源优势和产业基础、自然景观和民族文化资源，打造集自然风光、创意农业、农事体验于一体的绿色农业与乡村旅游示范基地。

元江甘庄芒果种植面积不到总种植面积的一半，是元江芒果种植面积的基地。甘庄坚持农业创新发展，开展科技研发、试验、示范和推广，强化人才培育和农民培训，加强芒果产业科技支撑；大力创新体制机制，积极培育新型经营主体，发展适度规模经营，完善利益联结机制，强化政策支持，增强产业发展活力；坚持融合发展理念，围绕元江芒果产业核心，强化生产基地建设，做强芒果产业初加工和精深加工，完善仓储物流，打造区域品牌，补齐产业短板，延伸产业链条；立足资源禀赋，大力发展以元江芒果和民族文化为特色的休闲农业与乡村旅游，拓展产业功能，推进一、二、三产业互动融合发展；将保护生态环境作为元江芒果产业发展的前提，发展资源节约型、环境友好型农业；加强农产品产地环境保护，推广绿色有机生产方式，严格控制农业污染，完善农产品质量安全监管体系，全面提升农业可持续发展水平；坚持对外开放的理念，发挥政府的支持引导作用，不断优化营商环境，打通先进生产力的通道，培育壮大新型经营主体队伍，注重吸引多元主体、全社会力量参与元江芒果产业发展，促进人才集聚、资金集聚、信息集聚、产业集聚、龙头集聚，打造开放包容的元江芒果产业集群；坚持以产业发展带动农民增收致富作为元江芒果产业发展的根本目标，不断做大做强惠农产业，培育带农主体，完善利农机制，带动农民就业增收，让农民分享元江芒果产业发展成果，让农民有更多的成就感。

二、“龙头企业+基地+农户”芦荟发展模式

为了加强芦荟产业的开发，元江县组建了芦荟产业开发办公室，全面协调芦荟产业开发；在制定了野生芦荟资源保护政策的同时出台了一系列扶持政策，以鼓励农户栽种芦荟；进行招商引资以开发元江芦荟产业。

1998 年，元江县委、县政府把芦荟产业作为生物创新创业产业重点开发，在热区开始种植芦荟，并引进省级龙头企业万绿生物股份有限公司。十几年来，通过“龙头企业+基地+农户”的产业化经营，芦荟产业得到稳步发展。目前，万绿集团研发芦荟系列产品 150 多种，拥有芦荟烘干粉、芦荟凝胶丁、

芦荟浓缩液、芦荟冻干粉、芦荟喷干粉五条生产线。芦荟在化妆品领域发展十分迅速，销售额从1985年的10亿元到1997年的253亿元再到2008年1 200亿元。第十五届中国化妆产业创富论坛的数据显示，中国化妆品市场2011年销售额突破2 000亿元大关，市场规模跻身全球第三。随着人们审美意识的增强，美容化妆品份额将不断提高，我国化妆品的未来市场的主流产品仍是护肤品。美容用品将向高中档方向发展，儿童和男士化妆品也会得到发展，国内化妆品市场潜力巨大。若我国芦荟化妆品能占化妆品中10%的份额，现在就是200亿的销售额，还没有计算芦荟食品、保健品、药品等市场份额。所以，芦荟产品的潜在市场是十分广阔的，芦荟成为元江县出口创汇的唯一农产品。

三、“公司+合作社+家庭农场+农户”肉牛养殖模式

元江万象庄园生物科技有限公司是元江县一个良种肉牛贸工农一体化民营企业。公司于2009年创建，注册资金5 000万元。公司现为云南省标准化养牛示范场、云南省肉牛草地研究院科研基地、玉溪市农业产业化龙头企业、玉溪市肉牛品种改良基地等，以生态养殖为宗旨，以当地优质草料为基础，运用现代化生物技术、数字技术和保鲜技术，改良当地肉牛品种，生产优质、无公害牛肉食品及相关深加工产品，开创南方养牛“公司+合作社+家庭农场+农户”新经营模式。

万象庄园占地面积300亩，其中牛舍9栋，养殖肉牛1 200头，有8个优质肉牛品种。万象庄园配套建设了储粪池和种植地循环设施，实现了种养结合，循环利用，生态发展，坚持标准化、生态化、循环化、信息化、产业化。

万象庄园带动了周边5家合作社共400家农户发展种植业、养殖业，为农户提供技术服务，回收周边农户的甘蔗梢、高粱秆、稻草等废物，变废为宝，既保护了环境，又成为一个集种牛培育、饲料配送、技术培训、牛肉质检、销售于一体的肉牛养殖中心，为家庭农场提供肉牛养殖“五个统一”（统一供应、统一商标、统一原料使用、统一管理规程、统一销售）服务。

肉牛市场价格波动比较大，市场行情好的时候，肉牛养殖家庭农场收益颇丰，但在行情不好的时候，家庭农场往往血本无归，农场主无法准确把握市场行情。通过“公司+合作社+家庭农场+农户”的肉牛养殖模式，合作社为农场提供全方位的服务，家庭农场只要把牛养好，十分省心省力，而且经济效益也大幅提高。

通过上述案例，我们看到“公司+合作社+家庭农场+农户”模式适合土地规模较大、积极参与合作社组织的家庭农场。此模式具有的优势：能够充分利

用公司企业强大的财力、人力、物力；能更加准确地把握市场行情，及时将市场需求和未来趋势等信息反馈给家庭农场。农场主根据企业提供的信息，就会知道未来生产产品的种类和数量，有计划地开展生产，有利于优化种养业的产业结构；在技术上，公司企业可以第一时间掌握新的农业技术和产品，通过相关培训传递给家庭农场；在销售上，公司企业拥有完善的销售网络，有利于第一时间抢占市场，扩大市场占有率。在这种模式中，合作社起到了润滑剂的作用，解决了单个家庭农场力量薄弱的问题，提升了家庭农场的市场地位，同时，合作社将公司的技术传递给家庭农场，完善了农户经营生产行为，维持了此模式的持续健康发展。

第十三章　宾川县热区农业发展模式

第一节　热区农业自然资源

一、土地资源概况

宾川县全县土地面积为2 562.67平方千米，宾川县有林地面积665.91平方千米，森林覆盖率为25.99%，活立木蓄积量464.71万立方米。宾川县位于云南省西部，大理白族自治州东北部，海拔最高3 320米，最低1 104米。宾川县地处金沙江南岸干热河谷地区，位于北纬25°32′~26°12′、东经100°16′~100°59′，东与楚雄州大姚县接壤，南连祥云县，西与大理市交界，北与鹤庆县和丽江市永胜县毗邻。南方丝绸之路、茶马古道的支线穿境而过。宾川县县城距州府大理市68千米，距省会昆明394千米。

二、气候

宾川县位于大理东北部金沙江南岸干热河谷地带，属于亚热带冬干夏湿低纬高原季风气候区，年平均气温24℃，年平均降雨量559.4毫米，无霜期年平均264天，日照时数2 719.4小时，光照充足，热量丰富，干旱少雨，蒸发量极大，早晚温差大，立体气候明显。

1. 降水

宾川县属亚热带冬干夏湿低纬高原季风气候。年平均降水量559.4毫米，为省内最少。年平均降雨日数为89.3天，最多116天（1970年），最少为59天（1972年）。极端年最大雨量795.6毫米（1983年），极端年最少雨量304.4毫米（1982年）。降雨集中在每年5~10月，8月最多。雨热同季，干凉同季，形成干湿季节分明、冬春连旱、夏旱秋涝的特点。降雨量在时空分布上很不均衡，有“好个宾川坝，有雨四山下；冬春季节干起火，七八九月冲田坝”的民谣。湿季平均降雨量为523.1毫米，占年平均降雨量的93.5%；干季（11月~次年4月）平均降雨量36.3毫米，占年平均降雨量的6.5%。由于气温高热量大，少雨多风，植被条件差，蒸发量也大。年均蒸发量2 518.5毫米，是降雨量的4.5倍。一年中湿润期极短，干旱期长。

2. 气温

垂直气候可分为三层六带，即：高寒层、中暖层和低热层，寒温带、中温带、暖温带、北亚热带、中亚热带和南亚热带。光照十分充足，多数地区几乎全年处于农耕期。全年日照时数平均为2 719.4小时，年平均日照时数7.5小时。昼夜温差大，十分利于瓜果生长。生长期年平均266天，无霜期最长达299天，最短为261天。积温6 543℃，多年平均气温17.9℃~18.7℃，1月温度最低，平均气温9.4℃；6月温度最高，平均气温24℃。极端最低气温-6.4℃（1982年12月27日），极端最高气温38.2℃（1977年6月18日）。平均气温年较差15.4℃。

三、生物资源

第三次全国森林资源普查显示，宾川县有树木123种，主要树种有云南松、华山松、滇油杉、苍山冷杉、元江栲、矮高山栎、红椿，经济林木有柑橘、核桃、板栗、桃、梨、油桐、咖啡、蓝桉等。中药材植物有394种。野生动物有50多种，其中珍稀动物有金钱豹、金丝猴、念佛鸟等。

四、乡村旅游资源

宾川县风景优美，有4A级风景名胜区鸡足山，它是享誉南亚、东南亚的佛教圣地，中国十大著名佛教名山之一，是国家级风景名胜区大理景区的重要景点。寺前村在鸡足山麓，背依九莲寺名刹，是上鸡足山的必经之地，原名凤尾村，因其背靠鸡足山中爪凤凰山尾部而得名。宾川县还有许多名胜古迹，如白羊村新石器遗址、罗溪村新石器遗址、甸尾村新石器遗址、州城钟鼓楼、上沧本主庙、州城川庙和宾川跨径最长的木梁风雨桥——力角岩洞桥。

五、矿产资源

宾川境内探明具有开发价值的矿种有无烟煤、铁矿、锰矿、铜矿、金矿、硫铁矿、碲矿、硅藻土、石灰岩、大理石、黏土（页）岩等20余种；宾川的矿床、矿点有64处。硅藻土已探明储量1.4亿吨，是国内十分稀少的特大型矿床，开发潜力巨大；主矿区位于金牛镇，储量2 842万吨，暂未开采。全县含煤面积510平方千米，占土地面积的五分之一。初步探明的煤炭资源储量3.5亿吨，主矿区的干甸、东庄储量7 596万吨，是滇西煤炭资源较为丰富的地区。

第二节　热区社会经济发展情况

一、基础设施

1. 交通

宾川县交通运输长期主要依靠公路。全县有省道祥宁公路和牛新公路2条，县道有凤太公路、平川公路、牛沙公路、鸡足山旅游公路、宾居公路、钟英公路、宾邓公路、萂村公路、康盒公路、宾周公路（州城华侨社区—周官营）、古底公路、拉乌公路、太和农场公路等13条，乡村道5千米以上32条、5千米以下25条；有公路桥48座，吊桥（铁索桥）1座。

2. 农业基础设施

全县共有中型水库3座、小（一）型水库9座，小（二）型水库33座，其他小库塘743座，总库容达到15 888万立方米，年蓄水达9 000万立方米，有效灌溉面积达28.23万亩。全县有固定机电提灌站47处，装机1 710千瓦，配套机电井474眼、装机5 780千瓦。全年农业总供水量11 255万立方米，其中，库塘供水4 473万立方米，引水供水5 460万立方米，电力提灌供水1 220万立方米，机电井供水102万立方米。引洱入宾工程年均增加灌溉用水5 000万立方米。水利化程度达到78.42%。

（1）海鞘水库位于县城东南24千米、乔甸坝子北端，是宾川第一座中型水库。本区径流面积230.5平方千米，引水区径流面积361.3平方千米。除险加固后，拦水大坝改均质土坝为风化料均质土坝，坝高由28米升至28.8米，顶宽4米不变，长由171米增加至175米。设计总库容由6 094万立方米调至5 231万立方米，死库容由191万立方米调至170万立方米，引水工程有清涧美、克昌、磨石臼等3条引水沟，长9.89千米。

（2）花桥水库位于大营乡花桥村南面，距县城18千米，以灌溉为主，兼有水产养殖，调节发电。径流面积 167 平方千米，设计灌溉面积 4.64 万亩。主坝为均质土坝，坝高 35 米，坝顶长 360 米，宽 6 米。总库容为 3 309 万立方米。

（3）大银甸水库位于县城西 7 千米，是以灌溉为主，防洪、水产养殖、发电、县城供水等综合利用的调节性水利工程本区径流 12.67 平方千米，引水区径流 281.1 平方千米，总库容量 4 085 万立方米。输水工程有东大沟、南大沟、大中沟 3 条，长 119.98 千米。

二、人口

2018 年，宾川县户籍人口 36.77 万人。其中，男性 18.72 万人，女性 18.05 万人；乡村人口 25.65 万人，城镇人口 10.59 万人。

宾川县全年出生 3 434 人，其中，男婴 1 683 人，女婴 1 751 人，出生人口性别比为 104 : 100，保持在合理范围。人口出生率 9.34‰，死亡率 5.64‰，人口自然增长率 3.7‰。

三、经济

1. 经济总体情况

2018 年宾川县全年完成国内生产总值 110 亿元，同比增长 9.5%。2018 年第一产业增加值 45.26 亿元，增长 6.3%；第二产业增加值 21.72 亿元，增长 13%；第三产业增加值 43.02 亿元，增长 13.7%。

2. 居民收入

2018 年宾川县人均生产总值 30 412 元，增长 9%。全县城镇常住居民人均可支配收入达 34 060 元，增长 8%，农村常住居民人均可支配收入达 15 320 元，增长 9.2%。其具体情况如表 13-1、图 13-1 所示。

表 13-1　宾川县居民可支配收入及增长速度

年份	城镇常住居民人均可支配收入/元	农村常住居民人均可支配收入/元	城镇常住居民人均可支配收入增长速度/%	农村常住居民人均可支配收入增长速度/%
2016	29 093	12 800	8.50	10
2017	31 537	14 029	8.40	9.60
2018	34 060	15 320	8.00	9.20

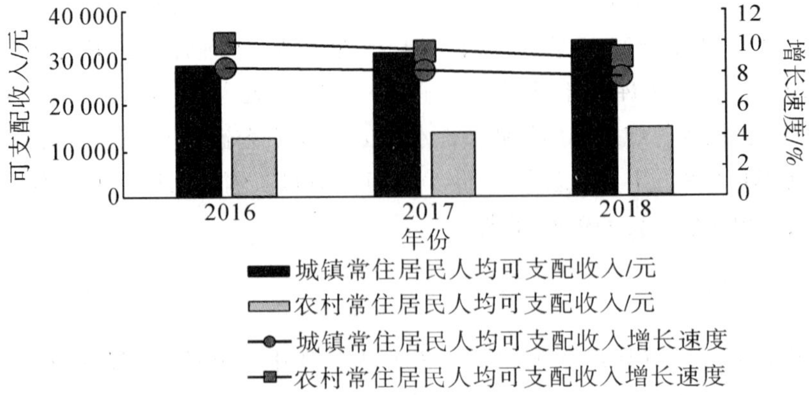

图 13-1　宾川县居民可支配收入及增长速度

3. 财政收入

2018 年宾川县财政总收入 7.28 亿元，比上年增加 0.35 亿元，增长 5.1%，其中，一般公共预算收入完成 4.83 亿元；上划上级收入完成 2.45 亿元。财政总收入分征收部门的完成情况是：国税部门组织税收收入 28 851 万元，比上年增加 6 178 万元，增长 27.3%；地税部门组织税收收入 28 534 万元，比上年增加 2 425 万元，增长 9.3%；财政部门组织非税收入 10 936 万元，比上年减少 152 万元，下降 1.4%。一般公共预算支出 25.51 亿元。

4. 地方名牌

在品牌创建方面，宾川县积极做好"三品一标"认证、名牌农产品争创和商标注册等工作，提高农业生产品牌化水平。目前，"兴侨""缘成"牌葡萄和"宾杰"牌柑橘、"爽馨"牌石榴等 38 个农产品获得无公害农产品认证，6 个涉农商标获省级著名商标，12 个农产品被认定为云南名牌农产品。宾川红提葡萄和宾川朱苦拉咖啡成功注册为中国地理标志证明商标，宾川柑橘和宾川朱苦拉咖啡获国家地理标志产品保护。宾川金丰江农业开发有限公司、宾川县宏源农副产品产销专业合作社被评为 2017 年云南十佳水果示范园，"楼铁源"牌葡萄、"七彩云秘"牌葡萄和"禧年"牌石榴被评为 2017 年云南名优水果；浙江大学中国农村发展研究院（CARD）联合中国果品流通协会开展 2017 中国果品区域公用品牌价值专项评估，宾川红提葡萄以 18.66 亿元的品牌价值位列全国第 43 位，是云南省入围的第一品牌。

5. 龙头企业

宾川县积极培育农业龙头企业、农业庄园、农民专业合作社、家庭农场、种植大户等农业经营主体。宾川县大力推进农村三产融合发展，挖掘和整合宾川佛教、历史、民俗、侨乡、农耕等文化，将农业发展与休闲观光相融合，发展集餐饮、住宿、农业观光于一体的农业休闲观光园，将休闲观光农业逐步培育成为农民增收的“风光产业”。目前，宾川县共培育了省、州级重点龙头企业19户，其中：省级13户，州级6户，农民专业合作社569个，现代农庄26个，现代家庭农场161户。农业龙头企业现价总产值202 748万元，同比增长6.82%；营业收入197 252万元，同比增长8.05%；5户企业营业收入超1亿元，规模以上农业龙头企业20户。全县出口备案企业农副产品出口创汇8 176万美元，同比减少12.25%。通过培育新型经营主体，宾川县有效带动了产业发展，带动了广大农民群众的积极性，使贫困户实现增收致富。

四、民族

宾川县是以汉族为主的多民族聚居县，境内居住着35个民族。2017年年末，全县总人口365 743人，少数民族89 198人，占人口总数的24.4%。其中，白族51 567人，彝族25 648人。2017年宾川县各少数民族占比情况如图13-2所示。

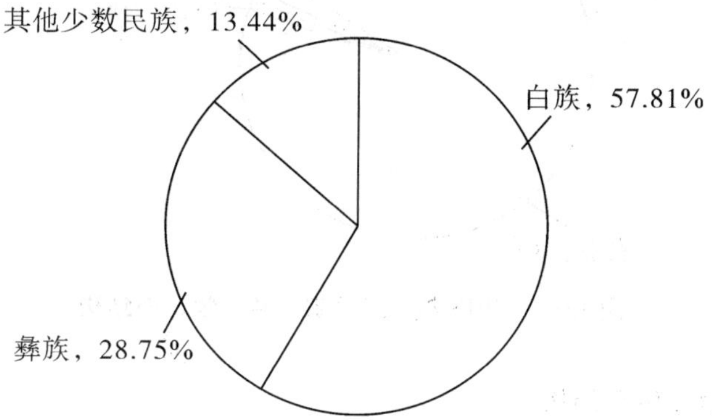

图13-2　2017年宾川县各少数民族占比情况

少数民族居住的基本特点是大散居、小聚居，以白族、彝族为主，大部分白族、彝族都能歌善舞，目前仍以白族话、彝族话为日常交流用语。

五、传统文化

宾川县民间文化浓郁而厚重，从古到今代代相传，一年一度的“接天子、接本主”仪式最具代表性；绕三灵、霸王鞭、大本曲、白族对歌、洞经古乐、耍龙舞狮、古装表演、栽秧会等是村民热情参与的文化活动。宾川民居建筑别具特色，布局井然，庭院巍峨。山泉沿石巷穿流，是宾川地区最能体现白族建筑风格和建筑艺术的典型。民间文学在传统文化中有着重要的地位，主要以歌颂白族的名人、英雄为主，也有许多歌颂自由婚姻、讽刺污吏的作品。

第三节　热区农业生产结构

一、农林牧渔结构

2018 年，宾川县全县农林牧渔总产值 85. 21 亿元，比上年增加 5. 48 亿元，增长 6. 5%。其中：农业产值 68. 14 亿元；林业产值 2. 11 亿元；牧业产值 13. 6 亿元；渔业产值 0. 7 亿元；农林牧渔服务业产值 0. 66 亿元。图 13-3 所示为 2018 年宾川县农、林、牧、渔结构。

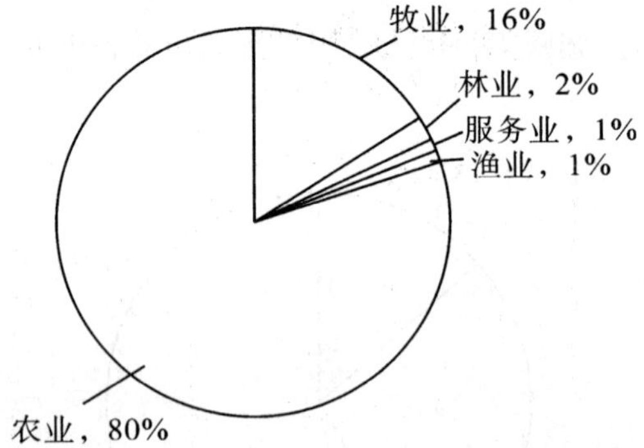

图 13-3　2018 年宾川县农、林、牧、渔结构

二、种植业生产结构

宾川县粮食作物 35. 53 万亩，其中，小春作物 6. 02 万亩，大春作物 29. 51 万亩。科技增粮措施主要有高产创建、间套种、测土配方、玉米地膜覆盖、晚秋扩种等。小春作物主要种植小麦 0. 6 万亩、薯类 0. 33 亩、豆类 3. 23 万亩、其他作物 1. 86 万亩。大春作物主要种植水稻 4. 84 万亩、玉米 22. 91 万亩、薯类 0. 56 万亩（马铃薯 0. 54 万亩）、豆类 1. 04 万亩、其他作物 0. 16 万亩。宾川县主要农产品产量如表 13-2 所示。

表 13-2　宾川县主要农产品产量

产品名称	2018 年/万吨	2017 年/万吨	增减/%
粮食	15. 2	14. 86	2. 3
蔬菜	36. 48	35. 18	3. 7
油料	0. 54	0. 53	1. 9
烤烟	0. 66	0. 68	-2. 9
水果	60. 59	55. 78	8. 6

三、林业生产结构

宾川县累计完成营造林 3. 2 万亩、义务植树 92 万株，实施新一轮退耕还林 15 000 亩，兑现森林生态效益补偿资金 1 310. 39 万元，森林覆盖率 50. 1%，活立木蓄积 6 385 130 立方米，实现林业社会总产值 15. 5 亿元，比上年增长 10%。全县无较大森林火灾，无重大森林资源破坏案件。鸡足山风景区连续 34 年无森林火灾，林区社会治安稳定，人与自然和谐发展。

四、牧业生产结构

宾川县活家禽年末存栏 84. 16 万羽，当年出栏 96. 89 万羽，禽肉产量 2 281 吨。宾川县实现肉类总产量 4. 83 万吨，同比增 4%，牛奶产量 7 803 吨，同比减少 6. 77%，禽蛋产量 2 292 吨，同比增加 4. 01%，畜牧业产值 12. 77 亿元。宾川县主要畜产品产量及牲畜存栏情况如表 13-3 所示。

表 13-3　宾川县主要畜产品产量及牲畜存栏情况

指标	绝对数
肉类总产量/万吨	4. 83
猪牛羊肉/万吨	4. 6
年内生猪出栏/万头	41. 32
年内牛出栏/万头	2. 26
年内羊出栏/万只	13. 511
大牲畜年末存栏/万头	5. 97
生猪年末存栏/万头	27. 65
羊年末存栏/万只	17. 69

五、渔业生产结构

2017 年，宾川县水产养殖面积达 26 797 亩，水产品总产量达 12 150 吨，较 2016 年的 11 109 吨增长 9.4%；渔业经济总产值达 20 489.16 万元，较 2016 年的 18 037.6 万元增长 13.6%。

六、特色农产品

宾川县特色农产品主要是热带水果和蔬菜。全县种植柑橘 5.43 万亩，挂果 3.09 万亩，产量 8.81 万吨，产值 7.23 亿元。兴津、大浦、南丰蜜橘和金橘等主要早熟品种占总面积的 1%，纽荷尔和椪柑等中熟品种占总面积的 21%，韦尔金桔、岩溪晚芦、沃柑等晚熟品种占总面积的 78%。柑橘生产上主推无病良种苗木、标准化建园、矮冠、稀植、适产、优质、病虫害综合防控等集成技术。其他主要水果有石榴 0.91 万亩，苹果 0.99 万亩，梨 1.23 万亩，桃子 1.63 万亩。

1. 葡萄

葡萄生产上主推提质促早熟、避雨栽培、错季延迟栽培、绿色防控等先进实用技术。宾川县干燥、炎热、少雨的气候条件是孕育优质葡萄的“温床”，特别适合种植夏黑、无核白鸡心、维多利亚、红提等品种的葡萄。所产葡萄鲜果具有成熟早、产量高、果粒大、糖分积累多、品质好等优势。宾川县为全面提升葡萄的知名度和市场占有率，在积极协助企业做好商标注册、无公害农产品认证、出口基地登记备案等工作的同时大力支持营销企业、经纪人向外进行市场开拓，加大宣传力度，提高宾川葡萄知名度，培育优质葡萄知名品牌。

宾川县种植葡萄 17.13 万亩，挂果 16.68 万亩，产量 35.22 万吨，产值 29.19 亿元。夏黑、维多利亚早熟品种占葡萄面积的 4%，红提、克瑞森等中晚熟品种占葡萄面积的 96%。

宾川县鲜食葡萄形成了以优质耐贮运品种为主，品种结构不断优化，熟期优势明显，种植效果稳步增长，科技含量明显提高，葡萄专业村、高效示范户、种植大户不断涌现。全县现已建成大小冷库 30 余座，库容量达 4 万立方米，泡沫塑料箱加工厂近 10 个，农业专业协会有近 80 个，会员达 9 000 多人，已通过出口基地登记备案的葡萄营销企业、协会近 10 家，有 10 余个葡萄专业村、专业场。葡萄种植面积 10 亩以上的大户有 50 余户，葡萄亩产值在 1.8 万元以上的高效示范户更是屡见不鲜。到目前为止，通过全县从事农副产品生产销售并有一定知名度的农业种植企业就有10余户。拥有4 000多人的农民经纪人队伍，将20%左右的葡萄产品销售到省内，将80%的葡萄不仅销售到广州、深圳、东莞、福建、上海、重庆等大中城市及香港、澳门等地，还出口至越南、缅甸、泰国等国家，销售市场逐步在扩大。

2. 蔬菜

宾川县种植蔬菜14.95万亩，产量25.61万吨，其中，大蒜5.07万亩、小葱3.28万亩、其他6.53万亩。宾川县蔬菜产品色泽好、品质好，商品率高，尤其是冬春蔬菜上市早，能有效填补市场空缺，在国内外享有较高的盛誉。特别是香葱、大蒜在宾川种植规模大并且成熟期比其他地区早15~30天。产品的辛辣味比较浓，产量也比较高，效益明显高于其他种植区。冬早豆类蔬菜也因规模的不断扩大和上市时间的优势而被市场接受。近年迅速发展起来的夏播鲜食蚕豆（9月中下旬至11月下旬上市），由于在上市期间市场上基本没有与之竞争的同类产品，加上产地集中和环境较好，市场接受程度也较高。

宾川县已被国家质量监督检验检疫总局批准为国家级食品农产品质量安全示范区。宾川县农产品质量安全检测站已建成，并获得了“三认证”，各乡镇建立了农产品农药残毒快速检测室。全县已通过无公害蔬菜基地认定面积53.333 3平方千米，通过出口农产品基地登记备案的企业有6户，“云福”牌和“汇恳”牌系列香葱等蔬菜产品获得了商标注册和无公害农产品认证，“云福”牌葱酥、葱干、葱叶、标葱及国巨万和速食香葱、葱酥产品获得了云南名牌产品称号。参加蔬菜营销的农民经纪人有2 350多人，每年组织外销的蔬菜达15万吨以上。

第四节　农业产业发展模式及特点

一、“错季农产品+市场+农户”利益联结模式

农户生产的错季蔬菜产品优质、安全、无污染，既能填补宾川县蔬菜消费缺口，又深受外地消费者的喜爱。目前，以宾居镇乌龙坝、大营镇杨柳村委会以及平川镇的帽角山村、李子园村等地为主的春播、夏播蔬菜种植区，蔬菜种植面积已突破13.333 3平方千米，主要种植的蔬菜有鲜食豆类、甘蓝类、马铃薯等。仅春夏播蔬菜一项，几个村的人均收入就突破了10 000元。宾川县采取“错季农产品+市场+农户”的运作模式，加速了由分散生产向集约化经

营的转变，架起了农户与市场的桥梁，市场主体作用日益明显。

作为农业产业化最基本的利益联结机制，这种发展模式在农业产业化初期发挥着重要的作用，具有灵活自由的特点，能够极大限度地调动农户的生产积极性和经营自主性，农户根据市场的需求和种植历史等因素进行种植或者养殖。这种模式下的农户种植或样式市场需要的产品，种植（养殖）的大多是市场上容易销售、不需要经过其他组织或者机构农户就可以自己出售的粮食作物和牲畜。据统计，宾川县70%的果农采用农业产业发展模式，在与他们沟通的过程中，发现自由快捷的特点是当地果农最看重的，部分农户指出他们是根据市场的需求进行调整自己的种植种类，认为自己种植的葡萄、柑橘等水果应该在第一时间卖出，避免损毁的问题，在当地农户和政府的支持下，宾川县农业产业化发展模式得到了迅速发展。

二、“龙头企业+套种技术+农户”技术合作模式

宾川县种植模式为利用葡萄园在冬季空闲期套种大蒜、小葱、菜用豌豆、菜用蚕豆等，同时在乌龙坝、杨柳村等山区和冷凉地区种植夏秋特色蔬菜、冬早蔬菜。宾川县为缓解近年逐渐突出的果蔬争地矛盾，保证蔬菜产业的正常发展，宾川县农业技术人员不断试验、摸索、实践，宾川县果蔬套种技术、宾川县延后蔬菜生产技术、玉米间套蔬菜技术已日趋成熟，尤其是果蔬套种技术，在县委、县政府和农业部门的大力推动下，得到了农户的认可，并自觉运用到生产实践中，取得了较好的收益。随着各种间套种技术应用面的不断扩大，宾川县每年的套种面积突破了167平方千米，同时也保证了宾川县80平方千米蔬菜产业的健康发展。随着生产条件的进一步改善，宾川县果蔬套种面积还将会进一步扩大。

三、“热带水果+企业（龙头企业）+基地+农户”订单保障模式

该模式是企业利用自身的优势与基地和农户进行紧密联系的一种联结方式。宾川县经过多年的努力使这种模式取得了巨大的成功。目前比较大的零售超市如华润万家、沃尔玛等采用这种模式，在宾川县建立生产基地，将基地出产的水果直接销售到各个超市。该模式是宾川县农业产业化的基本模式，交易的双方是自由买卖的关系，龙头企业从农户手中购买符合自己要求的原材料，农民也可以根据自己的意愿将种植的农产品卖给符合期望价格的企业，农产品的价格随行就市。农业龙头企业按照企业的目标和实力的不同，会对自身的业

务进行划分，有的企业自身实力比较弱小或者是拥有较先进的农产品加工技术，所以这类企业在选择业务类型时以对农产品的加工为主。有的企业有较为宽广的销售渠道所以业务选择侧重于对农产品的销售，它们能够将农产品迅速地送达消费者的手中，这类公司对于市场需求信息掌握是非常好的，同时具有较完备的物流体系。

第十四章　云南热区农业发展模式创新

第一节　强化边境贸易，利用好两个市场

一、逐步完善边境贸易口岸

云南地处我国西南边陲，与缅甸、老挝等国接壤，在全球经济增速放缓、国际贸易错综复杂的条件下，热区边境贸易能够在增加政府财政收入的同时带动边境地区农业、加工业的发展，能够较好地解决云南边境地区劳动力的就业问题，同时还能促进边境地区旅游业、服务业和其他行业的发展。云南贸易口岸的作用已经成为云南促进对外交往、与周边国家发展友好合作的重要渠道。云南共有边境口岸23个，其中一类口岸16个，包括陆运口岸11个、航空口岸3个，水运口岸2个；二类口岸7个，都是陆运口岸。云南目前已经基本形成全方位立体开放的局面。通过边境口岸，云南大力开发新兴经济体和发展中国家的市场，推动云南与周边国家和地区的贸易往来。云南要因地制宜，凭借独特的区位优势，在现有的基础上，通过逐步完善的口岸、扩大农产品的出口规模、优化农产品结构、提高质量来提高贸易效率，积极与周边国家和地区开展贸易往来，进而寻求新的出口市场。

二、完善农产品进出口政策

云南应当成立热区贸易争端预警和应急处理机制，提高对外交涉的能力，根据世界贸易组织规则中对外开放的原则，充分利用外交手段，维护云南企业的合法权益；在遇到技术壁垒的时候，采用适当增加进口的方式，不断扩大国际市场；建立并完善以技术壁垒、绿色壁垒为主要内容的贸易规则、政策、保

护措施、反倾销、反补贴措施等机制，增强企业的自我保护能力，减少突发事件对云南企业的不利影响；加快建立有效的外贸体系或者贸易磋商会，通过国家间的对话了解存在的问题，鼓励企业、政府官员、专家学者向政府和有关机构提出政策建议，在维护自身利益最大化的同时减少不必要的贸易摩擦。

三、建立专业化、国际化的大型综合批发市场

缺乏大型综合批发市场是制约热区农产品销售的主要瓶颈之一。缺乏专业的综合批发市场，使得云南的热区农产品流通成本高和效率比较低下，欧美一些发达国家的农产品批发市场不仅配有较为完整的、体系化的冷链物流和发达的交通运输设备，还拥有农产品初加工设施，农产品的质量和流通效率得到了提升。专业化、国际化的大型综合批发市场是云南热区农产品走向国际市场的重要基础。云南热区建设国际化的农产品拍卖市场，聚集国内外农产品交易，通过整合全省的热区农产品，通过大型综合批发市场整合热区农产品供给，提升云南热区农产品在国际和国内市场的定价权，扩大其在国际市场上的份额，提升产品的价值空间。

四、开发超市、专卖店、体验式零售等国内分销市场

随着中国的经济快速发展和人民生活水平不断提高，人们对自己的生活质量要求越来越高，更多的消费者关注农产品本身是否属于绿色食品，更加关注农产品的安全问题。由于中国幅员辽阔，北方地区在冬季难以种植新鲜蔬菜，为云南热区农产品提供了良好的销售环境，随着人们对自己生活质量的要求，传统的农贸市场由于供应者众多，渠道较多，热区农产品的质量参差不齐，产品质量难以得到保证，所以靠近居民生活区的小型体验式零售、专卖店既可以加大经营场所分布的密度，增强销售能力，又能为消费者提供很大的方便。交通条件的极大改善，推动了农村旅游业的发展，越来越多的消费者到热区庄园旅游。除了旅游、休闲之外，热区还可以通过采摘、初加工等形式来刺激消费者的购物欲望；通过实地的参与和观光，满足消费需求；同时还可以通过休闲活动满足消费者的精神需求。

第二节　优化农业跨境投资，加强境内农产品加工

一、延伸热区农产品空间产业链

云南热区需要增强热区农业的产业链整合能力。农产品的价值涉及产业链竞争的每个方面，随着经济全球化的进一步发展，我们需要从全球化农业生产资源和市场资源两个维度来审视云南热区农产品的市场竞争。热区农业发展具有很强的特殊性，因此不同地区产业发展能力也存在差异。要提高云南热区农产品的市场竞争力，特别是在国际市场上的竞争力，需要运用全球产业链整合的理念，整合国内和世界上其他国家的热区资源和消费者市场。提升云南省产业链的关键是培育出云南省的跨国农业企业，通过跨境投资、并购等模式，加大对外投资，抢占关键价值的制高点，提升云南省农产品在国内市场和国际市场上的竞争力。

二、增强跨境合作与投资

跨境合作与投资对促进全球农业的共同繁荣发挥着越来越积极的作用。孟山都公司总裁高勇博士认为："不争的事实是，全球种植业和农业生物技术领域，开放、合作的政策为国家吸引到可持续的农业投资与合作，为本地种植者引入新技术，提高当地农业生产效率，增加农民收入，切实推动农业发展与竞争力，使包括发展中国家在内的更多企业与农民分享经济全球化发展成果"。任何单一的国家或组织都难以独自完成和提供全部的解决方案，需要本国政府的大力支持，还需要国家间的相互合作，以农业生物技术为例，生物技术产品开发周期长，成本高。跨国公司的经验表明，一款生物技术产品从开发到上市平均需要 13 年，耗资 1.36 亿美元。除成本以外，一款产品的成功地完成商业化还取决于知识、经验和技术等关键因素。因此，跨境农业生物技术等领域的投资，能够提高国际农业投资水平，能够有效为各国农民、企业、社会、环境等带来效益，实现多赢。同时以巴西为例，该国对农业生物技术施行开放政策，欢迎跨国公司的生物技术产品，支持维护知识产权和跨国公司与当地合作伙伴、授权方及农民间的合同契约。十多年前，巴西政府修改了生物安全法，农业生物技术自此在巴西大规模商用，极大程度地提高了巴西本地农业生产力、巴西农民收入以及巴西农业的国际竞争力。跨境合作与投资对促进全球农业发展作用重大，特别是对发展中国家与小农户起到了至关重要的作用。结合

其他国家和地区的经验，云南省要致力于开发创新性解决方案，进一步加强多方合作，共享企业在消除饥饿与贫困的成功经验，不仅可以提高热区农民的收入，还可以保障全球粮食安全，促进全球农业共同繁荣。

三、充分发挥资源优势和市场优势

云南热区农产品加工业发展水平较低，尤其是热区农产品加工水平和质量较低，产销各环节的相互联系不够紧密，加工业布局和产业结构不合理等问题依然存在。市场经济向纵深发展，热区农业产业环境发生显著变化，热区农业生产也要不断变化，热区农产品的加工变得更加重要，农产品加工业不仅是农业产业化的核心，而且是推进发展现代热区农业的重要形式，是构建农民增收长效机制的关键环节。开展农业合作及农产品加工业出口贸易具有显著的农业资源优势以及市场优势机遇，也符合沿线各国的农业安全要求。各个国家和地区的农业发展都各具特色。热区农产品加工业出口贸易要以国家需求为基本出发点，根据企业的经营目标、经营战略等方面，全面考虑该地区的政治、外交、社会文化等多方面的因素，因地制宜地选择具体投资领域和区域。热区农产品加工业应充分利用各地的不同优势，充分利用资源和市场，不断扩大云南省的市场，形成云南省的特色产业。

四、强化政策支持体系

由于热区农产品的特殊性，建立以政府牵头，农业、水产、畜牧、林业、烟草等部门共同参加的会议制度势在必行。政府应该组织不同部门在农产品加工管理、发展、信息和预警等方面进行沟通，细化热区农产品合作领域、具体合作项目等，完善落实各个配套服务措施。云南应制定推动热区农产品加工业发展的财政扶持政策，政府财政部门要对利用国外资源、积极发展热区农产品加工业出口业务的企业积极给予大力支持，可以采用直接补贴、贷款贴息、奖励等多种方式，减轻企业负担，鼓励企业发展热区农产品加工；还可以给予从事热区农产品出口业务的农业加工企业一些政策上的倾斜和优惠，以支持热区农产品加工企业更多地参与国际市场竞争。

金融部门要加大对符合贷款条件的农产品加工企业的信贷支持力度，合理确定贷款额度，尤其是对热区农产品加工企业在季节性收购原料、仓储、物流等环节的流动资金贷款给予重点支持。云南省免除或减免热区农产品生产、加工、储运和交易等环节的收费；疏通热区农产品加工制品“绿色通道”；改善农产品加工制品流通环境；重点对冷库、保鲜库、批发交易市场、物流配送中心等给予投资补助。

五、推进热区农业产业化经营

云南省在规划布局的基础上，加强基地建设，推动热区农产品加工企业与原料生产基地对接；帮助企业建设专业化、契约化、安全化的第一车间，形成标准化、规模化的原料基地及产业带；促进原料生产由粗放低效向集约高效转变；注重培育企业自身的人才队伍，建立以人为本的企业文化，拓宽人才引进渠道，重视员工培训，健全激励机制，培养、吸引并留住人才。政府应加强热区农产品加工业的交流与合作，做大做强龙头企业，以提升龙头企业及农民专业合作组织辐射带动力为突破口，推进热区农产品加工产业化发展，增加热区农产品出口的竞争力；按照“产业发展集群化、集群发展园区化”的思路，在条件适宜、发展良好的县（市、区）规划建设一批优势特色产业产业化园区和加工园区，形成前后衔接、互为补充的产业链条，实现集群式发展。

第三节　加快电商建设，完善物流建设

一、加强电子商务的基础设施建设

为了保障热区农产品电子商务的发展，加强基础设施的建设是最基础的保障。工业和信息化部实行“村村通电话”工程，农业农村部实施“金农”工程、科技部开展“多网合一”等服务，要切实落实好国家在基础设施信息建设的政策，尤其是针对农村网络基础设施建设的政策，充分利用国家优惠政策，完善农村电商基础设施，在此基础上以政策为发展契机。政府要强化电信等网络服务商的责任和服务意识，引入市场竞争机制，为热区农村提供更加便利的上网条件，为热区农产品的消费提供平台。

政府应加强热区的人才引进和交流，建立基层人才队伍，建立县、乡、村三级人才队伍，发挥其在基层中的带动作用。基层人才队伍应加强对热区农民的电商培训，比较系统地对热区农民进行培训，主要侧重于培训基础的计算机操作能力，简单的对市场营销、物流等知识做讲解，使热区农民在从事电子商务的过程中，能够完成整套电子商务的操作。

二、选择有利的电商模式

目前常见的电子商务类型主要是 B2B 模式、B2C 模式、C2C 模式，而常

见的热区电子商务则是综合性 B2B 平台、B2C 平台，在借鉴传统电商模式的基础上，不同的省份和地区也在积极尝试适合热区特色产业的电子商务模式，让经济发展和热区农业发展的过程相互适应。政府要加大对热区农业移动电子商务的投入，移动电子商务能够随时随地进行访问，能够降低农户对终端设备的成本，可以将更多的热区农业生产中的资金、信息、劳动力进行有效整合，更能够提供个性化的服务，快速处理订单，更加简单、快捷的支付，帮助热区农产品克服热区农业的劣势，完成高效的电子商务交易。

云南省的“褚橙”带动了云南省电商模式的创新；贵州惠水以金盏菊为主，创造出“互联网+乡村旅游+农村电商”为核心的农业综合体；海口石山创建农业小镇“1+2+N”的新模式。云南省应加强普洱茶、三七、松茸等高原特色农产品的品牌建设，并积极探索适合各个特色农产品的电子商务模式。

三、强化网络信息安全

为保障电子商务的顺利交易，强化网络信息安全势在必行，建设绿色的网络环境，能够最大程度地发挥电子商务在热区农业中的作用。

一方面要保障云南省的网络信息安全，对破坏热区农产品电子商务交易的违法行为给予一定的处罚；另一方面要保障云南省的网民网络信息安全，让网民感受到电子商务产生的价值。

四、发展和创新物流组织

热区农产品因其产品的特性，对物流技术和冷链、仓储有很高的要求。由于云南省的经济发展水平较落后，储存条件较差，物流覆盖面小且技术差。因此要促进国有农垦企业、龙头企业加大对物流的投入，强化责任和服务意识。政府应大力发展第三和第四物流，提升云南省热区农产品物流的专业化服务。针对第三方物流覆盖面较小、私人运输业主规模小且收费较高等问题，政府应鼓励支持第三方物流企业进入农村市场，延伸其服务网络。对从事基层物流的企业，政府在建设仓储地点方面可以给予适当的优惠，以保证第三方物流企业的经营。

五、提高热区农产品物流管理水平

建设热区农产品物流的标准化体系，推动云南省内现代化物流的标准化体系建设，包括交通运输网络、冷链冷藏技术、冷链保鲜技术、冷链节能技术、自动化建设、物流容器、运输包装等。对物流的技术标准、服务标准、计量标准要尽快与国际接轨，提高国内物流的标准，提高热区农产品保险和保质水平。

目前农产品物流的管理部门较多，分块式的管理制约了热区农产品的统筹发展规划，政策实施效果较差，设立热区农产品物流监管部门，用全球化的视野整合云南省内外的物流资源，协调各方利益，有利于提升监管的效率，提升云南省热区农产品物流的市场竞争力。

第四节　加快组织创新，提升组织水平

一、农垦企业

21世纪以来，我国的农垦系统以建设现代农业为主线，以加快社会发展为重点，在示范带动现代农业建设、保障农产品质量安全、改善垦区民生和社会事业方面取得了巨大的成效。2015年11月，《中共中央 国务院关于进一步推进农垦改革发展的意见》正式印发，为新时期农垦事业的发展指明了方向。农垦系统将围绕发挥农垦在现代化农业建设中的作用，加快实施农垦国际粮食战略，推进垦区集团化、农场企业化改革，努力实现职业农垦、智慧农垦、绿色农垦、美丽农垦、幸福农垦“五位一体”的农垦发展战略。

1950年云南省建立了第一个农产企业，到20世纪80年代初期，云南省已经建成一个较为完整的农垦体系。云南省有39个农场，分布在云南省的7各地州、28个县区，多位于亚热带的边疆地区，在国境线上的农场多达20个，在这些接壤的农场中，大部分农场处于对外往来的交通要道上。1978年，中国共产党第十一届三中全会召开，提出将工作重点转移到经济建设上来，对国民经济实行“调整、改革、整顿、提高”的八字方针。同年国务院颁布了《国务院关于批转全国国营农场工作会议纪要的通知》，其明确提出：“为了加强全国国营农场的领导管理，国务院决定成立国家农垦总局，对黑龙江、新疆、广东、云南四个垦区，实行农垦总局和省、自治区双重领导，以省、自治区为主的体制”，此后云南发布多项通知、批示，使农垦组织在整个90年代中期以前得到相对快速的发展，在生产效益、功能、员工福利等方面取得了较好的成绩。

2004年云南省政府授权云南省国有资产监督管理委员会对云南农垦集团履行出资人职责，云南农垦集团成为省属国有重要骨干企业。2014年，云南农垦集团被农业部、发展和改革委员会、财政部、商业部、中国人民银行、国

家税务总局等多方联合认定为农业产业化国家重点龙头企业。

云南省现代化热区农业示范基地的建设，实行项目负责制，由具体的单位负责制订示范基地的工作内容、工作计划。重点示范基地分别是水果基地、茶叶基地，它们通过制订提升方案、强化管理，充分发挥示范带头作用。为了加快农垦企业的发展，云南省要进一步发展和巩固省热区农业，根据国家有关政策，加快速度打造一批具有国际竞争力的现代化热区农业企业集团，建成一批可靠的热区农产品生产基地，努力把云南省农垦企业建设成为保障国家粮食安全和热区农产品的有效供给的后备军。

二、农业庄园

现代化的农业庄园以市场为导向、以效益为中心、以科技为支撑、以多功能为方向，把农产品的生产、流通、加工、销售、观赏等环节连接成有机结合的整体，使农业庄园的产出多样化、规模化，经营管理企业化。生产与市场紧密结合，从而有效地促进农业增效、农民增收，体现了传统农业向现代农业的发展趋势，为农业区域化布局、专业化生产、一体化经营、企业化管理、社会化服务、市场化竞争，提供了一种较为现实的模式。

农业庄园有利于农业生产规模化、机械化、产业化，符合现代化农业发展的要求；还能够最大限度地吸引社会资金、管理、知识等现代化生产要素以资本的形式进入热区农业生产，最大程度提高热区农民的收入；能解决使用权和经营权分离的问题，有利于生态环境的综合治理和开发，能在一定程度上保护生态环境。

近年来，云南省的农业庄园也取得了一定的成效，特色鲜明。云南爱伲集团以种植咖啡和养牛为主，开创了爱伲庄园，开启了云南省对现代庄园的探索，自此云南省推出了昆明的福保文化城、曲靖百草园农庄、马龙县的龙腾生态循环农业科技园、普洱的柏联普洱茶庄园、红河的红酒庄等，不仅结合了各地的地理、人文、风俗、农业特点来发展庄园经济，吸引了社会的大量投资，而且也成了地区经济发展的新亮点。

为发展热区农业庄园，严格按照省政府“政府主导、多元参与、以农为本、突出特色，统筹规划、合理布局、严格标准、动态管理”的原则和“有基地、有加工、有会所、有品牌、有市场、有文化”的标准，云南热区继续大力推动现代化农业庄园的建设，整合基地、园区、大户、企业、合作社的生产、资金、管理、技术资源，在稳定粮食等重要农产品的基础之上，大力发展热区农业，发展云南省热区农业的庄园经济，力争建成一批优势特色产业中的现代化特色精品农业庄园。

三、家庭农场

我国在实行了40多年家庭联产承包责任制后，农业生产的兼业化问题普遍存在，农村社会发展受到较大的影响，家庭农场的出现给部分青年提供了回归土地的条件，有效地解决了难题。21世纪以来，我国开始积极地培育家庭农场的试点。家庭农场具有适应农业生产的自然特征，能够有效提升农业规模化生产水平，有利于夯实我国农业发展的基础。

美国的家庭农场模式主要包括家庭农场、合伙农场、公司农场，但后两者多以前者为依托，美国农业土地的私有化使得家庭农场得到广泛的建立和巩固。美国的家庭农场不仅规模较大，而且科技水平高，农业机械化程度高，农业机械数量多，其数量是我国的400多倍，是世界平均水平的5倍。现代的科学技术已经很好地运用到了农业生产中，有的农场甚至可以利用卫星信息系统来掌握农作物的生长情况，利用定位系统估计农作物的产量，现代科学技术的使用节约了大量的劳动力。日本的家庭农场则规模较小且分散，但是农业社会化服务体系健全。为了克服小规模经营的弊端，大部分日本农场加入了日本农业协同组合（以下简称“日本农协”），日本农协是一个遍布全乡、自成系统的庞大组织，主要为农民提供社会化的服务，包括生产指导、生产资料集中采购、农业保险、农产品销售、农民权益保障等多方面的服务内容。

云南省要在借鉴国内外经验的基础上，根据不同地区、不同热区农产品，形成专业化经营，完善社会化服务体系，为保障农户权益贡献力量。建立一批强有力的合作组织，为农民提供生产所需的各项服务。加强对农业技术的研发，并通过政府组织、合作组织，将新技术通过农业科学技术培训和现代农业生产技术培训普及到家庭农场的实际经营过程中。

四、其他农业经营组织

《中华人民共和国农民专业合作社法》明确规定农民专业合作社是在家庭联产承包责任制的基础上，同类农产品的生产经营者或者同类农业生产经营服务的提供者、利用者，自愿联合、民主管理的互助性经济组织。

从组建方式来看，我国的农村合作社主要分为：农民自发型合作社，市场、基地领办型合作社，“龙头”企业领办型合作社，政府部门领办型合作社，复合型合作社。农民专业合作社经过长时间的发展，在一些国家积累了许多的成功经验。日本模式以综合性合作社为主，主要代表是韩国、日本、泰国；美加模式是跨区域联合与合作，以共同销售为主，对一种农产品进行深加工，可以完成生产、加工、运输、包装、销售等环节的工作；欧洲模式主要涉及农业产、供、销和社会服务等环节，形成了较为完善的合作社体系。

农业大户是指从事某一种农产品生产、具有一定规模和专业种养水平的农户。它是随着改革开放的进程，通过土地使用权的流转和生产要素的聚集出现的一种新的经营方式。农业大户有利于推动适度规模经营，可以按照依法、自愿、有偿的原则实现对土地承包经营权的流转、集中，不仅可以推动适度规模经营，还可以增加农民收入，还有助于加快土地流转制度的改革，促进土地流动，提高土地利用的效益和质量，实现土地资源的优化配置。

云南省应在借鉴其他国家经验的基础上，结合各地的实际，利用优势资源发展农垦企业、农业庄园、家庭农场等，依据现实需要大力扶持合作社和农业大户的发展。

参考文献

[1] 李永勤，傅国华. 热区农业经济概论 [M]. 北京：中国农业出版社，2018.

[2] 詹伟华. 新型农业合作经济组织发展研究 [D]. 昆明：昆明理工大学，2005.

[3] 郭晶晶，张龙宝. 元谋青枣“长”成亿元产业 [J]. 云南农业，2015 (3)：18.

[4] 云南·元谋青枣“长”成亿元产业 [J]. 中国果业信息，2015，32 (2)：47.

[5] 陆晓英，张武，李贵华，等. 元谋葡萄产业面临的机遇与挑战 [J]. 云南农业，2014 (9)：51-52.

[6] 奚磊. 元谋县生态农业产业化现状分析及发展对策研究 [D]. 昆明：昆明理工大学，2008.

[7] 元谋县文体广电旅游局. 东方人类故乡：元谋 [J]. 旅游研究，2018，10 (2)：2.

[8] 鲁永新，田侯明，李宏波，等. 元谋县干热气候评价及特征分析 [J]. 中国农业资源与区划，2018，39 (9)：103-112.

[9] 张海清. 浅析元谋县蔬菜产业发展 [J]. 云南农业，2016 (8)：61-63.

[10] 杨方，陈东琴. 民族文化旅游调查：以元江县为例 [J]. 科技展望，2014 (23)：178.

[11] 武斌. 无字的真衣穿着的文化：浅析元江县那诺乡哈尼族的服饰艺术 [J]. 商场现代化，2012 (28)：89.

[12] 胡百生. 浅析元江芦荟产业发展 [J]. 云南农业，2013 (1)：45-47.

［13］王署丰. 传统小城镇更新与城市风貌设计［D］. 重庆：重庆大学，2011.

［14］许阿雄. 元江热区特色农业产业现状及发展思路［J］. 云南农业，2014（3）：52-54.

［15］黄泽平. 浙江省家庭农场经营模式研究［D］. 杭州：浙江农林大学，2018.

［16］章尚武. “万绿”芦荟产品俏销国内外［N］. 玉溪日报，2009-11-06.

［17］闫超，但国伟. 浅析宾川县蔬菜产业发展［J］. 云南农业，2016（9）：65-67.

［18］周婷婷. 宾川县农业产业化发展模式研究［D］. 昆明：昆明理工大学，2014.

［19］张兴祥. 宾川优势产业发展快马加鞭［N］. 大理日报（汉），2018-04-13.

［20］田逢春. 宾川葡萄成为百姓致富产业［N］. 云南日报，2011-07-19.

［21］佚名. 宾川奏响产业兴旺“四重奏”［J］. 吉林农业，2018（10）：30.

［22］杨涛源. 宾川高质量发展高原特色生态农业［N］. 云南经济日报，2018-02-09.

［23］杨雄武. 宾川高原特色农业成农业增效主力军［N］. 大理日报（汉），2017-08-28.

［24］佚名. 热区宾川 水果之乡［J］. 云南农业，2011（9）：64.

［25］佚名. 宾川葡萄成为农民致富支柱产业［J］. 农村实用技术，2013（1）：43.

［26］何素明. 浅析普洱市农业自然资源可持续发展对策［J］. 科学之友，2013（10）：160-161.

［27］刀永思，周明峰. 景东县核桃产业现状分析［J］. 云南林业，2017，38（3）：39.

［28］马忠纯，马宁，马洁. 生态与产业嫁接的“普洱模式”［J］. 云南林业，2009，30（6）：28-29.

［29］余健. 浅析中等职业学校“送教下乡”办学模式：以云南省普洱农业学校为例［J］. 农业教育研究，2013（2）：11-12，10.

［30］李汉勇. 云南普洱：再造“名山名茶”［N］. 云南日报，2018-05-11.

［31］黄炜. 普洱市民族文化旅游发展问题探索［J］. 中共云南省委党校学报，2010，11（3）：51-53.

［32］鲁永新，田侯明，李宏波，等. 元谋县干热气候评价及特征分析［J］. 中国农业资源与区划，2018，39（9）：103-112.

［33］张海清. 浅析元谋县蔬菜产业发展［J］. 云南农业，2016（8）：61-63.

［34］杨方，陈东琴. 民族文化旅游调查：以元江县为例［J］. 科技展望，2014（23）：178.

［35］武斌. 无字的真衣 穿着的文化：浅析元江县那诺乡哈尼族的服饰艺术［J］. 商场现代化，2012（28）：89.

［36］胡百生. 浅析元江芦荟产业发展［J］. 云南农业，2013（1）：45-47.

［37］闫超，但国伟. 浅析宾川县蔬菜产业发展［J］. 云南农业，2016（9）：65-67.

［38］佚名. 热区宾川 水果之乡［J］. 云南农业，2011（9）：66.

［39］宾川葡萄成为农民致富支柱产业［J］. 农村实用技术，2013（1）：43.

［40］中华人民共和国国土资源部. 中国国土资源统计年鉴［M］. 北京：地质出版社，2015.

［41］中华人民共和国国家统计局. 中国统计年鉴 2015［M］. 北京：中国统计出版社，2015.

［42］吴关琪. 东南亚农业的地位和特点［J］. 世界农业，1983（5）.

［43］龚子同，骆国保，张甘霖. 台湾土壤概要和土壤学研究特点［J］. 土壤通报，2001（6）：241-244.

［44］邵广昭. 台湾生物多样性研究的十年回顾（2001—2011）［J］. 生物多样性，2012（5）：633-638.

［45］中国热带农业科学院. 中国热带作物产业可持续发展研究［M］. 北京：科学出版社，2016.

［46］陈善沐. 关于农业区划学科若干理论问题探讨［J］. 中国农业资源与区划，1989（2）：44 -47.

［47］程沅孜. 中国农业生产布局及其演变的研究进展［J］. 湖北农业科学，2016（3）：548-553.

［48］卞福久，王瑞元. 云南热区农业气候资源特征及分布［J］. 热带地理，1991（3）：270-277.

[49] 詹伟华. 新型农业合作经济组织发展研究 [D]. 昆明：昆明理工大学，2005.

[50] 李永勤，起建凌. 精心设计和推动热区农业科学发展 [N]. 云南日报理论版，2016-12-07.

[51] 戴晓霞. 福建省品牌农业发展现状与对策研究 [J]. 台湾农业探索 2010 (2)：46-49.

[52] 云南省统计局. 云南统计年鉴 [M]. 北京：中国统计出版社，2013—2018.

[53] 穆家伟，蔺应福. 加快发展腾冲县休闲农业探讨 [J]. 云南农业，2015 (4)：9-10.

[54] 中共保山市委党史地方志工作委员会. 保山年鉴 [M]. 昆明：云南人民出版社，2013—2018.

[55] 第六次人口普查委员会. 2010 年第六次全国人口普查主要数据公报（第 1 号）[R]. 北京：第六次人口普查委员会，2010.

[56] 杨军. 保山市 2017 年政府工作报告 [R]. 保山：保山市政府，2017.

[57] 赵菊润. 保山市中药材产业发展现状及建议 [J]. 林业调查规划，2018.

[58] 张晓芳，杨积忠，等. 保山市咖啡产业发展的 SWOT 分析 [J]. 农产品加工，2018.

[59] 杨一涛. 保山侨乡文化自愿性问题研究 [J]. 中外企业家，2013.

[60] 杨彩霞. 保山市电子商务扶贫模式研究 [D]. 昆明：云南财经大学，2018.

[61] 红河州地方志编纂委员会办公室. 红河州年鉴 [M]. 昆明：云南人民出版社，2013—2018.

[62] 江仕敏. 花香云南"美丽经济"更出彩 [J]. 创造，2018 (5).

[63] 张慧坚，方佳，孙好勤，等. 我国热带农业产业发展需求、存在问题及发展潜力 [J]. 农业现代化研究，2010 (2)：40-44.

[64] 翁伯琦，苏汉芳，等. 构建热带区域农业产业开发体系的若干思路与技术对策 [J]. 台湾农业探索，2016 (1)：26-31.

[65] 张雪，蒋昌顺. 热带农业科技国际合作区域发展战略研究 [J]. 热带农业工程，2011，35 (5)：65-67.

[66] 陶红军，陈体珠. 农业区划理论和实践研究文献综述 [J]. 中国农业

资源与区划，2014（2）：61-68.

［67］杨伟丽. 海南农业结构调整研究［D］. 海口：海南师范大学，2008.

［68］刘光华，罗心平. 云南热区现代农业发展的思考［C］. 中国热带作物学会2007年学术年会论文集，2007.

［69］李爽. 云南—东盟农产品加工业区域合作模式研究［D］. 武汉：武汉理工大学，2013.

［70］第六次人口普查委员会. 2010年第六次全国人口普查主要数据公报（第1号）［R］. 北京：第六次人口普查委员会. 2010.

［71］西双版纳州2018年国民经济和社会发展统计公报［R］. 西双版纳. 西双版纳州统计局，2019.

［72］中共西双版纳州委党史地方志工作委员会. 西双版纳年鉴［M］. 昆明：云南人民出版社，2013—2018.

［73］李广新. 优质鸡种质资源和利用概述［J］. 农村养殖技术，2003（22）：10-16.

［74］李智海，祖文龙，魏明，等. 西双版纳特色鲜食小糯玉米育种策略［J］. 农业科技通讯，2019，569（5）：15-17.

［75］龚敬政. 德宏州政府工作报告.［R］. 德宏州人民政府. 2017.

［76］德宏州2018年国民经济和社会发展统计公报［R］. 德宏. 德宏州统计局. 2019.

［77］中共德宏州委党史地方志工作委员会. 德宏年鉴［M］. 昆明：云南人民出版社，2013—2018.

［78］陈玉琨. 后谷咖啡公司战略选择的SWOT分析［J］. 绿色科技，2011（11）：146-147.

［79］吴泽夏，洪智能，吴榕. 瑞丽市柠檬产业发展研究［J］. 当代经济，2017（8）：92-93.

［80］周光武. 文山州热区资源分布特点及热带作物发展布局［J］. 热带农业科技，1989（3）：8-11.

［81］国家统计局. 文山州2018年国民经济和社会发展统计公报［J］. 中国统计，2019，447（3）：10-24.

［82］向娜. 云南文山壮族民间舞蹈：纸马舞的艺术特点［J］. 黄河之声，2017（22）：173.

［83］莫昆. 加快发展文山州高原特色畜牧业助推乡村振兴［J］. 云南畜牧兽医，2019（3）：35-40.

［84］侬科友. 金融宏观调控政策对文山州发展边境贸易的影响及对策［J］. 西南金融，2005（1）：34-35.

［85］程敏，李鑫. 云南省与越南西北四省边境贸易发展演变及启示［J］. 思想战线，2012，38（3）：141-142.

［86］周光武. 文山州热区资源分布特点及热带作物发展布局［J］. 热带农业科技，1989（3）：8-11.

［87］李维亮. 文山州：推动蔗糖产业又好又快发展［J］. 致富天地，2012（3）：11-12.

［88］李正平. 关于文山热区发展香蕉、菠萝商品生产的意见［J］. 热带农业科技，1988（4）：30-32，34.

［89］卢培泽，董棣美. 云南南部热区山地土地资源合理利用的几个问题［J］. 生态经济（中文版），1986（1）：13-19.

［90］国家统计局. 临沧市2018年国民经济和社会发展统计公报［J］. 中国统计，2019，447（3）：10-24.

［91］黄家雄，吕玉兰. 临沧热区资源与咖啡发展前景［J］. 中国热带农业，2013（6）：16-18.

［92］周文俊，武曙红. 临沧热区引种澳洲坚果试验初报［J］. 河北林果研究，1998（S1）：102-104.

［93］杨生林，李国华，王云川. 云南热区芒果主要病虫害调查［J］. 热带农业科技，1992（1）：26-28.

［94］张天贵，杨国敏，段鸿飞. 对云南临沧地区发展冬玉米的思考［J］. 玉米科学，2004，12（1）：120-122.

［95］王瑞华. 云南省召开热区畜牧业发展战略研究会［J］. 云南畜牧兽医，1989（1）：47-47.

［96］张涛. 开发热区资源 发展冬季农业［J］. 云南农业，1998（7）.

［97］徐承受. 双江县熟制改革见成效［J］. 云南科技管理，1996（6）：64-64.

［98］王伟国. 凤庆县澳洲坚果产业发展潜力及发展措施初探［J］. 内蒙古林业调查设计，2015，38（2）：133-135.

［99］汪铭，陈志伟，罗星明，等. 云南天然橡胶产业发展情况及政策建议［J］. 中国热带农业，2014（5）：8-11.

［100］孙娟. 我国咖啡产业国际竞争力及影响因素分析［J］. 中国热带农业，2013（2）：19-21.

[101] 陈文存. 云南主要热带水果发展布局探讨 [J]. 热带农业科技，1994 (2)：19-20.

[102] 李继章. 临沧十大高原特色农业向规模化发展 [J]. 社会主义论坛，2014 (3)：39-40.

[103] 徐祖根，石玉生. 云南热区开发浅见 [J]. 开发研究，1986 (5)：18-20.

[104] 王奎荣. 临沧咖啡产业发展前景与对策 [J]. 中国热带农业，2009 (4)：24-25.